21世纪高等院校教材

计量经济学实验教程

袁建文 编著

科学出版社

北 京

内 容 简 介

本书是计量经济学课程的实验教材,共有 12 个实验,除了实验一是计量经济学软件 EViews 6 的使用实验外,实验二至实验十二是贯穿计量经济学教学全过程的实验。通过实验,学生能更深入、直观地理解和掌握计量经济学理论和方法,了解和掌握计量经济分析的步骤和程序,从而达到实际应用的目的。本书在《经济计量学实验》(科学出版社,2002)的基础上,更新了数据和软件,加入了新的理论和实验,特别是协整理论、误差修正模型和平行数据模型。

本书可作为高等学校经济和管理类各专业计量经济学课程的实验教材或实验参考书,也可作为广大经济研究人员和管理人员了解和掌握计量经济分析方法的学习读物。

图书在版编目(CIP)数据

计量经济学实验教程/袁建文编著.—北京:科学出版社,2008
21 世纪高等院校教材
ISBN 978-7-03-021103-3

Ⅰ.计⋯　Ⅱ.袁⋯　Ⅲ.计量经济学－实验－高等学校－教材
Ⅳ.F224.0-33

中国版本图书馆 CIP 数据核字(2008)第 021763 号

责任编辑:王京苏 / 责任校对:陈玉凤
责任印制:赵　博 / 封面设计:耕者设计工作室

科 学 出 版 社 出版
北京东黄城根北街 16 号
邮政编码:100717
http://www.sciencep.com

北京富资园科技发展有限公司印刷
科学出版社发行　各地新华书店经销

*

2008 年 3 月第　一　版　　开本:720×1000 1/16
2024 年 8 月第十九次印刷　　印张:16 1/2
字数:314 000
定价:45.00 元
(如有印装质量问题,我社负责调换)

前　　言

计量经济学是经济科学领域内的一门应用科学,它以一定的经济理论和实际统计资料为基础,运用数学、统计学方法与计算机技术,以建立计量经济模型为主要手段,定量分析研究具有随机性特征的经济变量关系。

经济理论所提出的命题和假说,多以定性描述为主。例如,微观经济理论中提到:在其他条件不变的情况下,一种商品价格的上升会引起该商品需求量的减少。因而得出结论:商品的价格与该商品的需求量呈反方向变动。这就是著名的向下倾斜的需求曲线,简称需求法则。但是,该理论本身却无法度量价格和需求量这两个变量之间的数量关系,也就是说,它不能告诉我们,当商品的价格发生某一变动时,该商品的需求量增加或减少了多少。计量经济学者的任务就是提供这样的数量估计。换一种说法,计量经济学是依据观测和试验,对大多数经济理论给出经验的解释。如果在研究或试验中发现,当单位商品价格上升 1 元,引起该商品需求量的下降,如下降 100 个单位,那么,我们不仅验证了需求法则,而且还提供了价格和需求量这两个变量之间的数量估计。

经教育部高等学校经济学类学科教学指导委员会讨论通过,教育部批准,计量经济学被确定为经济学类各专业的 8 门核心课程之一。对于主修财经专业的学生来说,学习计量经济学有实用性。毕业以后,在其工作中,或许被要求去预测销售量、利息率、货币供给量或估计商品的需求函数、供给函数以及价格弹性等。掌握计量经济学知识对于这些工作是很有帮助的,在财经专业学习中,计量经济学已成为不可或缺的一部分。

我们培养的财经类学生应该是经济分析和管理人才,他们学习计量经济学是为了定量研究和解决实际经济问题。由于在模拟应用中有大量的统计数据要处理和计算,所以使用计算机是必要的,这可把学生从大量的手工计算中解脱出来,把精力用在分析问题和解决问题上。于是,计量经济学计算机实验课就应运而生了。计量经济学计算机实验课必须合理、科学地组织管理大量的数据信息,并用计量经济学的方法对这些数据进行一系列复杂的数值计算处理。在计算处理过程中使用计量经济学软件是必要的。

计量经济学软件是把计量经济学中常用的方法编制成通用的计算机程序,并配以图形、数据表的显示打印以及和其他软件进行交换的功能,使之成为处理计量经济分析的理论和应用问题的完整系统。

计量经济学实验是计量经济学课程的计算机实验部分。通过实验,学生更深入、直观地理解和掌握计量经济学理论和方法,了解和掌握计量经济分析的步骤和程序,从而达到实际应用的目的。实验使用计量经济学软件包 EViews 6,除了实验一中作为软件使用的数据外,其他数据都是广东省宏观经济数据。实验二至实验十二都使用这些数据,每个实验 1~2 学时,共 18 学时。

这些实验包括了计量经济学全部主要方法的应用,与实际的工作程序几乎完全一致。完成了这些实验,就能成为用计量经济模型定量分析研究经济问题的初步合格人才。

计量经济学实验教材利用广东省的统计数据,根据经济理论设定计量经济模型,对模型进行估计。对估计的模型进行经济、数理统计和计量经济检验,根据检验结果修订模型。最后,把全部方程联立起来,求解出全部内生变量的值。根据求解结果,即可进行经济结构分析,验证经济理论,做出经济预测和政策评价。这一过程涉及回归分析、自相关、异方差、多重共线性、虚拟变量、滞后变量、误差修正、平行数据、模型识别等计量经济学主要方法,与实际的工作程序一致。同学们除了学习这些实验外,还可以利用全国的统计数据,仿照教材中的实验自主进行实验。

本书在《经济计量学实验》的基础上做了如下修改:

(1) 更新了软件。《经济计量学实验》使用计量经济学软件 EViews 2.0,现在更新为 2007 年 6 月发布的最新版 EViews 6.0。

(2) 更新了数据。《经济计量学实验》主要使用 1978~1995 年东莞市和 1978~2000 年广东省宏观经济数据,现在删除了东莞市宏观经济数据,广东省宏观经济数据时间更新为 1978~2005 年,在平行模型估计中还使用了全国横截面数据。

(3) 更新了内容。《经济计量学实验》出版以来,计量经济学产生的新理论和新方法纷纷被引入国内教学,为适应这一变化,编者更新了本书内容,主要把协整理论、误差修正模型和平行数据模型引入本书,相应实验也有更新。

(4) 更新了实验。《经济计量学实验》使用 EViews 2.0 做出实验步骤及结果,现在都用 EViews 6 重新做。由于数据变化,模型设定可能有变化,同时实验步骤及结果也可能有所不同。适应内容的更新,在实验中加入了误差修正模型和平行数据模型的估计实验。另外,实验序号和实验内容有所调整,软件的使用被合并为一个实验,过多的内容放在后面作为课后实验以熟悉软件。

(5) 更正了错误。《经济计量学实验》存在个别错误,现在更正了所有发现的错误。

本书所用数据可在网址 http://jljjx.jpkc.gdcc.edu.cn/show.aspx? id＝425&cid＝80 下载,数据和 EViews 软件的问题也可以与本人联系。本人电子邮箱为 jwyuan@gdcc.edu.cn。

袁建文

2007 年 9 月

目　　录

第1章　导论 ··· 1

 第1节　什么是计量经济学 ·· 1

 第2节　计量经济学和有关学科的界限 ······························ 2

 第3节　计量经济学的内容、目的和方法论 ·························· 4

 第4节　计量经济学软件 EViews 简介 ······························· 7

 第5节　计量经济学软件 EViews 的基本概念 ······················ 12

 实验一　计量经济学软件 EViews ··································· 24

第2章　一元线性回归模型 ··· 61

 第1节　一元线性回归模型的基本概念 ···························· 61

 第2节　参数的最小二乘法估计 ···································· 63

 第3节　OLS 估计量的检验和回归分析结果的报告 ················ 66

 第4节　因果关系检验 ··· 70

 实验二　一元线性回归模型的估计、检验和预测 ·················· 71

第3章　多元回归模型 ··· 90

 第1节　多元线性回归模型的假定 ································· 90

 第2节　多元回归参数的估计 ······································ 92

 第3节　多元回归的检验 ··· 93

 第4节　回归方程的函数形式 ······································ 96

 实验三　多元线性回归模型的估计和检验 ························ 100

 实验四　非线性模型的估计 ······································ 112

第4章　自相关性 ·· 118

 第1节　自相关的性质 ·· 118

 第2节　自相关的后果 ·· 119

 第3节　自相关的诊断 ·· 119

 第4节　补救措施 ··· 122

 第5节　如何估计 ··· 124

 实验五　自相关模型的检验和处理 ······························ 125

第5章　异方差性 ·· 135

 第1节　异方差的性质 ·· 135

 第2节　异方差的后果 ·· 135

 第3节　如何知道存在异方差问题 ································ 136

　　第 4 节　补救措施……………………………………………………………138
　　实验六　异方差模型的检验和处理…………………………………………140
第 6 章　多重共线性…………………………………………………………………160
　　第 1 节　多重共线性的性质…………………………………………………160
　　第 2 节　多重共线性的后果…………………………………………………160
　　第 3 节　多重共线性的测定…………………………………………………161
　　第 4 节　补救措施……………………………………………………………163
　　实验七　多重共线性模型的检验和处理……………………………………164
第 7 章　滞后变量模型及协整与误差修正模型……………………………………172
　　第 1 节　自回归模型和分布滞后模型………………………………………172
　　第 2 节　用于分布滞后模型的夸克方法……………………………………173
　　第 3 节　协整理论……………………………………………………………174
　　第 4 节　误差修正模型………………………………………………………178
　　实验八　滞后变量模型和误差修正模型的估计……………………………179
第 8 章　虚拟变量和平行数据模型…………………………………………………191
　　第 1 节　虚拟变量的性质……………………………………………………191
　　第 2 节　包含一个定量变量，一个两分定性变量的回归模型……………192
　　第 3 节　虚拟变量有多种分类的情况………………………………………193
　　第 4 节　包含一个定量变量，两个定性变量的回归模型…………………194
　　第 5 节　平行数据模型………………………………………………………194
　　第 6 节　平行数据模型的类型………………………………………………196
　　实验九　虚拟变量模型和平行数据模型的估计……………………………199
第 9 章　联立方程模型………………………………………………………………213
　　第 1 节　联立方程模型的性质………………………………………………213
　　第 2 节　联立方程的偏误……………………………………………………214
　　第 3 节　间接最小二乘法……………………………………………………216
　　第 4 节　模型识别问题………………………………………………………216
　　第 5 节　两阶段最小二乘法…………………………………………………217
　　第 6 节　方程组的估计方法…………………………………………………218
　　实验十　联立方程模型的估计………………………………………………219
　　实验十一　联立方程模型的求解和预测……………………………………233
　　实验十二　宏观经济分析……………………………………………………245
习题……………………………………………………………………………………254
参考文献………………………………………………………………………………256

第1章 导　　论

第1节　什么是计量经济学

一、计量经济学的定义

英文"econometrics"一词最早是由挪威经济学家费里希(R. Frisch)于1926年仿照"biometrics"(生物计量学)提出来的。中文译名有两种:经济计量学与计量经济学。前者试图从名称上强调它是一门计量经济活动方法论的学科;后者试图通过名称强调它是一门经济学科。

计量经济学是经济科学领域内的一门应用科学,它以一定的经济理论和实际统计资料为基础,运用数学、统计学方法与计算机技术,以建立计量经济模型为主要手段,定量分析、研究具有随机性特征的经济变量之间的关系。

二、计量经济学的产生与发展

1926年,挪威经济学家费里希仿照生物计量学(biometrics)一词提出了计量经济学(econometrics)。1930年12月,费里希、丁伯根(J. Tinbergen,荷兰)等在美国发起了国际计量经济学会。1933年,学会杂志《Econometria》(计量经济学)创刊。

国际计量经济学会的创始人费里希于1933年在《Econometria》创刊号的发刊词中写道:"对经济的数量研究有几个方面,其中任何一个就其本身来说都不应该与计量经济学混为一谈。因此,计量经济学与经济统计学绝不相同。它也不同于我们所说的一般经济理论,即使这种理论中有很大部分具有确定的数量特征,也不应把计量经济学的意义与在经济学中应用数学看成是一样的。经验表明,统计学、经济理论和数学三个方面中任何一种观点都是实际理解现代经济生活中数理关系的必要条件,但任何一种观点本身都不是充分条件。这三者的统一才是强有力的工具。正是由于这三者的统一才构成了计量经济学。"

从20世纪30年代到今天,尤其是第二次世界大战以后,计量经济学在西方各国的影响迅速扩大。萨缪尔森(P. A. Samuelson)曾说:"第二次世界大战以后的经济学是计量经济学的时代。"1969年,首届诺贝尔经济学奖授予费里希和丁伯根。自1969年设立诺贝尔经济学奖至1989年的21年间,27位获奖者中有15位是计量经济学家,其中10位是国际计量经济学会的会长。

顺应社会化大生产的需要,计量经济学应运而生。20 世纪 30 年代经济危机,使传统的经济理论陷入破产,垄断资本及其政府迫切需要研究预测经济波动和防止经济危机的理论方法。在市场经济中,市场主体之间存在着错综复杂的关系,企业要在激烈的竞争中生存、发展,必须有可靠的市场预测;政府要干预国民经济运行,更需要及时分析经济动态;企业和政府都十分重视基于定量的关于经济景气、循环周期的研究以及政策模拟、预测分析。于是计量经济学就应运而生。

70 多年来,理论计量经济学取得了长足的进步。最初 10 年,主要研究微观经济问题。如舒尔茨在消费理论和市场行为方面的研究;道格拉斯对边际生产力的研究,丁伯根在景气循环理论方面的研究,都为计量经济学拓宽了新的领域。费里希在以经济学和统计学理论为基础来测定弹性、边际生产力以及总体经济的稳定性方面,是一大贡献。20 世纪 40～70 年代研究重点是宏观经济问题,其间计量经济学家致力于经济理论的模型化与数学化的研究:哈韦尔莫(Havelmo)、沃尔德(Wald)将统计推断运用于计量经济学;50 年代泰尔(Theil)发明了两阶段最小二乘法;60 年代分布滞后新处理方法得以发表。计算机的出现和广泛使用,促进了计量经济学理论和应用的发展,使大量复杂的计量经济模型得以建立和应用。

今天,计量经济学更广泛地应用于实际经济生活中,各国普遍利用计量经济模型从事经济预测与经济分析,拟订经济发展计划,提出经济对策。计量经济模型正日益成为一个重要的经济管理决策工具。计量经济模型在设计方案、制定经济政策和评价政策中用作模拟仿真的经济实验室。

计量经济学属于西方经济学体系。著名计量经济学家、诺贝尔经济学奖获得者克莱因(Klaien)在《计量经济学教科书》序言中写道:"计量经济学已在经济学科中居于重要的地位。""在大多数大学和学院中,计量经济学的讲授已成为经济学课表中有权威的一部分。"

第 2 节　　计量经济学和有关学科的界限

一、计量经济学与数理经济学

经济现象错综复杂,变化不定,为便于研究,往往舍去一些次要因素,专门研究普遍性、决定性等因素之间的因果关系,形成系统的经济理论。经济理论是实践的高度概括,经济模型则是经济理论的简明描述。文字模型比较细腻,几何模型比较简明,数学模型比较严谨。数理经济学是指运用数学符号、公式和分析方法描述和研究经济理论的学科。经济学与数理经济学没有本质区别,说明同一样的东西,只不过经济学用文字叙述,而数理经济学则较多用数学符号表达。数理经济学与计量经济学有一定的共同之处,即均以经济学的研究对象为对象,以数学为分析研究的基本手段。但是,它们之间存在很大的差异。数理经济学只是把经济学上的理论用数学语言表述为函数和方程体系,只给出经济变量间的逻辑关系,它所描述的经济关系是精确的,既不考虑影响经济关系发生随机变化的随机因素,也不估计经济关系的参数。对于计量经济学来说,虽然它同数理经济学一样,用数学形式表达经济关系,但它所描述的经济关系是非确定的,这是因为用计量经济学表达的经济关系包含有影响经济关系发生随机变化的随机因素。另外,计量经济学不仅给出经济关系的数学形式,而且还为它们提供数值描述。

虽然数理经济学所建立的方程式不同于计量经济学所建立的方程式,但数理经济学在用数学公式表达经济理论时,提出了不少原则和定理,把经济学中许多重要的理论具体化和规范化了,因此,数理经济学是计量经济学的重要基础。

二、计量经济学与经济统计学、数理统计学

计量经济学与经济统计学和数理统计学也是既有关系也有区别。经济统计学主要涉及收集、加工处理以及用图表形式描述经济统计数据等内容。它在经济现象的数量研究中,侧重于经济学的描述,不对各种经济变量的发展作预测,也不对经济变量彼此之间的关系的参数进行估计。计量经济学则是研究经济关系本身。经济统计学中有等式,且参数确定;计量经济学是进行参数估计的。计量经济学研究中要使用经济统计学提供的经济数据。

数理统计学是以概率论为基础,研究偶然现象规律性的学科,它论述测量数据的统计方法是在实验室内进行可控试验的基础上发展起来的。在自然科学中,研究人员进行试验时,可以保持多数给定条件不变而只改变其中一个或一些因素,然后记录有关变化的结果,并应用数理统计方法导出研究现象受变化因素影响的规律。但是,这种以试验为前提的统计方法,并不适用于研究经济现象,因为对经济现象不能在有控制的条件下进行试验。研究经济行为时,人们不可能只改变一个或一些因素而使其他因素保持不变。在实际生活中,所有经济变量都在随时不断地变化着,因而不能采用控制试验。传统的数理统计学只有经过修正后才能适用于研究经济现象的特性。这些经过修正后的数理统计学称为计量经济学。

计量经济学的学科来源是经济学、数理经济学和经济统计学。经济学与数学结合产生数理经济学,经济学与统计学结合产生统计经济学,数学与统计学结合产生数理统计学,数学、经济学、统计学三者的结合产生计量经济学。它们的关系如下图所示。

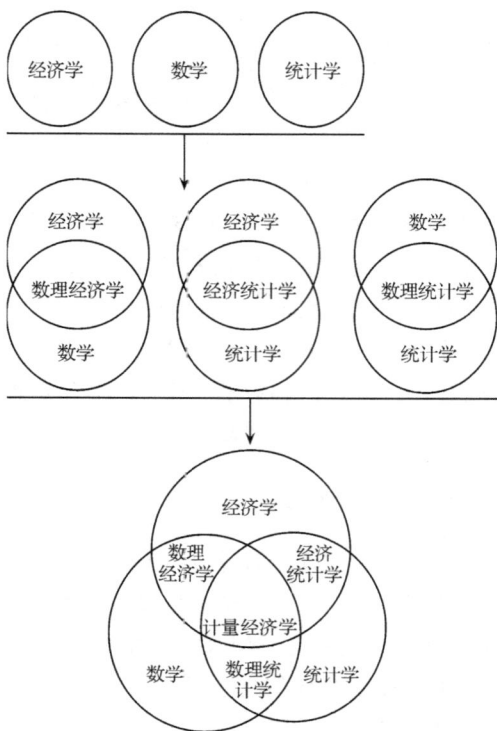

第 3 节　计量经济学的内容、目的和方法论

一、内容

　　计量经济学的内容可概括为方法论和应用两个方面。一是如何运用、改进和发展数理统计方法,使之成为适合测定随机性特征的经济关系的特殊方法——计量经济学方法,这部分研究内容称为理论计量经济学,也称计量经济方法。二是在一定的经济理论指导下,以反映事实的统计数据为依据,以计量经济方法研究经济数学模型,探索实际经济规律,这一方面的研究内容称为应用计量经济学。

　　计量经济学的理论研究,主要是在某些经济理论的基础上,根据实际的经济现象和现代数学的原理,研究能够揭示经济变量之间数量关系的各种计量经济技术及方法。计量经济学的应用研究,主要是通过构造和应用计量经济模型对微观经济、中观经济及宏观经济进行分析、预测或评价,从而为现代经济管理提供科学依据。

二、目的

计量经济学的目的是结构分析、预测未来和政策评价。所谓结构分析包含两重意思，即研究分析经济变量之间的内在联系和检验经济理论。利用已经估计出的参数值的模型，对所代表的经济体系以及内在的互相依存关系进行考察，以便了解和解释有关的经济现象，即对经济变量之间的关系做出定量的量度。经济理论与其他理论一样，需要通过实践来检验，检验经济理论与经济行为的现实是否相符。预测就是根据客观事物的过去和现在的发展规律，借助科学的方法和技术手段，对未来的发展趋势和状况进行描述分析，形成科学的假设和判断。这里的预测指经济预测。它在国民经济管理中有着极其重要的地位。政策评价是计量经济学的最终目的，也是最重要的应用。它是指一个决策者从众多决策中通过比较，选择一种最优政策来执行之，这一过程就是政策评价。更具体地讲，就是对于所建立的模型，应用各种计量经济方法，确定经济指标系数的估计值。根据这些估计值，可以获取经济理论中的有益信息。了解有些数值，无论对政府制定经济政策，还是对于厂商做出决策，都是至关重要的。有时对可控制的其他因素不同状态的"试验"，进行政策模拟，以做出最后的决策。

三、方法论

应用计量经济学解决实际经济问题，是在一定的经济理论指导下，建立相应的数学模型，利用各种计量方法和资料估计参数，运用模型解决问题。一般来说，这个研究过程要采取四个步骤。为了说明计量经济学的方法论，让我们考察凯恩斯的消费理论。凯恩斯说："……基本的心理法则是……作为平均数规律，当男人（妇女）的收入增加时，他（她）们倾向于增加消费，但消费并不如他（她）们的收入增加那样多。"总之，凯恩斯假设边际消费倾向（MPC），即消费变化对单位（如一元）收入变化的比率，大于 0 而小于 1。为了检验这个理论，计量经济学家可以按如下步骤进行：

1. 设定计量经济模型

尽管凯恩斯假设消费与收入间存在着正的关系，但他并没有指明两者间函数关系的正确形式。为了简单起见，数理经济学家可能提出以下凯恩斯消费函数形式：

$$Y = b_0 + b_1 X$$

其中，Y 是消费支出；X 是收入；b_0 和 b_1 是常数或参数；斜率系数 b_1 表示 MPC。

方程说明消费对收入的线性相关，这是数学模型的一个例子。简单说，模型是一组数学方程。假使模型只有一个方程，就称为单方程模型；如果不止一个方程，就称为多方程模型或联立方程模型。

可是,如上式所给出的消费函数的数学模型,对计量经济学家来说并无多大兴趣,因为它假设消费与收入之间存在着严格的或确定的关系。但是一般经济变量间的关系是不确定的。因此,如果我们取得 5000 个中国家庭的消费支出与可支配的收入(扣除税收后)的样本资料,并把这些资料描绘在图纸上,以垂直轴作为消费支出,水平轴作为可支配的收入,我们决不会期望所有 5000 个观察值都恰好落在方程的直线上。这是因为除收入外,还有其他变量也影响消费支出。例如,家庭大小、家庭成员年龄、家庭宗教信仰等都有可能对消费施加某些影响。

为了考虑经济变量间的不确定关系,计量经济学家要对确定的消费函数做如下修改

$$Y = b_0 + b_1 X + u$$

其中,u 为扰动项或误差项,是一个随机变量,它具有明显的概率性质。扰动项 u 可以代表我们还没有明确计算的所有影响消费的因素。

此方程是计量经济模型的一个例子。更确切一些说,它是线性回归模型的一个例子,这是本课程主要关心的事。计量经济学的消费函数假设应变量 Y(消费)与解释变量 X(收入)两者间存在线性相关,但两者的关系并不是严格的:它还要受到其他个别因素的影响。

2. 估计计量经济模型的参数

前面已经设定计量经济模型,计量经济学家的下一步工作就是由可用的资料得到模型参数的估计(数值):这些资料可由经济统计学家提供。这些估计赋予经济理论以经验内容。因此,如果研究前述的凯恩斯消费函数,求得 $b_1 = 0.8$,这个数值不仅提供 MPC 的数值估计,同时也证明凯恩斯关于 MPC 小于 1 的假设。

怎样估计例如 b_0 和 b_1 等参数呢?这个问题的解答将在下一章讨论。这里只是指明在本课程中,回归分析这个统计工具是取得估计值的主要方法。

3. 计量经济模型的检验

取得了参数的估计值后,计量经济学家下一步工作就要详细讨论估计值是否符合检验理论所要求的适当标准。如前所提到的,凯恩斯所期望的 MPC 为正数但小于 1。假设通过消费函数研究得 MPC = 0.9,虽然这个估计在数值上小于 1,但人们要问这个估计数值是否能使我们相信不是抽样过程中的偶然结果,而是有充分理由证明它小于 1。换句话说,这个估计在统计上是否小于 1? 如果是,就证明了凯恩斯的论点,否则,就要驳斥这个论点。

在经验证据的基础上对经济理论作出这样的认可或驳斥,这是以统计理论的一个称之为统计推断(假设检验)的分支为依据的。

检验的准则有三类,分别是:

(1)经济准则:由经济理论决定,涉及参数的符号和大小;

(2)统计准则:由数理统计理论决定,其目的在于检验模型参数估计值的统计表可靠性;

(3)计量经济准则:由计量经济理论决定,其目的在于确定统计准则的可靠性。

4. 计量经济模型的应用

对计量经济模型估计的惯用法,是在已知或期望的解释变量的未来值基础上,预测应变量的未来值。例如,假设国家打算降低个人所得税以鼓励消费,这个消费支出政策将出现什么样的效果以及与之有关的就业与收入又将如何?

宏观经济理论表明,比如收入 1 元的变化而带来的消费支出的变化,是由消费乘数 M 给出,它的定义是 $M=(1/(1-MPC))$。如果 $MPC=0.8$,则 $M=5$,即如果收入增加 1 元,最后它会导致消费支出增长 5 倍,这样计算的消费临界值称为消费乘数,它取决于 MPC 的值。因此,MPC 量的估计为政策目标提供有价值的信息。如果知道 MPC,就可由政府财政政策的变化预测消费的未来方向。

如前例说明的,探讨计量经济问题,一般按如下步骤进行:

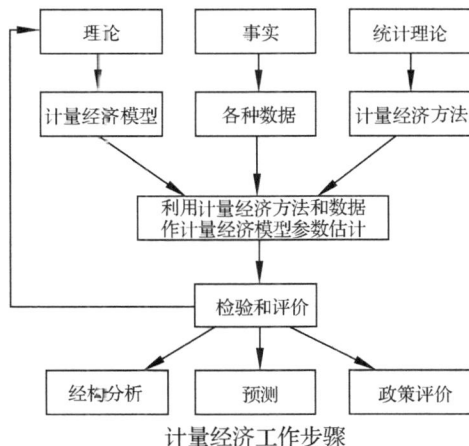

计量经济工作步骤

第 4 节 计量经济学软件 EViews 简介

一、EViews 是什么?

EViews 是 econometrics views 的缩写,直译为计量经济学观察,俗称计量经济学软件包。它的本意是对社会经济关系与经济活动的数量规律,采用计量经济学方法与技术进行"观察"。计量经济学研究的核心是设计模型、收集资料、估计模型、检验模型、运用模型进行预测、求解模型和运用模型。EViews 是完成上述任务得力的必不可少的工具。正是由于 EViews 等计量经济学软件包的出现,使计量经济学取得了长足的进步,发展成为实用与严谨的经济学科。

EViews 是 QMS 公司研制的在 Windows 下专门从事数据分析、回归分析和预测的工具。使用 EViews 可以迅速地从数据中导出统计关系,并用得到的关系去预测数据的未来值。EViews 的应用范围包括:科学试验数据分析与评估、金融分析、宏观经济预测、仿真、销售预测和成本分析。

EViews 是专门为大型机开发的、用以处理时间序列数据的时间序列软件包的新版本。EViews 的前身是 1981 年第 1 版的 MicroTSP。目前最新的版本是6.0。虽然 EViews 是经济学家开发的,而且主要用于经济学领域,但是从软件包的设计来看,EViews 的应用领域并不局限于处理经济时间序列。即使是跨部门的大型项目,也可以采用 EViews 进行处理。

EViews 处理的基本数据对象是时间序列,每个序列有一个名称,只要提及到序列的名称就可以对序列中所有观察值进行操作。EViews 允许用户以简便的可视化的方式从键盘或磁盘文件中输入数据、根据已有的序列生成新的序列、在屏幕上显示序列或打印机上打印输出序列、对序列之间存在的关系进行统计分析。EViews 具有操作简便又可视化的操作风格,体现在从键盘或从磁盘输入数据序列,依据已有序列生成新序列,显示和打印序列以及对序列之间存在的关系进行统计分析等方面。

计量经济学研究的核心是设计模型、收集资料、估计模型、检验模型、运用模型进行预测、求解模型和运用模型,EViews 是目前完成上述任务最有效的工具。正是由于 EViews 等计量经济学软件包的出现,使计量经济学取得了长足的进步,发展成为实用与严谨的经济学科。

EViews 预测分析计量软件在科学数据分析与评价、金融分析、经济预测、销售预测和成本分析等领域应用非常广泛。EViews 软件在 Windows 环境下运行,操作接口容易上手,使得本来复杂的数据分析过程变得易学易用。EViews 能够处理以时间序列为主的多种类型的数据,进行包括描述统计、回归分析、传统时间序列分析等基本的数据分析以及建立条件异方差、向量自回归等复杂的计量经济模型。

EViews 具有现代 Windows 软件可视化操作的优良性。可以使用鼠标对标准的 Windows 菜单和对话框进行操作。操作结果出现在窗口中并能采用标准的Windows 技术对操作结果进行处理。此外,EViews 还拥有强大的命令功能和批处理语言功能。在 EViews 的命令行中输入、编辑和执行命令。在程序文件中建立和存储命令,以便在后续的研究项目中使用这些程序。

这里假定读者对 Windows 的使用是熟悉的,即熟悉鼠标、窗口的控制、滚动条的使用、窗口的激活、窗口的控制按钮、窗口的移动和大小的复原、选择和执行某个项目、选择多个项目、菜单和对话框等的概念与操作。所以，下面简要介绍 EViews 6 窗口的基本构成和 EViews 的帮助资源。

二、运行 EViews

在 Windows XP 中运行 EViews 的方法有：

（1）点击任务栏上的开始→所有程序→EViews 6 程序组→EViews 6 图标；

（2）使用 Windows 浏览器或从桌面、我的电脑定位 EViews 6 目录，双击 EViews 6 程序图标；

（3）双击桌面 EViews 6 图标；

（4）双击 EViews 的工作文件和数据文件。

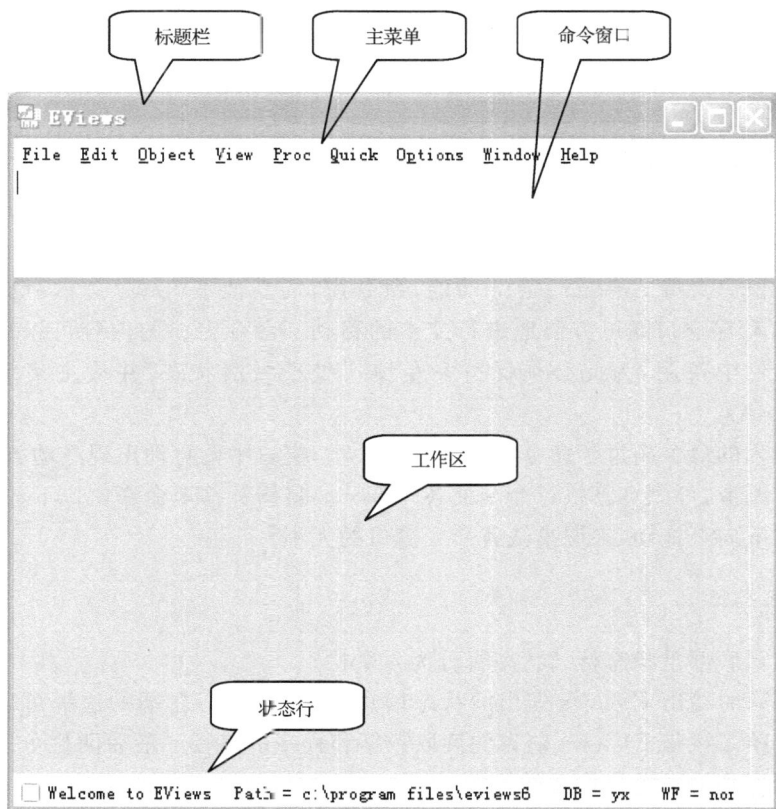

图 1-1

三、EViews 的窗口

EViews 窗口分为几个部分：标题兰、主菜单、命令窗口、状态行和工作区（图 1-1）。

1. 标题栏

标题栏位于主窗口的顶部，标记有 EViews 字样。当 EViews 窗口处于激活时，标题栏颜色加深，否则变暗。点击 EViews 窗口的任意区域将使它处于激活状态。

2. 主菜单

主菜单位于标题栏之下。将指针移至主菜单上的某个项目并用鼠标左键点击，打开一个下拉式菜单，通过点击下拉式菜单中的项目，就可以对它们进行访问。菜单中黑色的是可执行的，灰色的是不可执行的无效项目。

3. 命令窗口

主菜单下的区域称作命令窗口。在命令窗口键入命令，按 ENTER 后命令立即执行。

命令窗口中的竖条称为插入点。它指示键盘键入字符的位置。

将插入点移至从前已经执行过的命令行，编辑已经存在的命令，按 ENTER，立即执行原命令的编辑版本。

命令窗口支持 cut-and-paste 功能，命令窗口、其他 EViews 文本窗口和其他 Windows 程序窗口间可方便地进行文本的移动。命令窗口的内容可以直接保存到文本文件中备用，为此必须保持命令窗口处于激活状态，并从主菜单上选择 File/Save As。

若键入的命令超过了命令窗口显示的大小，窗口中就自动出现滚动条，通过上下或左右调节，可浏览已执行命令的各个部分。将指针移至命令窗口下部，按着鼠标左键向下向上拖动，来调整缺省命令窗口的大小。

4. 状态行

窗口最底部是状态行。状态行分为 4 个栏。

左栏有时给出 EViews 送出的状态信息，点击状态行左端的边框可以清除这些信息。第二栏是 EViews 缺省的读取数据和程序的路径。最后两栏分别显示缺省的数据库和缺省的工作文件。

　　5. 工作区

　　窗口的中心区域称为工作区。EViews 在此显示它建立的各种对象的窗口。工作区中的这些窗口类似于用户在办公桌上用以工作的各类纸张。出现在最上面的窗口正处于焦点,即处于激活状态。状态行颜色加深的窗口是激活窗口。

　　点击部分处于下面的窗口的标题栏或任何可见部分,都可以使该窗口移至顶部。或者按压 F6 或 Ctrl-Tab 循环地激活各个窗口。

　　此外,点击窗口中菜单项目,选择关注的文件名,可直接选择某个窗口。还可以移动窗口、改变窗口的大小等。

四、EViews 的主要功能

　　(1) 采用统一的方式管理数据,通过对象、视图和过程实现对数据的各种操作;

　　(2) 输入、扩展和修改时间序列数据或截面数据,依据已有序列按任意复杂的公式生成新的序列;

　　(3) 计算描述统计量:相关系数、协方差、自相关系数、互相关系数和直方图;

　　(4) 进行 T 检验、方差分析、协整检验、Granger 因果检验;

　　(5) 执行普通最小二乘法、带有自回归校正的最小二乘法、两阶段最小二乘法和三阶段最小二乘法、非线性最小二乘法、广义矩估计法、ARCH 模型估计法等;

　　(6) 对二择一决策模型进行 Probit、Logit 和 Gompit 估计;

　　(7) 对联立方程进行线性和非线性的估计;

　　(8) 估计和分析向量自回归系统;

　　(9) 多项式分布滞后模型的估计;

　　(10) 回归方程的预测;

　　(11) 模型的求解和模拟;

　　(12) 数据库管理;

　　(13) 与外部软件进行数据交换。

五、关闭 EViews

　　关闭 EViews 的方法很多:选择主菜单上的 File/Close,按 Alt-F4 键,点击 EViews 窗口右上角的关闭按钮,双击 EViews 窗口左上角等。

　　EViews 在关闭时总是警告和给予机会将那些还没有保存的工作保存到磁盘文件中。

六、EViews 的求助资源

　　1. EViews 用户手册

　　用户指南讲述怎样使用 EViews 进行研究工作。前几章讲述基本操作,中间几章讲述基本的计量经济学方法,最后几章介绍高级方法。

指南力求完整,但企图描述 EViews 的各个方面也是不现实的。在 EViews 中完成同一工作,几乎总是存在几种不同的方法,因而不可能介绍这些方法的全部。事实上,这个软件包的魅力就在于,用户肯定还会发现别的什么方法来完成自己的任务,也许用户发现的方法是更有效的。

用户指南绝大部内容是解释可视化(鼠标图形界面)操作 EViews 的方法的,即利用鼠标如何去完成 EViews 的各种操作。

为了保证大量统计方法能在 EViews 中有效的运用,提供了与这些方法有关的技术信息、有关的计量经济学教科书和有关的其他信息。

在手册的第二卷,命令与编程篇参考手册中,提供了 EViews 命令详细的系统的信息。后面几章是为准备使用面向对象的 EViews 语言编程的高级用户准备的。因此,用户可以做出两种选择:回避 EViews 的人机交互式工作的部分,完全采用命令语言工作,或者不学习那些编程技术部分,虽然编程可以使工作更有效。

2. 帮助文件系统

EViews 手册的大部分内容可从 EViews 软件包内部的帮助系统中调出。进入主菜单选择 Help,就可以访问 EViews 的帮助系统。

因为 EViews 使用的是标准的 Windows 帮助系统,具有在线搜索和超文本链接功能。能为经常查阅的页码设置书签和插入自己的注释。

此外,帮助系统还包含了用户便用手册付印后的最新信息。

3. 网络资源

生产 EViews 的 QMS(数量微软)公司的网站地址是:http://www. eviews. com。

第 5 节　计量经济学软件 EViews 的基本概念

一、时间序列、EViews 中时间序列频率的种类、工作文件、对象、观察、组、剪切板、窗口间切换、数据文件

1. 时间序列

时间序列(series)由按一定时间间隔和时间先后顺序排列的某个变量的一系列观察值组成。截面数据也称为序列。

2. EViews 中时间序列频率的种类

分为日期型的频率和非日期型频率两类。不规则的日期型数据归入非日期型

数据类。

非日期型序列(截面数据),需指明起始序号＝1,终止序号＝序列数据的最大个数。

3. 工作文件

用户使用计量经济学软件包之前,即启动软件包以后必须首先在内存(RAM)中建立工作文件(workfile),即在 RAM 中开辟处理数据的工作区。或者,从磁盘上加载一个工作文件到内存。在用户与软件包之间整个交互式处理过程中,工作文件一直保存在内存中。工作文件中可以包括的对象:序列、组、方程、图形、系统、模型、系数向量等。

4. 对象

EViews 软件包使用术语对象(object)表明它已经向面向对象的设计思想前进了一大步。EViews 是围绕对象这个概念建立起来的,对象包括时间序列、方程、模型、系数和矩阵等。

对象是可见的,当用户与 EViews 会话期间,用户正在使用的、被激活的对象在屏幕上是可见的。而其他非激活窗口中对象要么是一个图标,要么是一个打开的窗口。可以双击图标使其变成窗口,也可以点击窗口最小化按钮使窗口变成一个图标。

对象一词涉及可对其操作和建立的许多东西。用户已经熟悉的方程、模型和系数等是数据对象。图形、表格、文本则是非数据对象。

5. 观察

每个对象都具有观察(view)。通常意义下的对象具有属性、方法、函数和过程等,一旦对象被激活,它的属性等就会表现出来。显然 EViews 中的"观察"指的是对象可视的一些属性。一个对象提供的用以对其自身属性进行观察和分析的窗口称为该对象的"观察"。大多数对象具多种属性,从而具有多个"观察",即用户可以从多个窗口对该对象的不同属性进行观察。或者说对象的属性是通过各种观察表现出来的。

例如,一个序列(显然是一个对象)具有电子数据表观察、线性图观察、柱形图观察、饼图观察、直方图观察和描述统计量观察。

一个序列的观察既可以是图形,也可以是表或电子数据表,还可以是描述统计量等综合计算的结果。

观察并不是孤立的,它是对应数据对象属性的表现。所以,当序列中的数据发生了变更,该对象的图形观察将自动进行更新。

对象具有"观察"，与此同时"观察"也可生成对象。EViews 允许用户将一个观察转换为一个对象，EViews 称这样生成的对象为观察的"冻结"对象。当对应序列中的数据发生变化时，冻结的图形（已经不是观察，而是一个新的对象）将不再发生变化。但允许对冻结的观察进行各种各样的编辑并把它们传送到其他软件中去。此外，允许对冻结了的对象命名和保存到磁盘上。

6. 组

组（group）是对象之一，组对象具有使用灵活、简便的特性。

从本质上看，组是把若干序列合并在一起构成的一个"组"，以便对组内所有的序列同时使用一种方法进行操作。

一个组可由若干序列或由若干其他的组构成。允许用户利用组打开该组的各种观察。

组的作用：

（1）通过组观察，对组内所有序列的数据进行多角度的观察；

（2）还允许直接在组窗口中通过键盘输入和编辑数据。

组的特性：

（1）组不是各个序列数据的一个拷贝，当用户改变属于某组的一个序列的数据时，在组窗口中可以看到这些数据的新变化；

（2）与此同时，如果删除一个序列，那么此时会看到该序列从组中也消失了；

（3）对组中某个序列改名，这个序列仍然留在所属组中，但名称已被更改。

组具有的"观察"：

（1）像其他数据对象一样，组具有"观察"，每个"观察"又是以"窗口"的形式出现的；

（2）组的标准观察是以电子数据表形式显示序列的窗口，在表中序列按列排列；

（3）组的其他"观察"包括图形、多线图形和描述统计量等窗口。

依据已有序列生成组的最简便方法：

（1）通过工作文件窗口新建组。

从工作文件目录中选择序列的名称，然后双击任何一个被选中的序列区域，EViews 6 弹出一个小窗口，从中选择建立组。

新生成的组以电子数据表形式窗口出现。注意，用非连续排列的对象来生成组时，需先按住 Ctrl 键。在工作文件窗口内点击序列的顺序，就是组中序列排列的顺序。

（2）通过主菜单新建组。

在主菜单上点击 Object/New/Group 建立一个组。此时还要求键入包括在新建组中的各序列名、其他组的组名。一个新建组中若包括另一个组的组名，此时这另一个组内的序列将全部包含在新建组之中。新建组的成员还可以包含滞后序列名。

（3）通过键盘输入数据新建一个组。

通过键盘输入数据新建组的目的，在于给新组输入数据。点击主菜单 Quick/ Empty Group，将出现一个既没有数据也没有名称的电子数据表窗口。

允许在列的顶部输入序列的名称，并将数据键入。这样输入的序列也将加入到工作文件之中。

组窗口工具条与序列窗口工具条的主要差别表现在"Save"按钮上，前者保存组（∗.DBG），后者保存序列（∗.DB）。

可以在任何时间向组内增加数据，选择组电子数据表观察后，必须按 Edit＋/- 按钮打开编辑模式。

（4）通过命令窗口新建组。

例如，在命令窗口（主菜单下）键入命令：DATA Y X1 X2 X3 X4 X5，以便生成一个包括 $Y, X_1, X_2, X_3, X_4, X_5$ 序列的组。如果序列名是已经存在的，就编辑原序列。如为新序列名，则等待输入新的数据。

7. 剪切板

EViews 为用户提供了强有力的 Windows 的剪切板。使用主菜单上 Edit / Copy 将鼠标选定的内容复制到剪切板上，再使用 Edit/Paste 将保存在剪切板上的内容粘贴到其他地方。这些功能使用户可以在 Windows 软件之间交换数据，并交互式地使用多个软件并行工作。

8. 窗口间切换

使用 EViews 不难发现可以用窗口代替纸张进行作业。工作时会产生许多窗口，最近使用的窗口处于各个窗口的顶部。当用户完成探索性研究后，通过点击各个窗口，在窗口之间跳转，浏览中不难找出最满意的结果。也可以使用 Alt-F6 对各个窗口进行循环浏览。

9. 数据文件

EViews 允许用户在磁盘的某个目录下保存 EViews 产生的数据文件（data bank）。数据文件的种类很多，EViews 的各个对象都可以形成数据文件。文件名采用 8.3 格式。扩展名指出了该数据文件是何种对象的数据文件。数据文件的类型及扩展名对照如下：

.DB series；

.DBE equation；

.DBM matrix、vector 或 coefficient；

．DBG graph；

．DBR group；

．DBT table；

．DBL model；

．DBS system；

．DBV vector autoregression。

从对象扩展名可以看对象类型。

对对象的磁盘操作与管理(通过各个窗口上工具条的按钮)：

(1) 可以对数据文件进行存储(Store)。

(2) 读取(Fetch)。

(3) 删除(Delete)。

(4) 重命名(Rename)等操作。

二、方程、指数平滑、对象的标签、程序、残差、t 统计量

1. 方程

从主菜单选择 Object/New Object/Equation，建立方程(equation)对象。建立方程时除了设定数据外，还需确定 2 个选项：估计方法和用以估计模型的样本区间。

允许采用最小二乘法、两阶段最小二乘法、logit 和 probit 方法之一去估计一个方程。方程的系数可以是非线性的，可以包含 ARIMA 和多项式分布滞后选项，还可以设定样本区间。

新建方程方法一：

(1) 点击 Object / New Object / Equation 后打开一个对话框。

(2) 在对话框的上边的编辑栏中，设定用户要估计的方程。

(3) 设定待估计线性方程最容易的办法是列出包含在方程中的变量名，应变量之后排列回归解释变量。

例如，设定一个 Y 关于 X 和截距进行回归的线性消费方程的例子如下：

$$Y\ C\ X$$

(4) 设定模型的另一种方法(使用常规的数学符号将待估计的方程以显式的形式设定)

例如，道格拉斯生产函数：

$$Y = C(1) * (L^{\hat{}}C(2)) * K^{\hat{}}C(3)$$

新建方程方法二：

(1) 先选择方程中包含的所有变量构成为一个组，最好应变量放在第一位。

(2) 然后在组窗口中选择 Proc / Equations，此时打开的对话框的上部已经将

选中的变量列出,只需进一步选择方法和区间。

常数序列 C:

EViews 事先(建立工作文件时)构造了一个名叫 C 的常数序列,用以保存估计系数,C 可以在各种统计运算中被调用,所以不能再用 C 作序列名。

模型中滞后序列的设置:

滞后序列允许包含在方程式中,滞后序列如同一个新的序列,它与原序列名字相同,必须在后面圆括号中指明滞后或超前的期数。

在模型设定中使用滞后变量的示例:

$$Y \; Y(-1) \; C \; X$$

其中,Y 是应变量,而应变量滞后一期的滞后变量 $Y(-1)$、X 和截距 C 是解释变量。

$Y(-1 \; TO \; -4)$ 表示 4 个滞后变量,它们分别是

$$Y(-1),Y(-2),Y(-3),Y(-4)$$

$Y(TO \; -2)$ 表示从滞后 0 期开始的 3 个变量:Y,$Y(-1)$ 和 $Y(-2)$。

点击 OK 后,EViews 进行估计并生成一个方程对象。

方程对象有许多观察,允许用户从多个角度对估计得到的方程进行观察。

View/Representations 观察。

观察方程的三种形式:

(1) 命令方式,如变量列表;

(2) 待估系数构成的代数式;

(3) 估计系数构成的代数式。

View/Estimation Output 观察。

估计方程后,View/Estimation Output 是最先观察到的,该观察输出估计标准结果。

View/Actual,Fitted・Residual/Table 观察。

从左边的表中观察应变量的实际值、拟合值和残差,从右边观察残差图。

View/Actual,Fitted・Residual/Graph 观察。

观察应变量实际值、拟合值和残差的标准 EViews 图。

View/Coefficient Tests,Residual Tests,Stability Tests 观察。

该观察打开规范性检验和诊断性检验的次级菜单。

Proc 按钮:

给出一些选项:

一个是 Estimate,再一个是 Forecast。

Print 按钮:

将当前窗口打印输出。

Name 按钮:

给方程命名,命名后的方程作为一个对象,保持在工作文件中,它的小图标上有一个等号"＝"。

Freeze 按钮：

给出一个静态的表或者图(已是对象了,而不是数据表观察或图形观察),以便以后进行编辑作为研究结果输出。

Estimate 按钮：

打开估计对话框,允许更改待估方程、样本区间,并重新进行估计。

Forecast 按钮：

根据所得方程计算预测值。

2. 指数平滑

指数平滑(exponential smoothing)是基于时间序列的一个简单的统计模型进行预测的方法。与回归模型不同,它不使用除了序列自身以外的其他信息进行预测。

(1) 简单指数平滑。

这类技术中最简单的是单指数平滑,适用于对围绕常数平均数上下随机扰动的序列进行预测。

(2) 平滑常数。

如果序列既不存在趋势模式也不存在季节模式,应当采用指数平滑。单指数平滑预测值乃是序列按衰减系数(平滑系数)递推。衰减系数通常是一个相当小的数(0~1),如 0.05。预测值缓慢地与序列实际值相适应。

(3) 指数平滑预测值。

在指数平滑预测的典型应用中,允许使用可用于预测序列的全部历史值(实际值)。对整个期间计算平滑预测值以后,观察值对应的平滑值就是你所求的下一个观察期的预测值。最后一期的平滑值就是未来一期的预测值。

(4) 平滑常数的设定。

可以要求 EViews 按预测误差平方和最小化自动求解平滑常数,而无须用户指定平滑常数。但是,如果 EViews 自动求解出的平滑常数很大,表明你的序列接近于一个随机游走过程,最佳预测是给近期观察值以较大的权数,给滞后期较远的观察值以较小的权数。

(5) 双指数平滑与三指数平滑。

如果序列存在趋势,应当采用考虑了趋势影响的双指数平滑法进行预测,单指数平滑对未来的预测只是在相同发展水平上的一个数,而双指数平滑的预测值则是按发展水平,同时也按某种趋势增长,用线性方程进行预测。

三指数平滑同时对发展水平、增长趋势和季节变动进行指数平滑,且分加法模型和乘法模型。例如,Holt-Winter 分为:无季节、乘法和加法。

3. 对象的标签

EViews 的对象具有说明自身的标志或注释的标签。标签显示在对象的标签 (labels for objects) 窗口。序列和矩阵的标签显示在电子数据表观察的顶部。EViews 自动补充和更新标签提供的信息。允许将补充的信息附加在原有信息之下。EViews 允许的标签信息不超过 20 行。

4. 程序

使用程序 (program),必须首先熟悉对象,观察和过程。程序是 EViews 的命令文件。程序不是保持在工作文件之内的对象,程序是能够操作工作文件甚至操纵 EViews 自身进行工作的软件。

5. 残差

残差 (residual) 是应变量实际值与拟合值之间的差,残差度量了回归方程用于预测时可能发生的误差。注意残差与方程 (模型) 设定中随机扰动项的区别。

6. t 统计量

t 统计量 (t-statistics) 是用来检验系数具有特殊值的检验统计量。检验系数等于 0 (该变量不包含在模型内) 的 t 值是系数与它的标准差的比值。

如果 t 值超过 1 则至少有三分之二的可靠性认为系数不等于 0 是真实的;如果 t 值超过了 2,那么至少有 95% 的可靠性认为系数是不等于 0 的。

三、运算符和函数、缺省值和无效数据符号 NA、特殊函数、回归统计函数、其他功能的特殊函数

(一) 运算符和函数

＋：

add,加。

—

subtract,减。

＊

multiply,乘。

/

divide,除。

^

raise to the power,幂次。

D(X)

first difference of X, $X - X(-1)$,一阶差分。

LOG(X)

natural logarithm,自然对数。

DLOG(X)

change in the natural logarithm,LOG(X)−LOG(X($X-1$)),自然对数改变量。

EXP(X)

exponential function,指数函数。

ABS(X)

absolute value,绝对值。

SQR(X)

square root,平方根。

RND

uniformly distributed random number between zero and one,0 和 1 之间均匀分布的随机数。

NRND

normally distributed random number with zero mean and variance of one,均值为 0、方差为 1 的正态分布的随机数。

@PCH(X)

percent change (decimal),$(X-X(-1))/X(-1)$,百分改变量。

@INV(X)

inverse or reciprocal,$1/X$,逆或倒数。

@DNORM(X)

standard normal density,标准正态密度。

@CNORM(X)

cumulative normal distribution,累计正态分布函数。

@LOGIT(X)

logit of X,逻辑特函数$\dfrac{1}{1+e^{-x}}$。

@FLOOR(X)

convert to integer by rounding down,returns the largest integer not greater than,X 转换为不大于 X 的最大的整数。

@CEILING(X)

convert to integer by rounding up,returns the smallest integer not less than,

X 转换为不小于 X 的最小整数。

（二）缺省值和无效数据符号 NA

EViews 使用 1. E-37 作为有效数据分界点。例如,当其给一个比较长的序列,只输入一部分数据,另一部分数据是缺省的,此时就显示出 NA（for not available）符号。

为了检验序列 ASSETS 是否存在 NA 数据,依据 ASSETS 序列生成一个新序列 DA

$$\text{Genr DA} = \text{ASSETS} <> \text{NA}$$

"$<>$"的含义是 ASSETS 与 NA 进行比较,DA 取 1 的观察值处,表示不存在 NA;DA 取 0 的观察值处,表示存在 NA 数据。NA 数据运算的结果仍然是 NA。

（三）特殊函数

EViews 中有一类以@打头的特殊函数,用以计算序列的描述统计量,或者用以计算最常用回归估计量。例如

@MEAN(TBILL)

给出序列 TBILL 在当前样本区间上的算术平均数

大多数@函数对于所有的观察值取同一数值,它们是对整个样本区间计算的描述统计量,或回归统计函数。

计算描述统计量的@函数:

@SUM(X)

sum of X,序列 X 的和。

@MEAN(X)

mean of X,序列 X 的平均数。

@VAR(X)

variance of X,序列 X 的方差。

@SUMSQ(X)

sum of squared X,序列 X 的平方和。

@OBS(X)

number of valid observations in X,序列有效观察值的个数。

@COV(X,Y)

covariance between X and Y,序列 X 和序列 Y 的协方差。

@COR(X,Y)

correlation between X and Y,序列 X 和序列 Y 的相关系数。

@CROSS(X,Y)

cross product of X and Y,序列 X 和序列 Y 的乘积和。

当序列 X 是一个数时,下列统计函数也返回一个数值;当其 X 是一个序列时,下列统计函数返回的是一个序列:

@DNORM(X)

standard normal density function of X,标准正态分布密度函数。

@CNORM(X)

standard cumulative normal distribution function of X,标准累计分布函数。

@TDIST(X,d)

Probability that a t-statistic exceeds X with d degrees of freedom,自由度为 d 的 t 统计量的概率。

（四）回归统计函数

回归统计函数从一个指定的方程对象返回一个数。调用方法:方程名后接句点".",再接@函数。例如:

SALESEQ. @DW

返回 SALESEQ 方程的杜宾-沃森统计量。如果在函数前不用方程名限定,则返回当前估计方程的统计量。例如:@R2

从最近估计的方程中返回判定系数 R2。

常用的回归统计函数如下:

@R2

R^2 statistic,决定系数。

@RBAR2

adjusted R^2 statistic,调整后的决定系数。

@SE

standard error of the regression,回归标准误。

@SSR

sum of squared residuals,回归平方和。

@DW

Durbin-Watson statistic,杜宾-沃森统计量。

@F

F-statistic,F 统计量。

@LOGL

value of the log-likelihood function,最大似然估计函数的对数值。

@REGOBS

number of observations in regression,回归方程中观察值的个数。

@MEANDEP

mean of the dependent variable，因变量的均值。

@SDDEP

standard deviation of the dependent variable，因变量的标准差。

@NCOEF

total number of estimated coefficients，估计系数的总个数。

@COVARIANCE(i,j)

covariance of coefficients i and j，回归系数 i 和回归系数 j 间的协方差。

@RESIDCOVA(i,j)

covariance of residuals from equation i with those in equation j in a VAR or system object，向量自回归或系统中第 i 个方程残差与第 j 个方程残差间的协方差。它必须以（已命名的）对象名为前导，例如：VAR1. @RESIDCOVA(2,2)。

（五）其他功能的特殊函数

下列函数计算产生一个序列：

@MOVAV(X,n)

n period moving average of X，where n is an integer，序列 X 平滑期为 n 的移动平均数。其中，n 为正整数。

@MOVSUM(X,n)

n period moving sum of X，where n is an integer，序列 X 平滑期为 n 的移动和。其中，n 为正整数。

@TREND(d)

time trend variable normalized to be zero in period d，where d is a date or observation number，在时期 d 正态化为 0 的时间趋势变量。其中，d 为时期或观察值个数。

@SEAS(d)

seasonal dummy equal to one when the quarter or month equals d and zero otherwise，生成一个季度或月度等于 d 时取 1，其他取 0 的季节变量。

特殊的@函数可以与其他 EViews 运算符和其他函数结合起来使用。例如

$$Q+V-@MEAN(Q+V)$$

在当前样本区间上，产生一个新的序列，等于序列 Q 加序列 V 再减去$(Q+V)$的均值。

$$@SEAS(3)$$

建立一个虚拟变量，该虚拟变量第 3 季度取 1，其他季度取 0。

特殊的@函数也可用于估计方程或者定义一个样本。例如

$$C(1) + C(2) * Q + C(3) * @\text{TREND}(1970)$$

使用回归常数 $C(1)$、序列 Q 和在 1970 年正态化为 0 的趋势变量来定义回归变量。

实验一　计量经济学软件 EViews

一、计量经济学软件 EViews 的使用

实验目的:熟悉 EViews 软件的基本使用功能。

实验要求:快速熟悉描述统计和线性回归分析。

实验原理:软件使用。

实验数据:1978～2005 年广东省消费和国内生产总值统计数据。

实验步骤:

(一)启动 EViews 软件

进入 Windows 以后,双击桌面 EViews 6 图标启动 EViews,进入 EViews 窗口。

EViews 的四种工作方式:

(1) 鼠标图形导向方式;

(2) 简单命令方式;

(3) 命令参数方式(1 与 2 相结合);

(4) 程序(采用 EViews 命令编制程序)运行方式。

(二)创建工作文件

假定我们要研究广东省消费水平与国内生产总值(支出法)之间的关系,收集了 1978～2005 年 28 年的样本资料(表 1-1),消费额记作 XF(亿元),国内生产总值记作 GDP(亿元)。根据资料建立消费函数。

进入 EViews 后的第一件工作,通常应从创建工作文件开始。只有建立(新建或调入原有)工作文件,EViews 才允许用户输入,开始进行数据处理。

建立工作文件的方法是点击 File/New/Workfile。选择新建对象的类型为工作文件。选择数据类型和起止日期,并在对话框中提供必要的信息:适当的时间频率(年、季度、月度、周、日);最早日期和最晚日期。开始日期是项目中计划的最早的日期;结束日期是项目计划的最晚日期,以后还可以对这些设置进行更改。非时间序列提供最大观察个数。建立工作文件对话框如图 1-2 所示,按 OK 确认,得新建工作文件窗口(图 1-3)。

表 1-1

年份	消费 XF /亿元	GDP /亿元	年份	消费 XF /亿元	GDP /亿元
1978	130.02	194.14	1992	1359.08	2440.58
1979	147.11	215.43	1993	1852.06	3465.31
1980	180.93	259.32	1994	2598.57	4618.25
1981	201.43	305.22	1995	3363.38	5933.05
1982	233.21	349.13	1996	3859.32	6834.97
1983	252.07	367.36	1997	4245.18	7774.53
1984	288.26	446.06	1998	4582.16	8530.88
1985	347.18	568.98	1999	5083.69	9250.68
1986	415.91	650.99	2000	5714.46	10741.25
1987	516.02	815.05	2001	6255.92	12039.25
1988	667.03	1129.64	2002	7286.63	13502.42
1989	857.33	1348.54	2003	8643.44	15844.64
1990	938.48	1541.99	2004	10162.04	18864.62
1991	1081.39	1847.99	2005	11533.44	22366.54

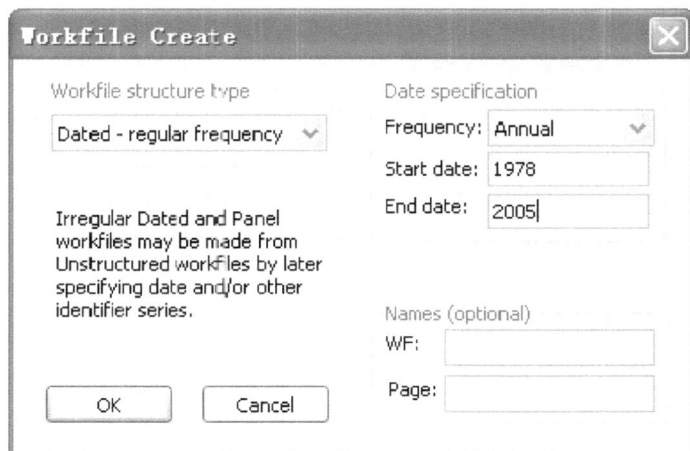

图 1-2

　　工作文件窗口是 EViews 的子窗口。它也有标题栏、控制框、控制按钮。标题栏指明窗口的类型是 Workfile、工作文件名和存储路径。标题栏下是工作文件窗口的工具条。工具条上是一些按钮。

　　View——观察按钮；

　　Proc——过程按钮；

　　Save——保存工作文件；

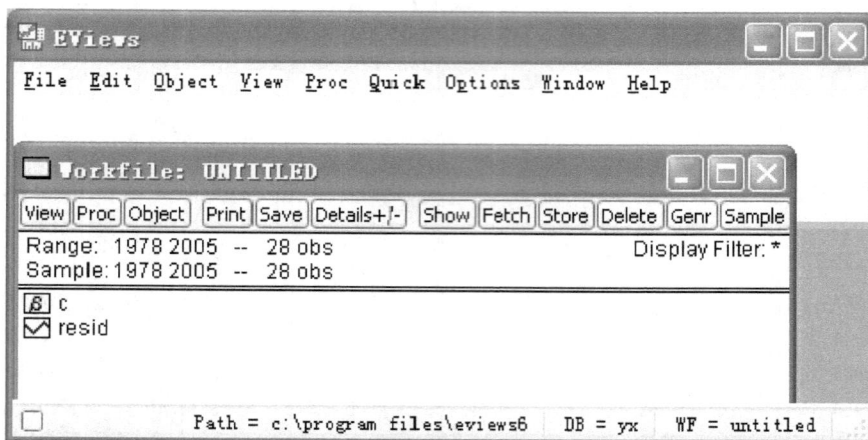

图 1-3

Show——显示序列数据；

Fetch——读取序列；

Store——存储序列；

Delete——删除对象；

Genr——生成新的序列；

Sample——设置观察值的样本区间。

此外，可以从工作文件目录中选取并双击对象，用户就可以展示和分析工作文件内的任何数据。

工作文件一开始其中就包含了两个对象：一个是系数向量 C（保存估计系数用），另一个残差序列 resid（实际值与拟合值之差）。小图标上标志出对象的类型，β 是系数向量，曲线图是时间序列。

使用 View 选择对象后或直接使用 EViews 主窗口顶部的菜单选项，可以对工作文件和其中的对象进行一些处理。这些处理包括生成新的对象、建立组、估计参数、指数平滑、预测、模拟等。

（三）输入和编辑数据

输入数据有两种基本方法：data 命令方式和鼠标图形界面方式。

1. data 命令方式

命令格式：data ＜序列名 1＞ ＜序列名 2＞ … ＜序列名 n＞。
功能：输入和编辑数据。
适用条件：建立或调入工作文件以后（图 1-4、图 1-5）。

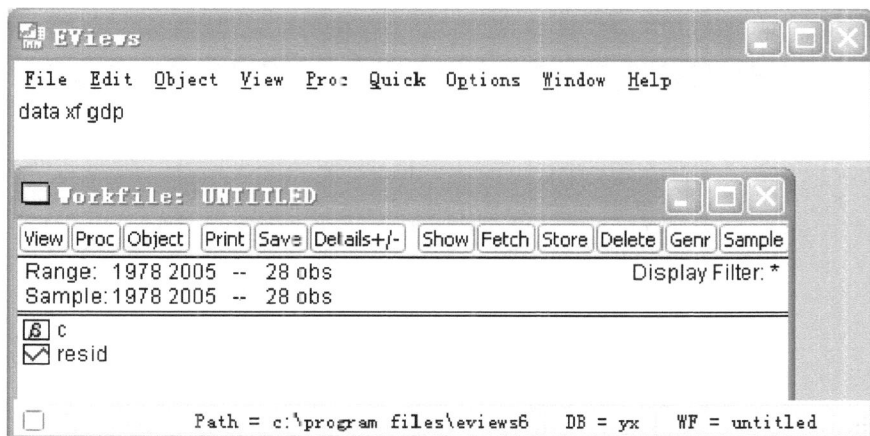

图 1-4

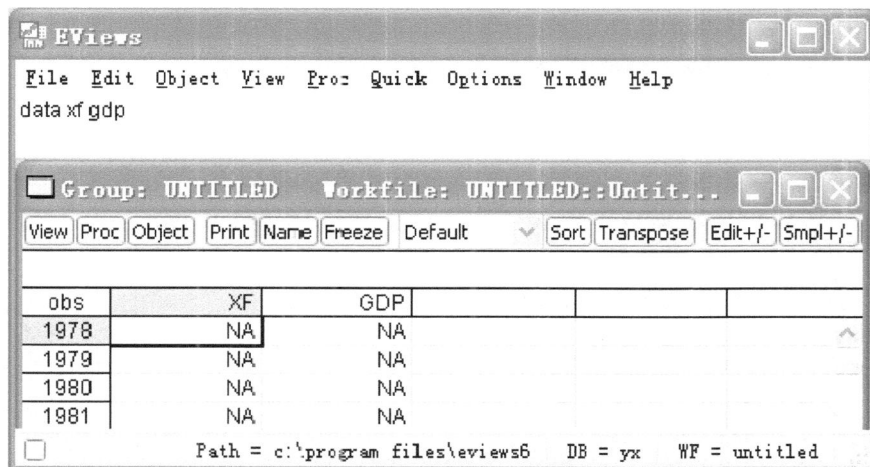

图 1-5

2. 鼠标图形界面方式

利用鼠标选择菜单项目或对象,填写相应的对话框。

(1) 建立新序列。

Object/New Object··· 对象类型选择 series,并给定序列名,一次只能创建一个新序列(图 1-6)。

图 1-6

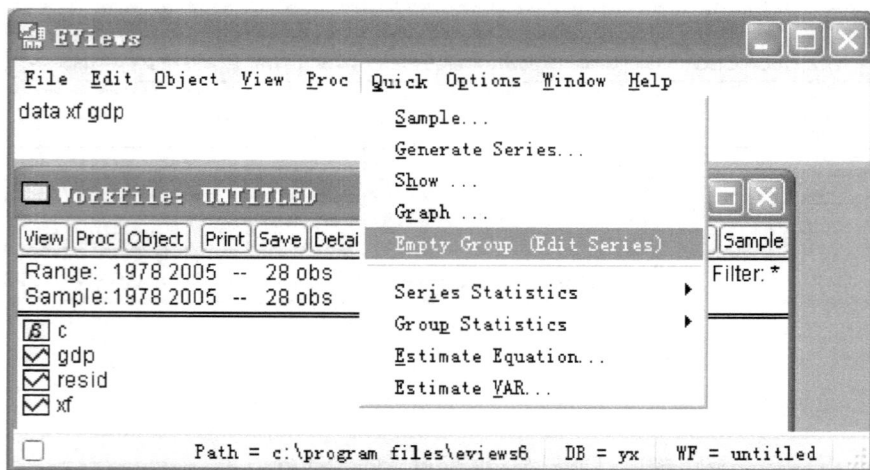

图 1-7

（2）建立空组。

创建两个空序列 XF 和 GDP 后,按住 Ctrl 点击 XF,再点击 GDP,使两个图标加亮,并双击,就建立起一个组。打开一个组窗口,组中含有 XF 和 GDP 序列。按住 Ctrl 点击选择对象,可以确定构成组后的先后顺序,还可以间隔选择对象。如

图 1-7、图 1-8 所示。

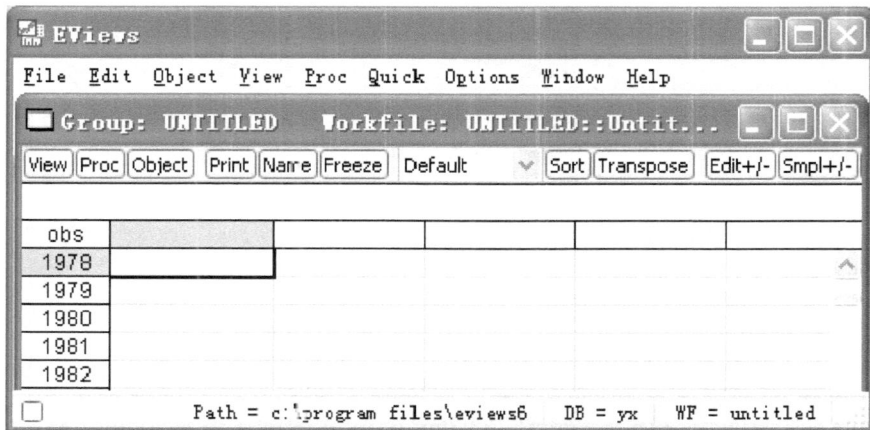

图 1-8

（3）打开编辑开关。

在组窗口选择 Edit＋/－,进入编辑状态,通过键盘结合光标移动键,将数据输入。

（四）由组的观察查看组内序列的数据特征

组窗口工具条上 View 的下拉式菜单如图 1-9 所示。

（1）Spreadsheet(电子数据表)(图 1-10)。

（2）Graph(图形)。

进入作图,如不编辑直接选定,得趋势图如图 1-11 所示。

编辑图形,双击图形区域中任意处,再次进入图形编辑状态。选择图形类型,图形属性(是否置入图框内,刻度,是否用彩色),柱和线的选项,设定竖轴(单个,双个,是否交叉),设定比例尺度(优化线性尺度,强制通过 0 线,对数尺度,正态化尺度),手动设定比例尺度,线形图选项,柱形图的选项,散点图选项(连接,配拟合直线),饼图选项等。

图形选项如图 1-12 所示。

散点图(scatter diagram)为设定模型的函数形式提供参考,得到显示 XF 与 GDP 间存在线性关系的散点图(图 1-13),散点图为设定理论模型给出了指导。

（3）Descriptive Statistics(描述统计量)(图 1-14)。

（4）Correlation(相关系数矩阵)(图 1-15)。

（5）Covariance(协方差矩阵)(图 1-16)。

（6）Correlogram (1)(组内第 1 序列相关函数)(图 1-17)。

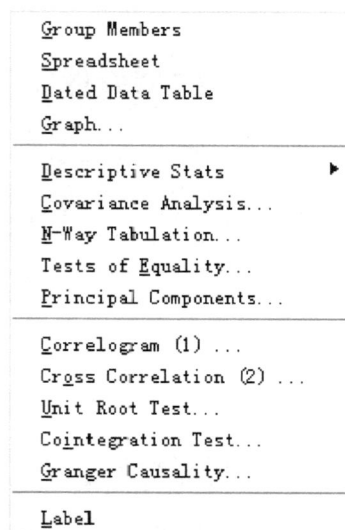

图 1-9

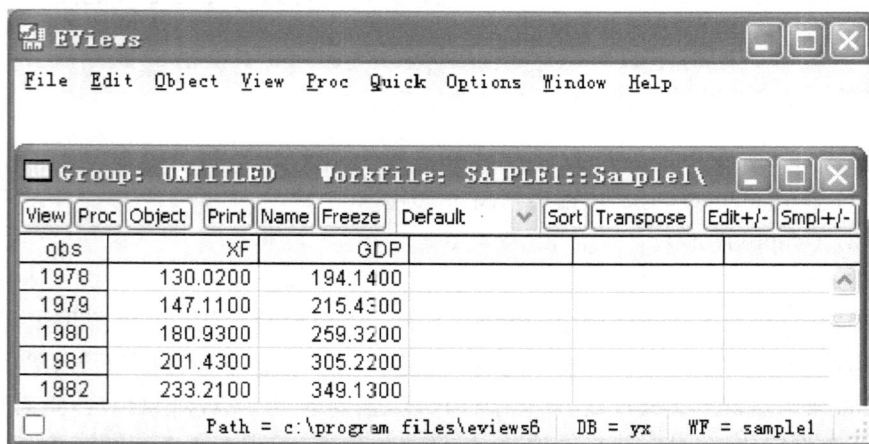

图 1-10

（7）Cross Correlation（2）（组内第 1 和第 2 序列互相关函数）（图 1-18）。

（8）Cointegration Test（执行 Johansen cointegration 检验）。

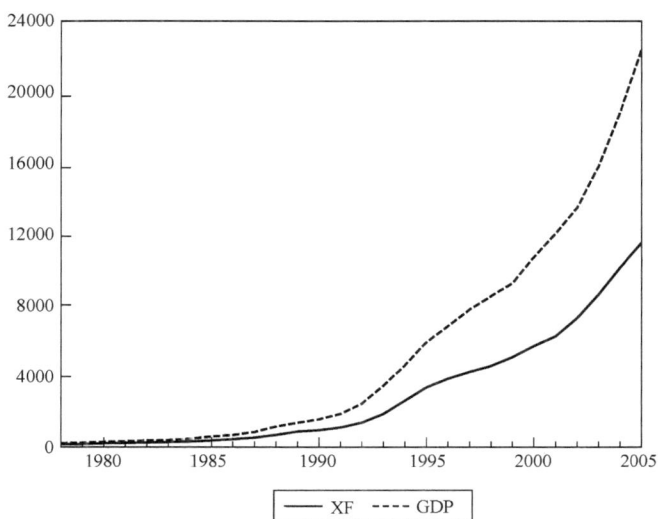

图 1-11

（9）Granger Causality（检验组内各个配对间的 Granger 因果关系）（图 1-19）。

Granger causality（因果关系）检验，GDP 不是 XF 的"因"的假设被拒绝＝＝＞GDP 是 XF 的"因"（小概率 0.0030 事件发生拒绝（Null Hypothesis））；同时 XF 不是 GDP 的"因"的假设被接受，所以国内生产总值是消费的因，即国内生产总值可以作消费的自变量。

Granger causality 统计推断：

如果两个假设被接受＝＝＞ GDP 与 XF 之间不存在"因果关系"，第三者或多个第三者才是它们的因。

如果两个假设被拒绝＝＝＞ GDP 是 XF 的因，同时 Y 也是 X 的因，它们之间存在双向因果关系。

只有一个假设被拒绝，另一个假设被接受，才能推断出其间存在 Granger 因果关系。

（五）回归分析

1. "观察"

在经济理论指导下，利用 EViews 软件的"观察"（View）功能对数据进行"观察"。

依据凯恩斯理论，初步选择变量。根据描述统计量、散点图、相关系数矩阵、Granger 因果关系检验等，取得初步认识，供筛选变量，选择函数形式参考。

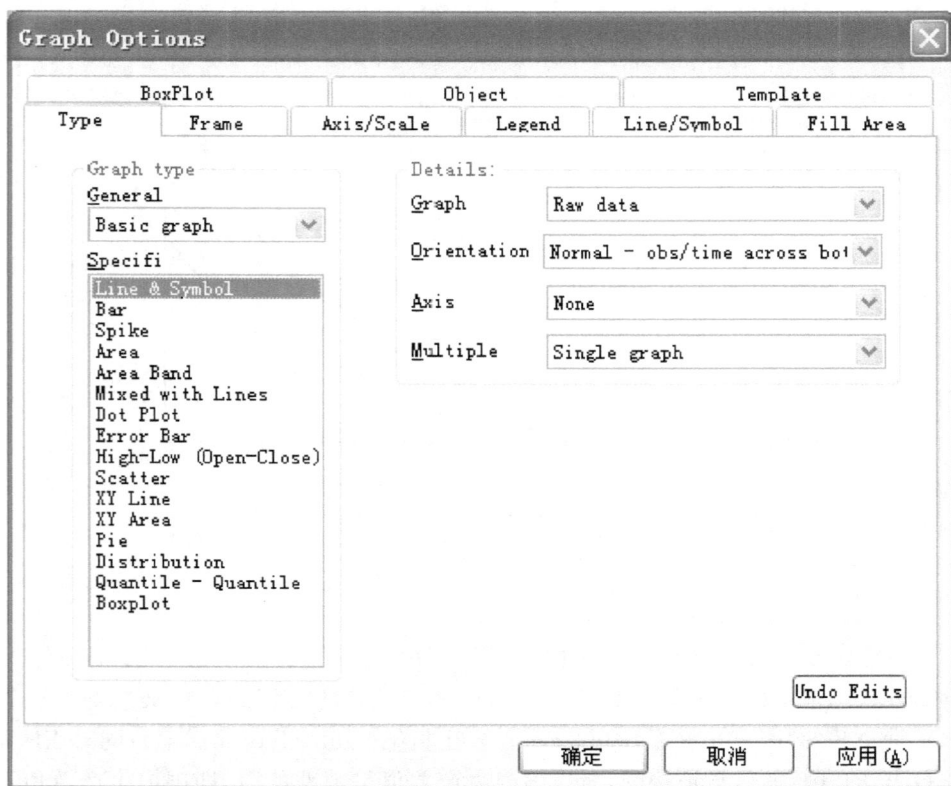

图 1-12

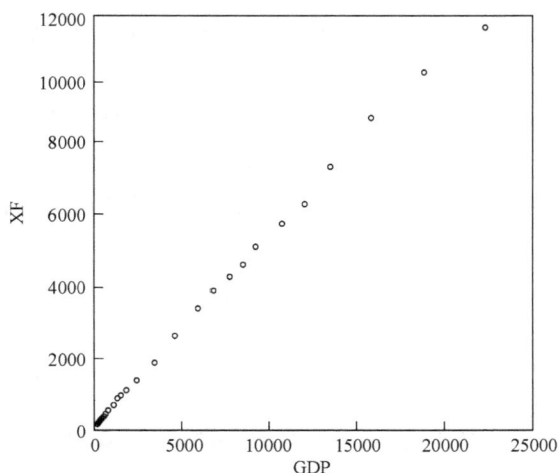

图 1-13

	XF	GDP
Mean	2956.988	5437.386
Median	1220.235	2144.285
Maximum	11533.44	22366.54
Minimum	130.0200	194.1400
Std. Dev.	3323.637	6304.032
Skewness	1.137463	1.189715
Kurtosis	3.248159	3.432840
Jarque-Bera	6.109683	6.823872
Probability	0.047130	0.032977
Sum	82795.65	152246.8
Sum Sq. Dev.	2.98E+08	1.07E+09

图 1-14

Correlation

	XF	GDP
XF	1.000000	0.999470
GDP	0.999470	1.000000

图 1-15

Covariance

	XF	GDP
XF	10652042	20193310
GDP	20193310	38321504

图 1-16

2. 设定理论模型

这里设定为直线　$XF = a - bGDP + u$。

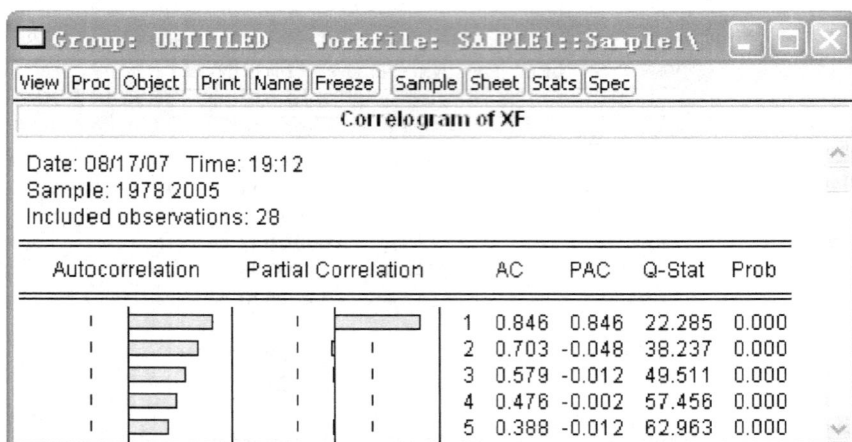

图 1-17

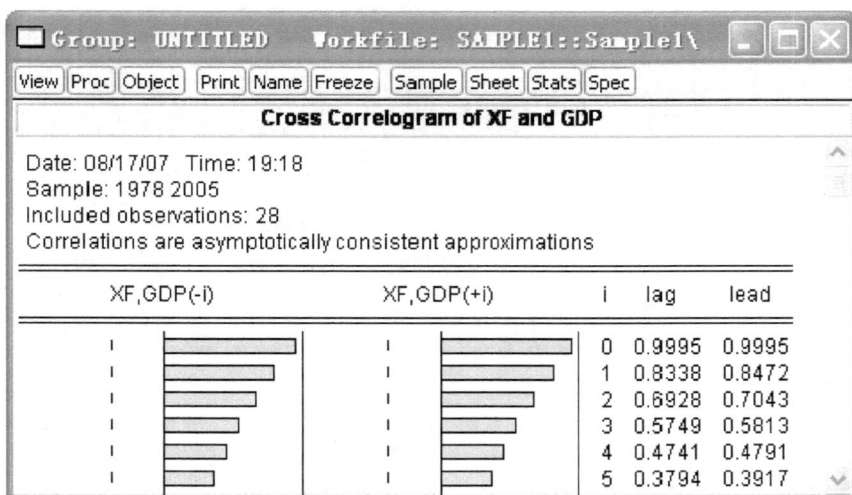

图 1-18

3. 做普通最小二乘法估计

在组窗口的操作步骤(图 1-20):

(1) Proce;

(2) Maken Equation;

(3) 选择估计方法;

(4) 设定样本区间;

(5) 确定,进行估计。

此外选择 Options 还可以设置选项。

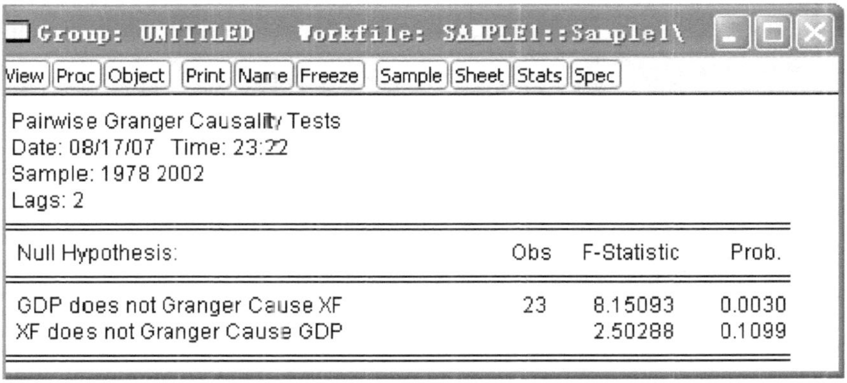

Group: UNTITLED   Workfile: SAMPLE1::Sample1\

View Proc Object Print Name Freeze Sample Sheet Stats Spec

Pairwise Granger Causality Tests
Date: 08/17/07 Time: 23:22
Sample: 1978 2002
Lags: 2

Null Hypothesis:	Obs	F-Statistic	Prob.
GDP does not Granger Cause XF	23	8.15093	0.0030
XF does not Granger Cause GDP		2.50288	0.1099

图 1-19

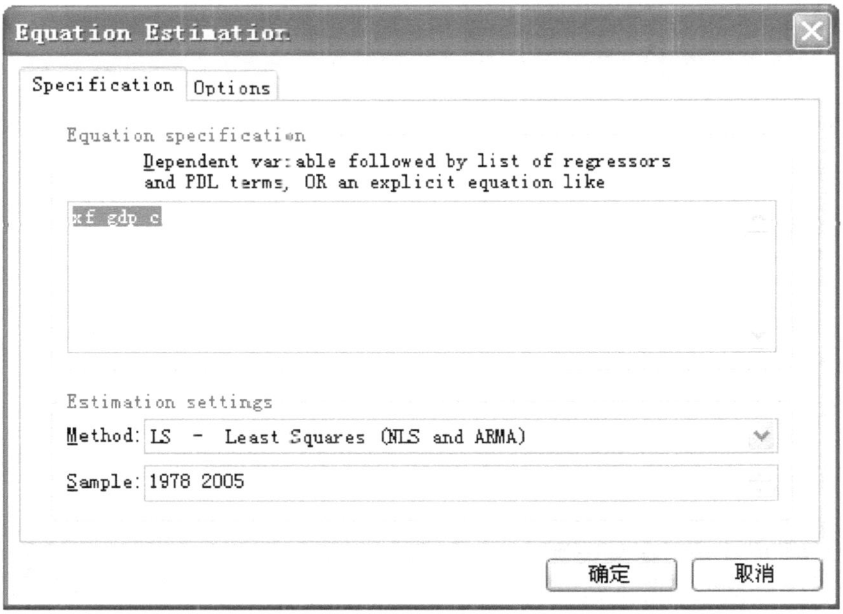

Equation Estimation

Specification Options

Equation specification
Dependent variable followed by list of regressors
and PDL terms, OR an explicit equation like

xf gdp c

Estimation settings
Method: LS - Least Squares (NLS and ARMA)
Sample: 1978 2005

确定   取消

图 1-20

Options 选项设置(图 1-21)。

异方差存在、加权最小二乘法的权数、迭代的最大次数、收敛的精度、ARMA
系数的初始值等。

得到估计结果

$$XF = 91.7862 + 0.5269 * GDP$$

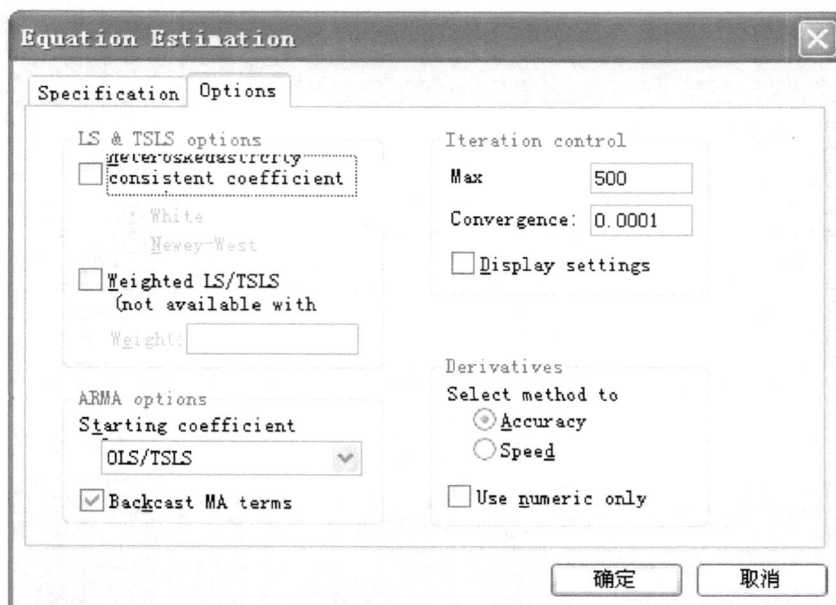

图 1-21

Dependent Variable：XF
Method：Least Squares
Date：08/18/07 Time：00：10
Sample：1978 2005
Included observations：28

	Coefficient	Std. Error	t-Statistic	Prob.
GDP	0.526945	0.003366	156.5682	0.0000
C	91.78621	27.73023	3.309969	0.0027

R-squared	0.998940	Mean dependent var	2956.988
Adjusted R-squared	0.998900	S. D. dependent var	3323.637
S. E. of regression	110.2457	Akaike info criterion	12.31205
Sum squared resid	316006.8	Schwarz criterion	12.40721
Log likelihood	−170.3687	Hannan-Quinn criter.	12.34114
F-statistic	24513.62	Durbin-Watson stat	1.339748
Prob(F-statistic)	0.000000		

回归结果的有关解释：

dependent variable——被解释变量；

variable——解释变量；

coefficient——回归系数；

std. error——系数标准差；

t-statistic——t-检验值；

prob.——零系数概率；

r-squared——判定系数；

adjusted r-squared——调整后的判定系数；

S. E. of regression——回归标准差；

sum squared resid——残差平方和；

log likelihood——对数似然估计值；

Durbin-Watson stat.——D-W 检验值；

mean of dependent var.——被解释变量均值；

S. D. of dependent var.——被解释变量方差；

Akaike info criterion——赤池信息准则；

Schwarz criterion——施瓦茨准则；

Hannan-Quinn criter.——汉南-奎因准则；

F-statistic——总体 F-检验值。

4. 对模型的可靠性进行统计学检验

统计检验总的说来，拟合尤良（因是一元回归，总的好，自变量的系数也一定好）。但是，可能存在误差项的一阶正自相关，因为 D−W 统计量＝1.3397 与 2 相差较远。

5. 对模型进行计量经济学检验

计量经济学检验，指的是关于随机扰动项（残差）是否满足基本假定的检验。它包括：异方差检验，自相关检验，多重共线检验等（图 1-22）。

序列相关的判断，残差（residual）几期连续为负，几期连续为正，又几期连续为负，表明可能存在正自相关。而且，Durbin-Watson stat.＝ 1.3397，表明有可能存在残差自相关，就是说模型可能违背了普通最小二乘法的基本假定。

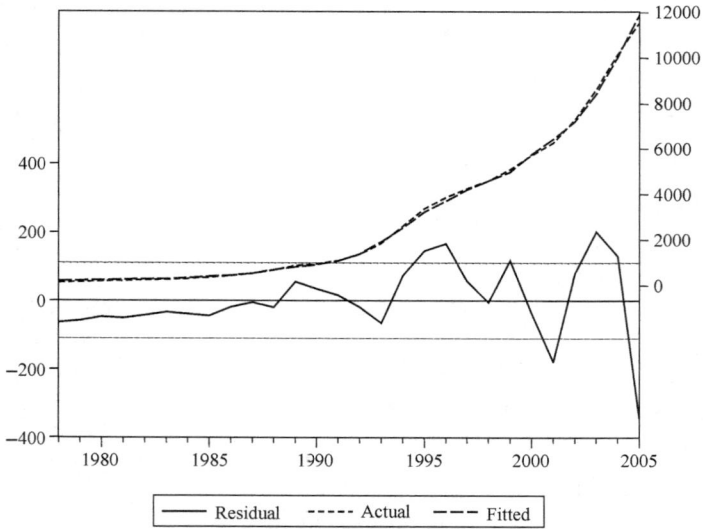

图 1-22

6. 进一步改进模型(采用 Cochran-Orcutt 迭代法,即在自变量中加入 AR(1)项)

Dependent Variable: XF

Method: Least Squares

Date: 08/18/07　Time: 02:35

Sample (adjusted): 1979 2005

Included observations: 27 after adjustments

Convergence achieved after 5 iterations

	Coefficient	Std. Error	t-Statistic	Prob.
GDP	0.523431	0.006245	83.81847	0.0000
C	110.4711	46.72941	2.364061	0.0265
AR(1)	0.316903	0.296496	1.068827	0.2958
R-squared	0.998974	Mean dependent var		3061.690
Adjusted R-squared	0.998888	S. D. dependent var		3339.561
S. E. of regression	111.3513	Akaike info criterion		12.36770
Sum squared resid	297578.5	Schwarz criterion		12.51168
Log likelihood	−163.9639	Hannan-Quinn criter.		12.41051
F-statistic	11681.16	Durbin-Watson stat.		1.407062
Prob(F-statistic)	0.000000			
Inverted AR Roots	0.32			

（六）保存研究成果（工作文件）

1. 保存工作文件

选择主菜单上 File/Save 将工作文件的一个拷贝存储在磁盘上。第一次使用时，如同以后使用 File/Save As 一样，打开一个标准的 Windows 文件保存对话框，用户在 Drive 下指定存储的驱动器，在 Directory 下指定存储的路径。也可以通过鼠标在目录间游动，寻找到子目录后，双击打开子目录来确定路径。然后对欲保存的工作文件在 File Name 下命名为 Sample1。最后按保存，就开始保存工作文件。

点击 Update Default Directory 使当前路径成为缺省路径，为今后存取文件提供方便。在保存类型下指定存储文件的类型，以便与外部软件共享数据。

2. 退出 EViews

选择 File/Exit，退出 EViews。

3. 把工作文件读取到内存

选择主菜单上 File/ Open 将先前保存的工作文件读入内存。选择 File/Open 后，出现类似于 Save As 打开的对话框。在对话框中将会看到，子目录限定路径中已经保存的文件名。一旦用户确定了子目录，再双击文件名，该文件就自动打开，在内存中建立了工作文件区，为开展研究作好了准备。

（七）利用已有序列生成新的序列

根据上面的数据计算广东省 1978～2005 年消费额对国内生产总值的弹性。

双对数模型的因变量与自变量双双作对数变换（取对数）以后再拟合其间的关系：

$$\ln \mathrm{XF} = \ln a + b \ln \mathrm{GDP} + u$$

此时的回归系数就是因变量对自变量的弹性，即国内生产总值变动 1%，消费变动百分之几。

在工作文件窗口中选取 Genr 打开生成序列对话框。在打开的生成新序列对话框中，输入生成新序列的方程，然后 OK（图 1-23）。注意，此时生成的 GDPL 是 GDP 的自然对数。用同样的方法生成 XFL。然后进行最小二乘估计。

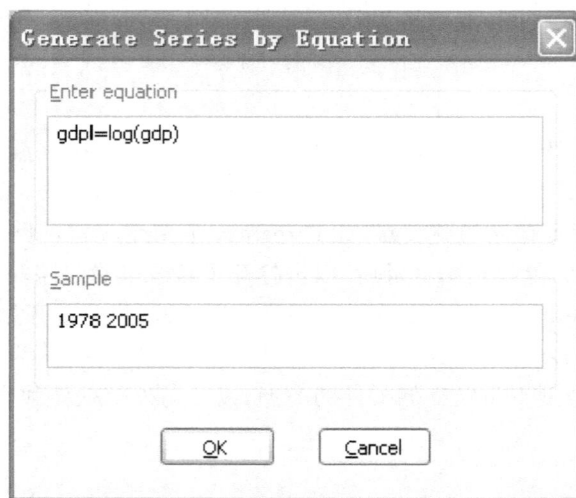

图 1-23

Dependent Variable：XF

LMethod：Least Squares

Date：08/18/07　Time：03：10

Sample：1978 2005

Included observations：28

	Coefficient	Std. Error	t-Statistic	Prob.
GDPL	0.941115	0.003744	251.3661	0.0000
C	−0.073435	0.029333	−2.503471	0.0189
R-squared	0.999589	Mean dependent var		7.158880
Adjusted R-squared	0.999573	S. D. dependent var		1.462283
S. E. of regression	0.030222	Akaike info criterion		−4.091772
Sum squared resid	0.023747	Schwarz criterion		−3.996614
Log likelihood	59.28480	Hannan-Quinn criter.		−4.062681
F-statistic	63184.94	Durbin-Watson stat.		1.542768
Prob(F-statistic)	0.000000			

回归方程：

$$XFL=-0.0734+0.9411*GDPL$$

弹性等于 0.9411，即国内生产总值增加 1％，消费平均增加 0.94％。

如果同学们比较熟悉实验一了，不妨在课后做一下下面的实验，对进一步熟悉和掌握 EViews 软件使用功能十分有好处。但如果不太熟悉实验一，建议在以后再补做。

二、熟悉 EViews 实验：计量经济学软件 EViews 范例

实验目的：进一步熟悉和掌握 EViews 软件使用功能。

实验要求：进一步熟悉和掌握描述统计和非线性回归分析，熟悉和掌握统计检验、
　　　　　修订方程、预测和编制程序方法。

实验原理：软件使用。

实验数据：1952 年 1 季度至 1996 年 4 季度货币需求总量、国民收入、价格水平和
　　　　　短期利率的数据。

实验步骤：

通过一个范例展现 EViews 6 的基本特性。但范例仅只展现了 EViews 的典型应用。显然，在一个范例中不可能对计量经济学软件包的功能进行全面的概括。

在范例中，我们研究的问题是：作为应变量（被解释变量）的货币需求总量 M_1，与作为解释变量的国民收入（GDP）、价格水平（PR）和短期利率（RS）之间的关系。还要完成依据样本资料对货币需求总量 M_1 进行预测的任务。于是，按照下列步骤展开工作：

（1）从 Excel 电子数据表中将数据导入 EViews。

（2）校验数据和进行简单的统计分析。

（3）进行回归分析建立模型并根据该统计关系进行预测。

（4）对新建模型执行模型设定检验与诊断性检验。

（5）最后，用图形展现分析结果。

（一）创建工作文件和导入数据

第 1 步，将数据读入 EViews 的工作文件中。

在讨论数据导入之前，范例数据就已经以 Excel 电子数据表格式和工作文件格式分别保存在 EViews 目录之下了。因此，可以跳过导入数据部分的内容而直接进入范例分析部分的内容。直接打开 EViews 格式的工作文件的步骤：从工具条上选择 File/Open/Workfile，打开 EViews 格式的工作文件 DEMO.WF1，即将范例加载（load）到内存（图 1-24）。

作为范例，还是从使用 EViews 进行分析工作的第一步——建立工作文件开始。建立工作文件（Workfile）的目的在于保存用于分析的数据。建立工作文件的方法是从菜单中选择 File/New/Workfile，在接着打开的对话框中为新建工作文件提供如下的信息（图 1-25）。

例如，在本范例中，工作文件的数据频率为季度，范围从 1952 年 1 季度开始到 1996 年 4 季度结束。于是，将对话框中的工作文件数据频率（workfile frequency）设置为季度（quarterly），开始日期（start date）设置为 1952:1，结束日期（end date）设置为 1996:4（图 1-26）。

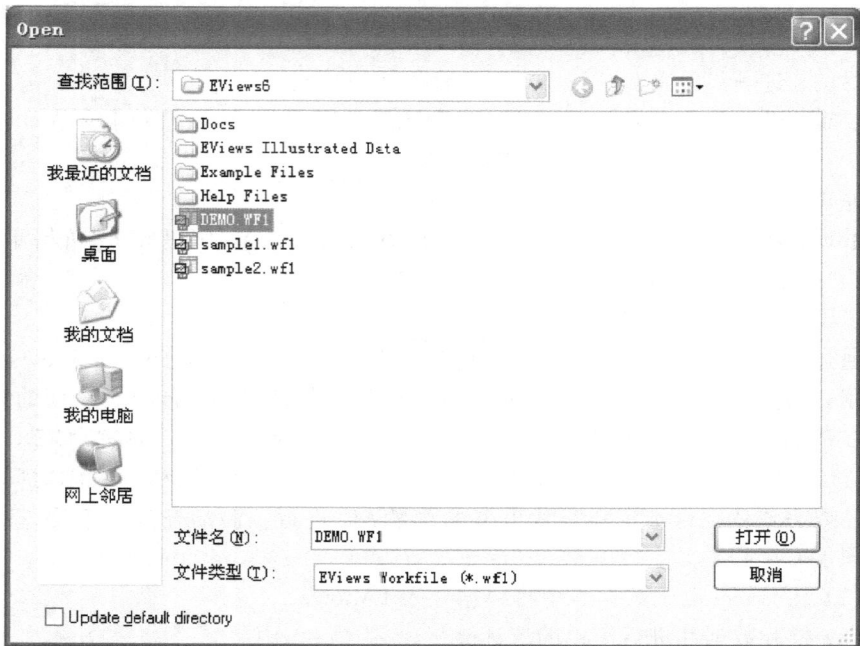

图 1-24

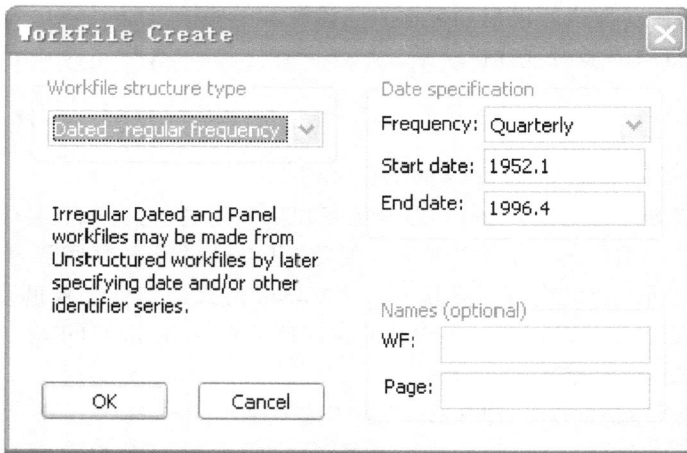

图 1-25

　　一旦用户填了对话框并点击 OK 按钮，EViews 就建立了一个没有命名的工作文件，在工作区显示工作文件窗口。注意，工作文件窗口中有两对日期，上一对（Range）指明了工作文件包含数据的范围，下一对（Sample）指明了工作文件当前数据样本的范围。而且，这个新建工作文件中已包含了两个对象——系数向量 C 和残差序列 RESID。所有的 EViews 的工作文件都包含这两个对象。

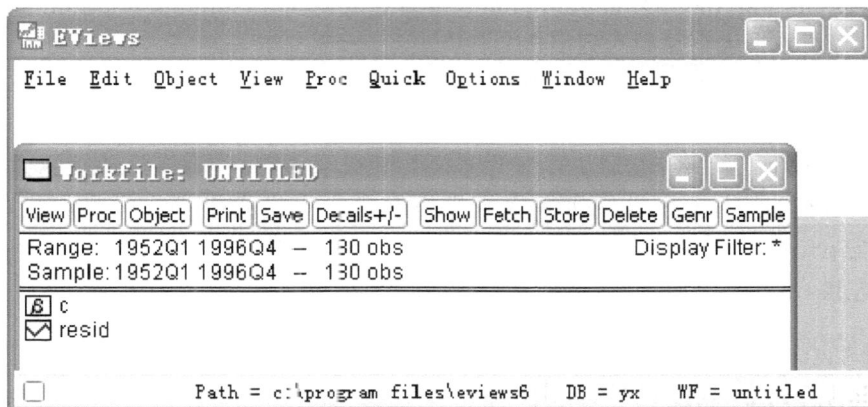

图 1-26

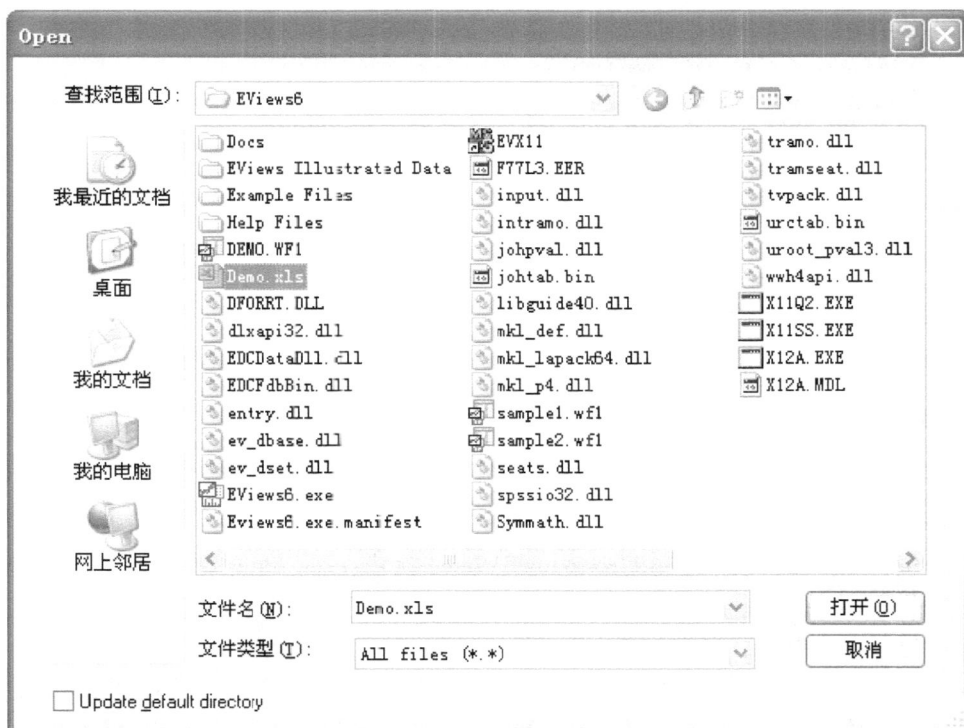

图 1-27

第 2 步,将数据导入到工作文件中。

范例分析用到的 4 个变量的数据已经包含在 Demo. xls 电子数据表文件中(图 1-27)。该电子数据表的第一列是日期,变量数据是按列排放的,第 2 列到第 5

列是 4 个变量的数据,第 1 行中列出了变量名称。

另一个导入 Excel 外部数据的方法是通过复制-粘贴(copy-and-paste)直接将 Excel 电子数据表数据导入到工作文件。

(二) 校 对 数 据

导入数据后第一个应该做的工作是校对导入的数据(verifying the data)是否正确。创建一个组对象,以便同时校对 4 个序列。为此,点击 gdp 后按住 Ctrl 键,再点击 pr、m1 和 rs。4 个序列都被高亮显示。将鼠标置于高亮区域的任一地方并双击左键,EViews 弹出一个包含几个选项的菜单(图 1-28)。

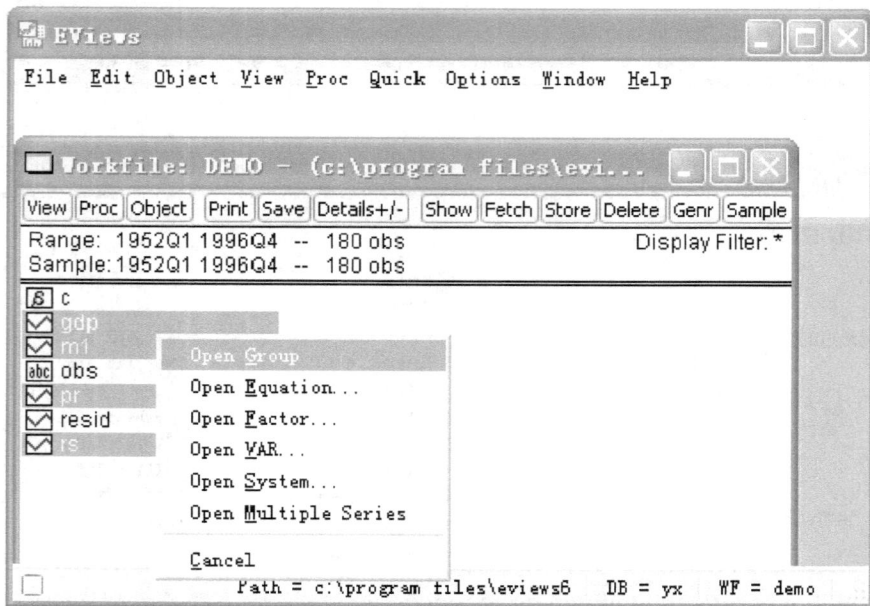

图 1-28

从中选择打开组(Open Group)。EViews 就建立了一个未命名的、包含了这 4 个序列的组对象。组对象的缺省窗口是序列的电子数据表观察(图 1-29)。

通过电子数据表观察与 Excel 工作表比较,对导入数据进行校对(图 1-30)。

数据校对正确之后,立即点击工作文件窗口上的 Save 按钮保存工作文件。打开保存对话框(save dialog),提示需给要保存的工作文件命名和确定保存的路径。键入 DEMO 后点击 OK,EViews 就在指定的目录下将工作文件保存为 DEMO. WF1。这样保存的工作文件,以后从主菜单上通过选择 File/Open/Workfile,将被打开。

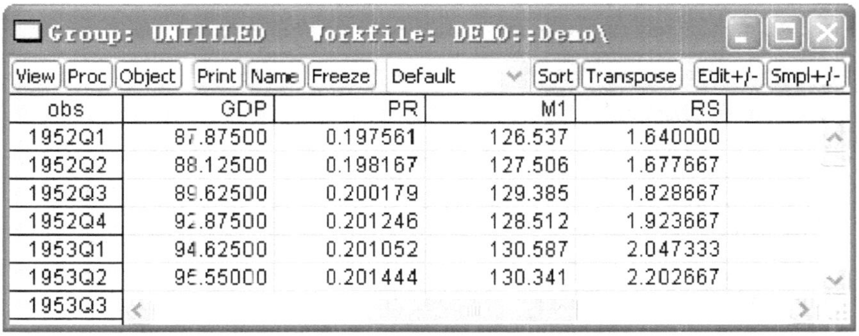

图 1-29

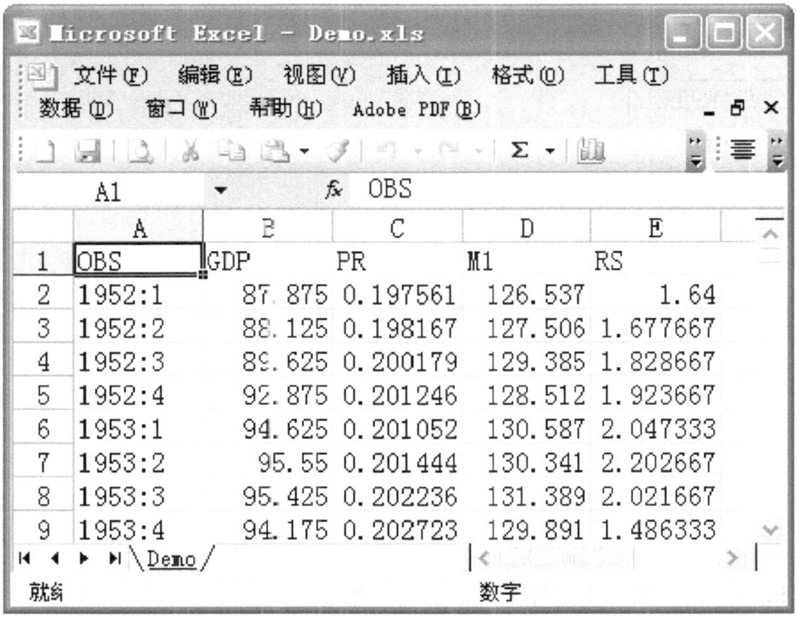

图 1-30

(三) 考察数据

可使用多种基本的 EViews 工具对数据进行考察(examining the data)。例如,若选择 View/Descriptive Stats/Individual Samples,就对每个序列计算描述统计量。点击 Quick/Group Statistics /Correlations,显示四个序列的相关系数矩阵。

多序列样本描述统计量见图 1-31。

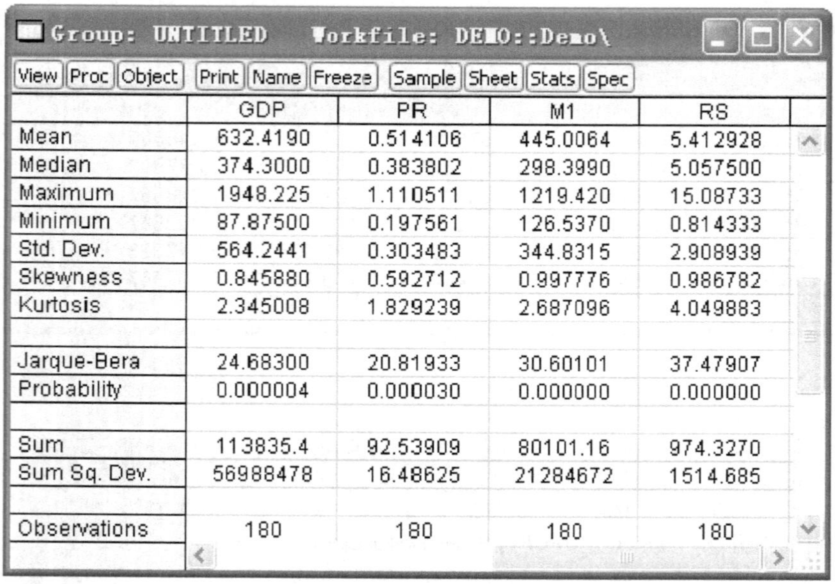

	GDP	PR	M1	RS
Mean	632.4190	0.514106	445.0064	5.412928
Median	374.3000	0.383802	298.3990	5.057500
Maximum	1948.225	1.110511	1219.420	15.08733
Minimum	87.87500	0.197561	126.5370	0.814333
Std. Dev.	564.2441	0.303483	344.8315	2.908939
Skewness	0.845880	0.592712	0.997776	0.986782
Kurtosis	2.345008	1.829239	2.687096	4.049883
Jarque-Bera	24.68300	20.81933	30.60101	37.47907
Probability	0.000004	0.000030	0.000000	0.000000
Sum	113835.4	92.53909	80101.16	974.3270
Sum Sq. Dev.	56988478	16.48625	21284672	1514.685
Observations	180	180	180	180

图 1-31

多序列相关系数矩阵见图 1-32。

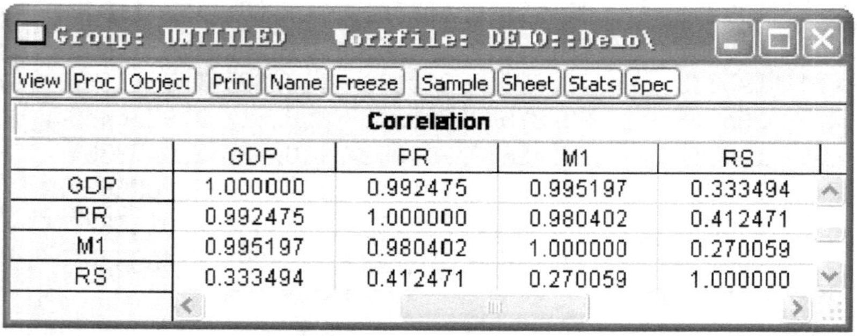

Correlation

	GDP	PR	M1	RS
GDP	1.000000	0.992475	0.995197	0.333494
PR	0.992475	1.000000	0.980402	0.412471
M1	0.995197	0.980402	1.000000	0.270059
RS	0.333494	0.412471	0.270059	1.000000

图 1-32

也可单独考察个别序列的数字特征。由于下面进行的回归分析将以对数形式表示，为给序列 M_1 取对数，选择 Quick/Show，键入，再点击 OK（图 1-33）。EViews 打开一个 LOG(M1)序列的窗口（图 1-34），从序列工具条上选择 View/Descriptive Statistics/Histogram and Stats，就显示出 LOG(M_1)的描述统计量（图 1-35）。

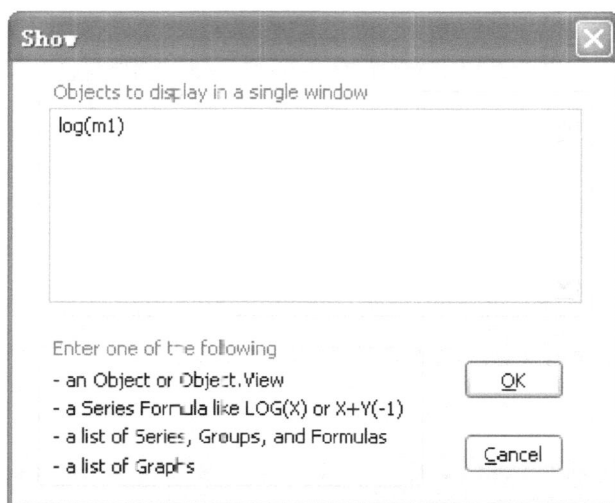

图 1-33

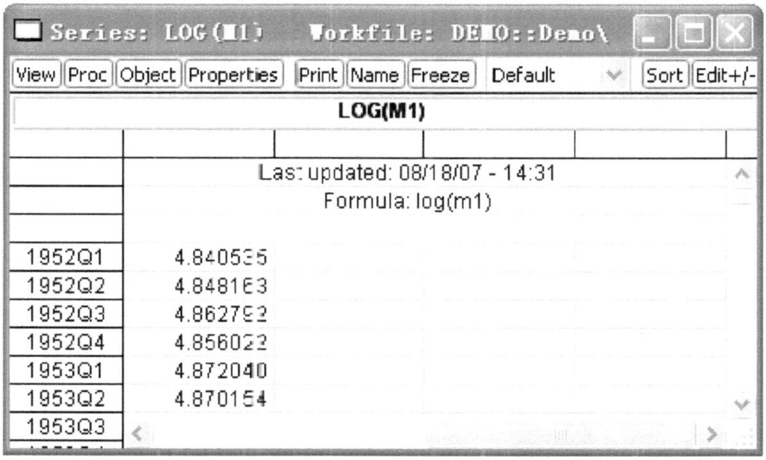

图 1-34

（四）估计一个回归模型

在 1952:1～1992:4 范围内估计 M_1 的回归模型（regression model），并通过估计得到的模型预测 M_1 在 1993:1～1996:4 范围内的预测值。该模型设定如下：

$$\log(M_1 t) = b_0 + b_1 \log(\text{GDP}_t) + b_2 \text{RS}_t + b_3 \Delta\log(\text{PR}_t) + u_t$$

其中，$\log(M_1)$ 是货币供应量的对数值；$\log(\text{GDP})$ 是收入的对数值；RS 是短期利率；$\Delta\log(\text{PR}_t)$ 是价格水平对数值的一阶差分（通货膨胀率的近似）。

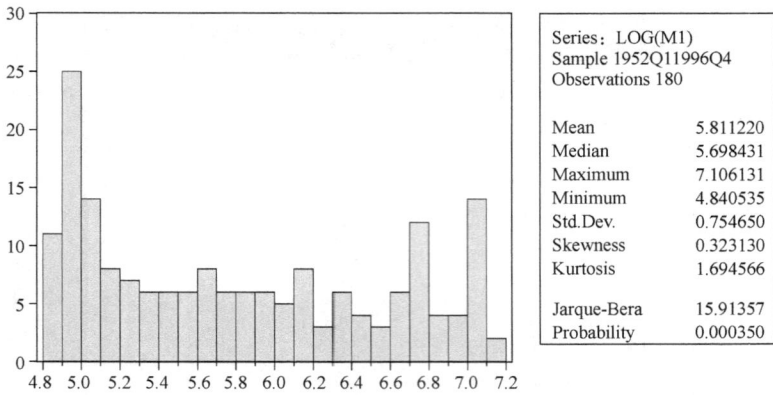

Series：LOG(M1)	
Sample 1952Q11996Q4	
Observations 180	
Mean	5.811220
Median	5.698431
Maximum	7.106131
Minimum	4.840535
Std.Dev.	0.754650
Skewness	0.323130
Kurtosis	1.694566
Jarque-Bera	15.91357
Probability	0.000350

图 1-35

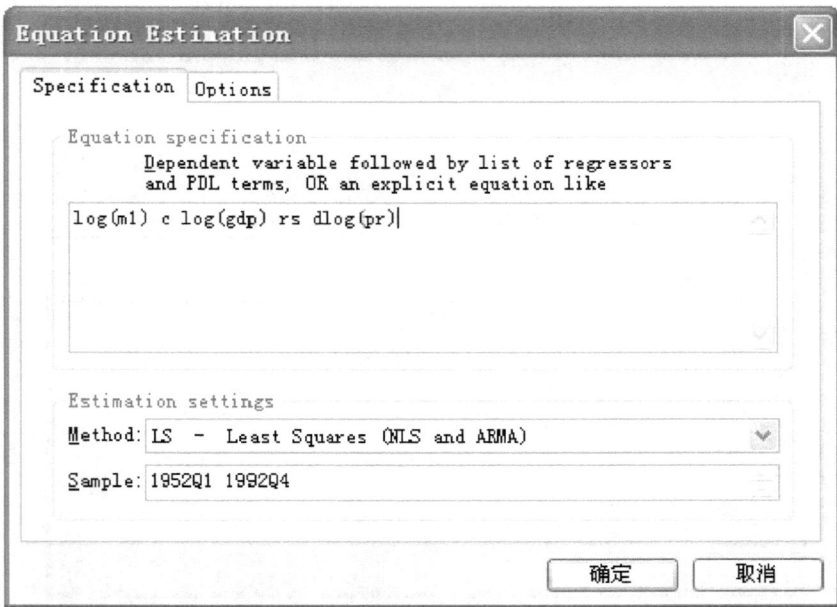

图 1-36

估计模型需先建立一个方程对象。从主菜单上选择 Quick，从中再选 Estimate Equation 打开一个方程设置对话框（estimation dialog），在方程设定栏键入（图 1-36）：

$$\log(m1)\ c\ \log(gdp)\ rs\ d\log(pr)$$

列表中首先列出被解释变量（应变量）名，接下来是各个回归因子（解释变量）名，其间用空格间隔。该表达式中使用了 log 函数分别对 M_1 和 GDP 进行对数变换，使用了 dlog 函数对 PR 先进行对数变换后再作一阶差分。内置的 C 是回归截距。

　　对话框缺省的估计方法是 LS-最小二乘法，缺省的样本区间是 1952：1～1996：4，将样本区间改为 1952：1～1992：4，用观察值的一个子集去估计方程。点击 OK 开始用 LS 法估计方程显示估计结果。Dependent Variable：LOG(M1)

Method：Least Squares

Date：08/18/07　Time：14：47

Sample (adjusted)：1952Q2 1992Q4

Included observations：163 after adjustments

	Coefficient	Std. Error	t-Statistic	Prob.
C	1.312383	0.032199	40.75850	0.0000
LOG(GDP)	0.772035	0.006537	118.1092	0.0000
RS	−0.020686	0.002516	−8.221196	0.0000
DLOG(PR)	−2.572204	0.942556	−2.728967	0.0071

R-squared	0.993274	Mean dependent var	5.692279
Adjusted R-squared	0.993147	S. D. dependent var	0.670253
S. E. of regression	0.055485	Akaike info criterion	−2.921176
Sum squared resid	0.489494	Schwarz criterion	−2.845256
Log likelihood	242.0759	Hannan-Quinn criter.	−2.890354
F-statistic	7826.904	Durbin-Watson stat	0.140967
Prob(F-statistic)	0.000000		

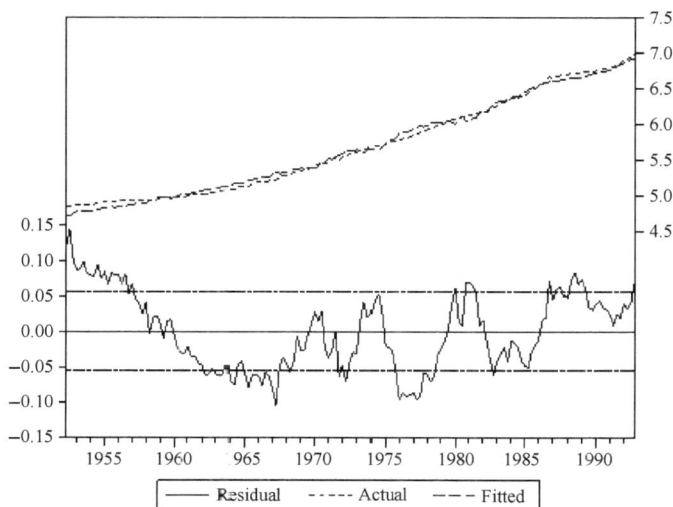

图 1-37

注意,估计方程所用到的样本,因为有一个观察值在计算对数差分项时被丢弃。得到的估计系数都是统计显著的,因为 t 的绝对值都超过 2。整个方程拟合程度(由 R 平方度量)很高。从方程工具条上选择 View/Actual,Fitted,Residual/Graph,得到显示应变量实际值、拟合值及其对应残差的图形(图 1-37)。

(五)设置检验和显著性检验

利用上面实验估计得到的模型去对模型中的系数进行假设检验。例如,检验价格水平的系数是否等于 2,为此执行 Wald 检验。

首先,从方程工具条上选择 View/Representations,确定要考察的系数的代号。方程中的系数按照设定方程时变量出现的顺序,赋给了一个代号。价格水平PR 的代号是 $C(4)$。

Estimation Command:
=========================
LS LOG(M1) C LOG(GDP) RS DLOG(PR)

Estimation Equation:
=========================
LOG(M1) = C(1) + C(2) * LOG(GDP) + C(3) * RS + C(4) * DLOG(PR)

Substituted Coefficients:
=========================
LOG（M1）= 1.31238347449 + 0.772034899215 * LOG（GDP）− 0.0206860343222 * RS − 2.57220371427 * DLOG(PR)

选择 View/Coefficient Tests/Wald Coefficient Restrictions 检验关于 $c(4)$ 的约束,键入约束条件 $c(4)=2$(图 1-38)。

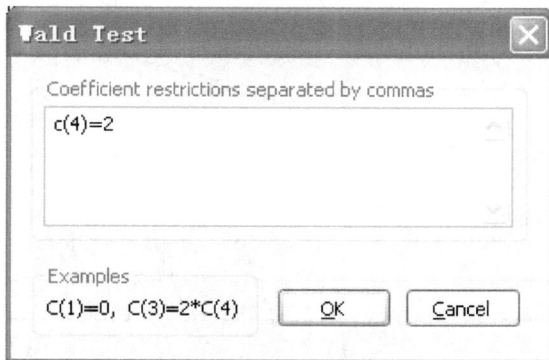

图 1-38

EViews 报告 Wald 检验的结果：

Wald Test：

Equation：Untitled

Test Statistic	Value	df	Probability
F-statistic	23.53081	(1,159)	0.0000
Chi-square	23.53081	1	0.0000

低概率表示应坚决地拒绝零假设。

但是，在没有增加新的研究之前，接受这种结论时应当相当的小心谨慎。估计结果报告中的低 Durbin-Watson 值表明估计方程的残差存在序列相关。如果不消除序列相关，将导致标准差的错误估计和方程系数推断无效。

在这里对 Durbin-Watson 统计量进行解释是困难的。对残差序列相关，可进行更全面的 Breusch-Godfrey 检验，从方程工具条上选择 View/Residual Tests/ Serial Correlation LM Test，设定用以检验的序列相关的阶数。键入 1 表示检验一阶序列相关。

输出结果顶部给出了检验统计量及其相应的概率。用以进行检验的检验回归的结果出现在第二行，标记为 Obs * R-squared 的 LM 检验统计量，检验的零假设为：无序列相关。这里几乎为 0 的概率，强烈地表明：残差中存在序列相关。

Breusch-Godfrey Serial Correlation LM Test：

F-statistic	813.0060	Prob. F(1,158)	0.0000
Obs * R-squared	136.4770	Prob. Chi-Square(1)	0.0000

（六）修订方程

检验结果启示我们必须修订原来的方程设定，以消除序列相关。

修订方法之一是在原方程中增加滞后的解释变量。点击方程工具条上的 Estimate 按钮，编辑方程设定栏，将每一个原解释变量的滞后变量包含进来：

log(m1) c log(gdp) rs dlog(pr) log(m1(−1)) log(gdp(−1)) rs(−1) dlog (pr(−1))

注意，滞后变量是在原变量名后的括号内设置一个负数。点击 OK 估计新设定的方程并显示估计结果。

Dependent Variable：LOG(M1)

Method：Least Squares

Date：08/18/07　Time：15：10

Sample（adjusted）：1952Q3 1992Q4

Included observations：162 after adjustments

	Coefficient	Std. Error	t-Statistic	Prob.
C	0.071297	0.028248	2.523949	0.0126
LOG(GDP)	0.320338	0.118186	2.710453	0.0075
RS	−0.005222	0.001469	−3.554801	0.0005
DLOG(PR)	0.038615	0.341619	0.113036	0.9101
LOG(M1(−1))	0.926640	0.020319	45.60375	0.0000
LOG(GDP(−1))	−0.257364	0.123264	−2.087910	0.0385
RS(−1)	0.002604	0.001574	1.654429	0.1001
DLOG(PR(−1))	−0.071650	0.347403	−0.206246	0.8369
R-squared	0.999604	Mean dependent var		5.697490
Adjusted R-squared	0.999586	S. D. dependent var		0.669011
S. E. of regression	0.013611	Akaike info criterion		−5.707729
Sum squared resid	0.028531	Schwarz criterion		−5.555255
Log likelihood	470.3261	Hannan-Quinn criter.		−5.645823
F-statistic	55543.30	Durbin-Watson stat		2.393764
Prob(F-statistic)	0.000000			

　　注意,EViews 将自动调节估计样本的范围以适应新增滞后变量的要求。将这个方程保存备用,点击工具条上的 Name 按钮,将方程命名为 EQLAGS。

　　另一个处理序列相关的通用的方法是：在方程中增加自回归项(AR)和滑动平均项(MA)。要估计具有误差设定项 AR(1)的模型,必须先点击 Objects/Copy Object,生成一个原模型的拷贝。此时,EViews 建立了一个未命名的、包含了与方程完全相同信息的复制品。点击复制方程工具条上的按钮,修改方程的设定为

$$\log(m1) \ c \ \log(gdp) \ rs \ dlog(pr) \ ar(1)$$

从原方程设定中删除了滞后项,用 AR(1)取代了它们。点击 OK 后,EViews 给出估计结果,包括误差项的一阶自回归系数的估计值。

Dependent Variable：LOG(M1)
Method：Least Squares
Date：08/18/07　Time：15:16
Sample (adjusted)：1952Q3 1992Q4
Included observations：162 after adjustments
Convergence achieved after 17 iterations

	Coefficient	Std. Error	t-Statistic	Prob.
C	1.050283	0.328313	3.199031	0.0017
LOG(GDP)	0.794937	0.049332	16.11418	0.0000
RS	−0.007395	0.001457	−5.075131	0.0000
DLOG(PR)	−0.008018	0.348689	−0.022996	0.9817
AR(1)	0.968109	0.018189	53.22351	0.0000

R-squared	0.999526	Mean dependent var	5.697490
Adjusted R-squared	0.999514	S. D. dependent var	0.669011
S. E. of regression	0.014751	Akaike info criterion	−5.564584
Sum squared resid	0.034164	Schwarz criterion	−5.469288
Log likelihood	455.7313	Hannan-Quinn criter.	−5.525892
F-statistic	82748.93	Durbin-Watson stat	2.164286
Prob(F-statistic)	0.000000		
Inverted AR Roots	0.97		

　　AR(1)模型的拟合优度与滞后模型的拟合优度是不相上下的,但是 AR(1)的 Akaike 信息准则和 Schwarz 信息准则具有较高的取值,表明先前估计的滞后模型应是我们的首选。在后面的范例中,将采用滞后模型进行工作。

（七）依据估计方程进行预测

　　由于只采用了一个子集数据去估计方程,因此,可以在事后估计样本区间 1993:1～1996:4 内,将方程的预测值与实际值进行比较。点击 EQLAGS 方程工具条上的按钮,打开预测对话框(forecast dialog),设定预测的样本范围:1993:1～1996:4,提供保存预测值的序列名(M_1F)和保存预测标准差的序列名(M_1SE)。预测值和预测标准差就分别保存在 M_1F 和 M_1SE 之中(图 1-39)。

　　注意,这里预测 M_1 的值,并要求输出预测图和预测数值。动态选项,要求仅只使用预测区间开始处 1993:1 的信息,来构造出整个区间的预测值。点击 OK 以后,EViews 给出预测值和预测图,还给出评价预测值对实际值拟合程度的统计评价指标(图 1-40,表 1-2)。

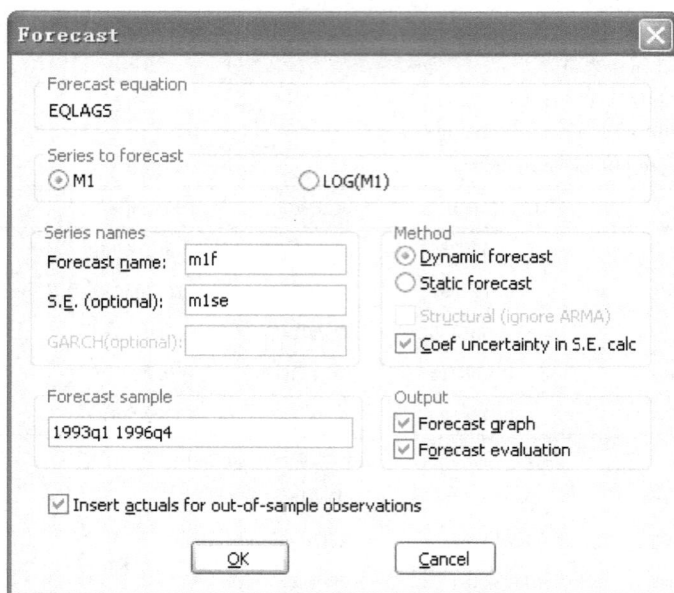

图 1-39

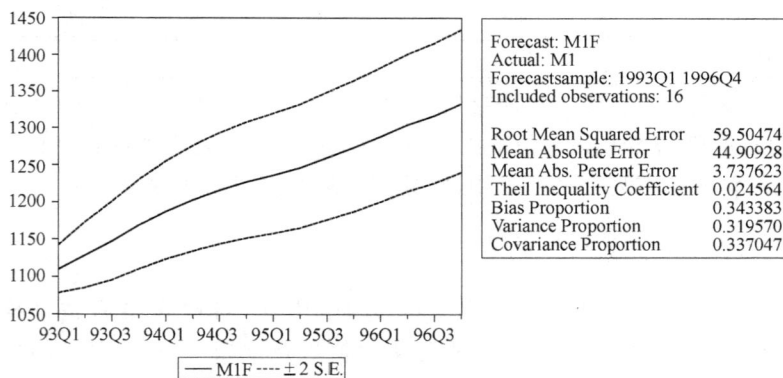

图 1-40

表 1-2

obs	M	MF
1993:1	1098.221	1109.262
1993:2	1135.690	1128.193
1993:3	1168.657	1146.844
1993:4	1187.475	1168.549
1994:1	1210.237	1187.102
1994:2	1211.559	1202.608
1994:3	1210.962	1215.590
1994:4	1204.365	1226.921
1995:1	1209.235	1235.972
1995:2	1219.420	1245.733
1995:3	1204.520	1259.494
1995:4	1197.609	1272.639
1996:1	1195.807	1287.885
1996:2	1208.025	1304.076
1996:3	1218.991	1316.768
1996:4	1202.149	1333.191

绘制 M_1 实际值关于预测值及其大约 95% 的预测置信区间的图形。

第一步，选择 Object/ New Object/Group，建立组（一个包含三个数值的组）。在打开的对话框中填入：

$$m1f + 2 * m1se \quad m1f - 2 * m1se \quad m1f$$

对话框中这三个表达式的前两个是（大约）95% 预测区间的上限和下限，它们的数值由预测值分别加上和减去两倍标准差。最后一个表达式是应变量（图 1-41）。

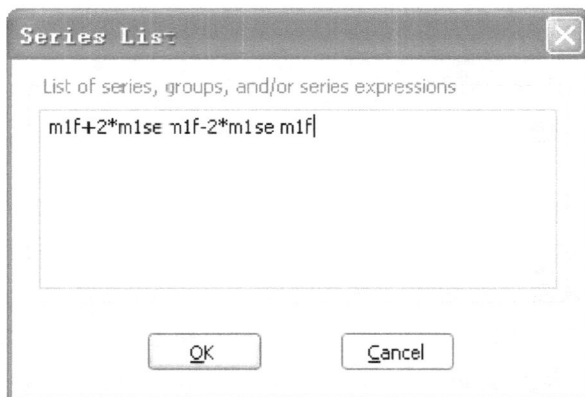

图 1-41

点击 OK，EViews 打开一个未命名的、包含数据的电子数据表观察窗口。在绘制图形前，先改变观察值的样本范围，仅用预测区间的样本数据绘图。为此，选

择 Quick/Sample 或点击组工具条的按钮,在上面栏中填上(保留下面栏内容):
1993:1～1996:4。

　　绘制区间预测图,选择 View/Graph(表 1-3、图 1-42)。

表 1-3

obs	M1F+2*M1SE	M1F−2*M1SE	M1F
1993:1	1140.887	1077.637	1109.262
1993:2	1172.148	1084.239	1128.193
1993:3	1199.559	1094.130	1146.844
1993:4	1228.452	1108.646	1168.549
1994:1	1252.890	1121.314	1187.102
1994:2	1273.305	1131.912	1202.608
1994:3	1290.351	1140.829	1215.590
1994:4	1305.159	1148.683	1226.921
1995:1	1317.113	1154.831	1235.972
1995:2	1329.494	1161.972	1245.733
1995:3	1345.836	1173.152	1259.494
1995:4	1361.286	1183.991	1272.639
1996:1	1378.820	1196.950	1287.885
1996:2	1397.269	1210.883	1304.076
1996:3	1411.779	1221.757	1316.768
1996:4	1430.194	1236.188	1333.191

(八) 采用命令方式重现范例

　　上述主要是通过窗口进行操作的示范,也可在 EViews 中采用命令把这些示范再现出来。简单地在命令行中键入下列命令(命令行下的文字是对在上的命令的解释和说明):

workfile mydemo q 52:1 96:4

建立命名为 MYDEMO 的季度工作文件,工作文件的范围设定为:52:1～96:4。

read c:\EViews\demo. xls 4

将名为 DEMO. XLS 的 Excel 数据文件导入到工作文件中,在 Excel 数据文件中保存数据的最左上单元是 B2。

save demo2

将当前内存中的工作文件以 DEMO2 的名称保存到(磁盘的)缺省目录中。

group group1 gdp m1 pr rs

group1. sheet

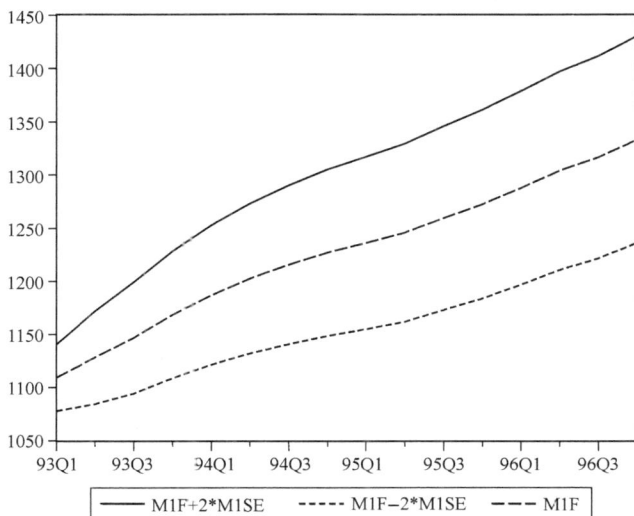

图 1-42

group1. line(m)

group1. stats

group1. cor

建立名为 group1 的组,组中包含 4 个序列——gdp、m_1、pr 和 rs。显示组的电子数据表观察、多重线形图观察、描述统计量观察和相关系数矩阵观察。

series logm1＝log(m1)

logm1. stats

logm1. kdensity

建立序列 LOGM1,它是 M_1 的对数值。显示 LOGM1 序列的描述统计量观察和显示 LOGM1 的 kernel 密度观察(EViews 6 不能使用)。

smpl 1952:1 1992:4

equation eq00. ls log(m1) c log(gdp) rs dlog(pr)

eq00. output

eq00. resids(g)

eq00. auto(1)

改变估计样本区间为:1952:1～1992:4。

建立方程 EQ00,采用最小二乘法进行估计,应变量是 log(m1),解释变量是 c、log(gdp)、rs 和 dlog(pr)。

显示估计结果(将估计结果输出)。

以图形方式,显示应变量的实际值、拟合值和残差值。

执行一阶序列相关的 LM 检验。

equation eqlags. ls log(m1) c log(gdp) rs dlog(pr) log(m1(−1)) log(gdp(−1)) rs(−1) dlog(pr(−1))

建立名为 eqlags 的滞后方程并进行估计。

equation eqar. ls log(m1) c log(gdp) rs dlog(pr) ar(1)

建立名为 eqar、具有误差设定项 AR(1) 的方程并进行估计。

smpl 1993:1 1996:4

设立用于进行预测的样本区间

eqlags. forecast(d,e,g) m1f m1se

运用方程 eqlags 进行预测，显示 M_1 对数的预测值和预测图。

group group2 m1f+2 * m1se m1f−2 * m1se m1

建立名为 group2 的组，组中包含 m1 预测值的 95% 的预测区间的上限、下限和实际值。

group2. line

显示组 group2 的线形图。

group2. hilo

显示组 group2 的 high-low-close 图。

为了对 EViews 程序的建立、编制和运行有一个初步的了解。将上面这个程序设计文本编制成 EViews 可以识别的程序并运行这个程序。再将程序运行结果与前几节通过鼠标图形界面手动操作结果进行比较。需要采用如下步骤：

第一步，建立程序文件。

选择 File/new/program，建立一个未命名的程序文件，打开程序窗口等待编辑（图 1-43）。

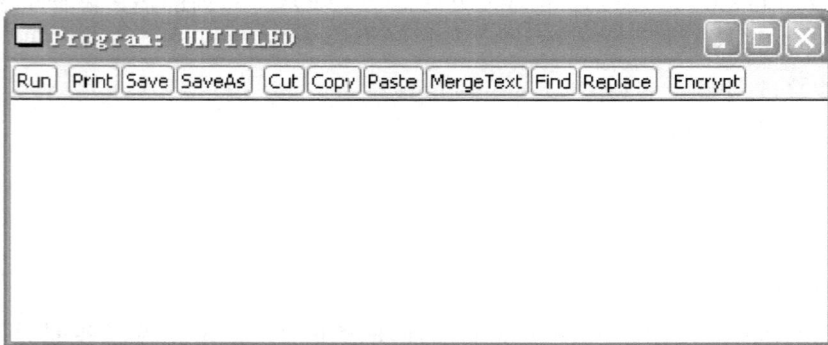

图 1-43

第二步，编制程序。

　　在程序窗口中采用标准的文本编辑系统从键盘键入程序文本；或者从其他程
序窗口或文本窗口通过"Copy-Paste"复制已有程序文本到程序窗口进行编辑，借
鉴和学习别人编制程序中的精华。这里，我们完全将帮助文件提供的程序作为编
制程序的范文。将 EViews3.1 帮助文件 Demonstration 中最后的部分——The
Demonstration in Command Form（采用命令方式重现范例）中的全部文本复制到
这个新建的程序窗口中。即将系列文本复制过来，在帮助文件中的蓝色部分为程
序中的语句，非蓝色部分为上行或上几行程序的注释。

　　注释行是以""打头的。注释行是非执行的语句行。为此，在非蓝色部分的最
前面加上""，使它们成为注释语句（图 1-44）。

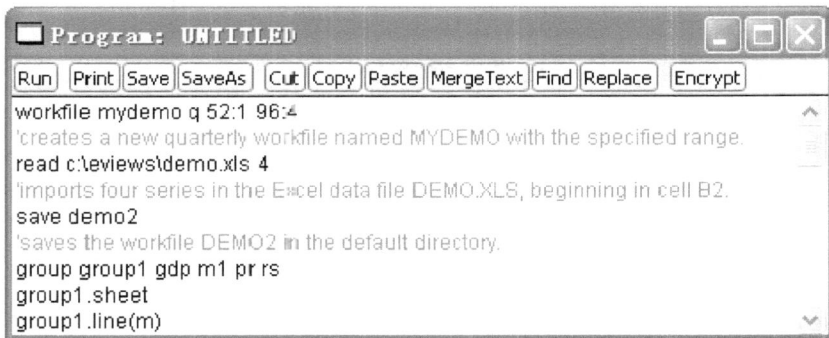

图 1-44

　　第三步，保存程序。

　　选择 Save 或 Save As。这里，将该程序保存为：Demo2.prg。Demo2 是用户
自己给定的程序名。.prg 是程序文件的后缀（扩展名）。

　　第四步，调试程序。

　　因为采用的是 EViews 提供的范文，所以无须调试。EViews 中的例题中或帮
助文件中的程序，可以粘贴过来就用。或者根据编程目的稍作修改可以借过来用
（只需掌握 Basic 语言），但使用前必须通过调试。

　　第五步，执行程序。

　　单击 RUN 按钮，打开程序执行对话框。由于本程序是 EViews3.1 帮助文件
Demonstration 中 的 程 序，所 以 是 针 对 EViews3.1 版 本 编 写 的，只 有 在
EViews3.1-5.0 中才能够正确执行（图 1-45）。

　　可以给出调用程序的形式参数，本程序无须形式参数。直接按 OK 后，得到运
行结果（图 1-46）。

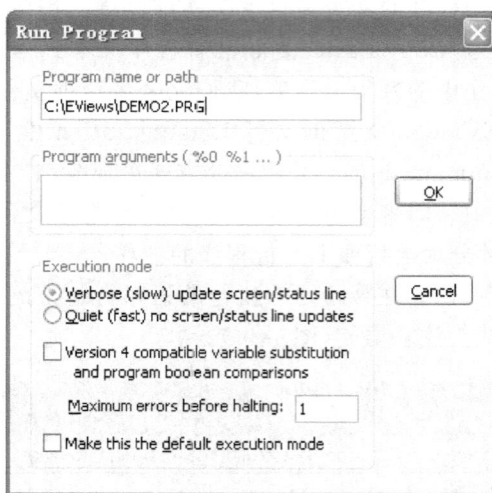

图 1-45

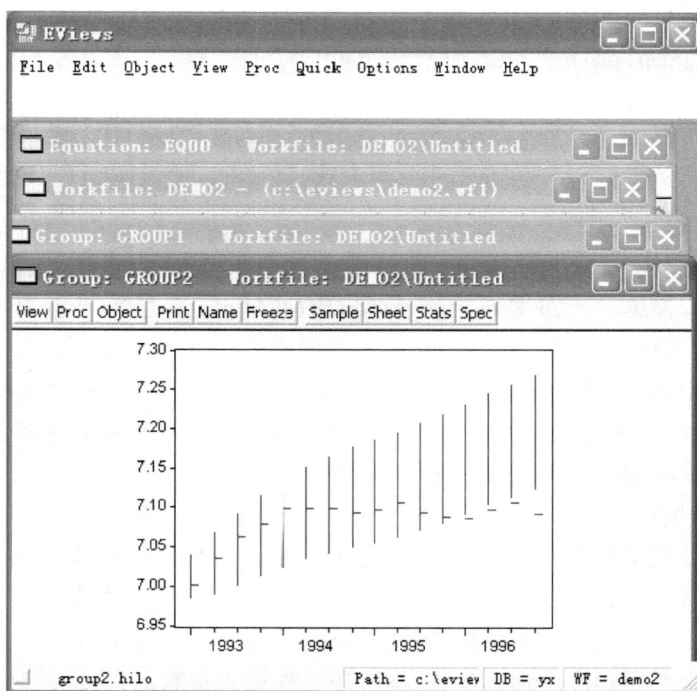

图 1-46

第2章　一元线性回归模型

第1节　一元线性回归模型的基本概念

一、回归的含义

回归分析是用来研究一个变量(称之为被解释变量或应变量)与另一个或多个变量(称为解释变量)之间的关系。

我们也许对研究商品的需求量与该商品的价格、消费者的收入以及其他同类商品的价格之间的关系感兴趣;也许对研究产品的销量与用于产品宣传的广告费之间的关系感兴趣;也许对研究国防开支与国民生产总值之间的关系感兴趣;在上述各例中,或许存在某一基本理论,它规定了我们为什么期望一个变量是非独立的或说它与其他一个或几个变量有关。在第一例中,需求法则就提供了这样一个理论基础,一种产品的需求量依赖于该产品的价格以及其他几个变量。

为了统一符号,从现在起,我们用 Y 代表应变量,X 代表解释变量。如果有多个解释变量,我们将用适当的下标,表示各个不同的 X(如 X_1,X_2,X_3 等)。

虽然,回归分析是用来处理一个应变量与另一个或多个解释变量之间的关系,但它并不一定表明因果关系的存在;也就是说,它并不意味着解释变量是原因,而应变量是结果。两个变量是否存在因果关系,必须以(经济)理论为判定基础,正如前面讲到的需求法则,它表明:当所有其他变量保持不变时,一种商品的需求量依赖于该商品的价格。这里,微观经济理论暗示了价格是原因,而需求量是结果。总之,回归并不意味着存在因果关系,因果关系的判定或推断必须依据经过实践检验的相关理论。

回归分析可以用来:

(1) 通过已知变量的值来估计应变量的均值。

(2) 对独立性进行假设检验。

(3) 通过解释变量的值,对应变量的均值进行预测。

(4) 上述多个目标的综合。

二、总体回归函数

总体回归函数表示为

$$E(Y_i) = b_0 + b_1 X_i$$

其中，$E(Y_i)$ 是 X_i 的函数。这意味着 Y_i 依赖于 X_i，一般称之为 Y 对 X 的回归。回归可简单地定义为在给定 X 值的条件下 Y 值分布的均值。b_0, b_1 为参数，也称为回归系数。b_0 又称为截距，b_1 又称为斜率。斜率度量了 X 每变动一单位，Y 的均值的变化率。

三、总体回归函数误差的设定

Y_i 与 X_i 的关系用数学公式表示为

$$Y_i = b_0 + b_1 X_i + u_i$$

其中，u_i 表示随机误差项或简称为误差项。误差项是一随机变量，因为其值不能先验地知道。上式称为随机总体回归方程。

四、随机误差项的性质

（1）随机误差项可能代表了模型中并未包括的变量的影响。

（2）即使模型中包括了所有决定需求量的有关变量，需求量的内在随机性也一定会发生，这是我们做何种努力都无法解释的。

（3）u_i 也可以代表测量误差。

五、样本回归函数

样本回归函数表示为

$$\hat{Y}_i = \hat{b}_0 + \hat{b}_1 X_i$$

其中，$\hat{Y}_i$ 表示总体条件均值，$E(Y_i)$ 的估计量；$\hat{b}_0$ 表示 b_0 的估计量；$\hat{b}_1$ 表示 b_1 的估计量；$\hat{}$ 读作"帽"。

与建立随机总体回归函数一样，我们需要建立随机的样本回归函数：

$$Y_i = \hat{b}_0 + \hat{b}_1 X_i + e_i$$

其中，e_i 是 u_i 的估计量。我们称 e_i 为残差项，或简称为残差。从概念上讲，它与 u_i 类似，可看作 u_i 的估计量。样本回归函数中生成 e_i 的原因与总体回归函数中生成 u_i 的原因相同。

回归分析的主要目的是根据样本回归函数

$$Y_i = \hat{b}_0 + \hat{b}_1 X_i + e_i$$

来估计总体回归函数

$$Y_i = b_0 + b_1 X_i + u_i$$

因为，通常我们的分析是根据来自某一总体的单独的一个样本。但是，由于抽样的不同，所以对总体回归函数的估计仅仅是近似估计。

利用样本回归函数形式，观察值 Y_i 可以表示为

$$Y_i = \hat{Y}_i + e_i$$

利用总体回归函数形式,观察值 Y_i 可以表示为:

$$Y_i = E(Y_i) + u_i$$

一个重要的问题是:既然样本回归函数仅仅是总体回归函数的近似,我们能否找到一种方法能够使这种近似尽可能接近真实值? 也就是说,一般情况我们很难获得整个总体的数据,那么如何建立样本回归函数,使得 $\hat{b}_0, \hat{b}_1$ 尽可能接近 b_0, b_1 呢? 确实可以找到一个"最适合"的样本回归函数,它将尽可能"忠实地"反映总体回归函数。

第 2 节　参数的最小二乘法估计

前面已经讲过,必须根据样本回归函数来估计总体回归函数,因为,在实际中,我们仅有来自某一总体的一两个样本。为了介绍总体回归方程估计的基本思想,我们考虑最简单的线性回归模型,即研究应变量 Y 与一个解释变量 X 之间的关系。

一、普通最小二乘法

虽然,有若干不同的方法来求样本回归函数(即真实总体回归函数的估计),但是,在回归分析中,用得最为广泛的方法是最小二乘法,一般称为普通最小二乘法(OLS)。我们将交错使用术语"最小二乘法"与"普通最小二乘法"。在介绍这种方法之前,我们先解释一下最小二乘原理。

回顾总体回归方程:

$$Y_i = b_0 + b_1 X_i + u_i$$

由于总体回归方程不能直接观察,我们用下面的样本回归函数来估计它。

$$Y_i = \hat{b}_0 + \hat{b}_1 X_i + e_i$$

因而

$$e_i = 实际的\ Y_i - 估计的\ Y_i$$
$$= Y_i - \hat{Y}_i$$
$$= Y_i - \hat{b}_0 - \hat{b}_1 X_i$$

从上式可以看出:残差是 Y_i 的真实值与估计值之差。

估计总体回归函数的最优方法是,选择 b_0, b_1 的估计量 $\hat{b}_0, \hat{b}_1$ 使得残差 e_i 尽可能的小。虽然,可用几种不同的方法完成上述过程,但在回归分析中,用的最为广泛的方法之一是普通最小二乘法,即选择参数 $\hat{b}_0, \hat{b}_1$,使得全部观察值的残差平方和(RSS)最小。

用数学形式表示为

$$\min: \sum e_i^2 = \sum (Y_i - \hat{Y}_i)^2$$
$$= \sum (Y_i - \hat{b}_0 - \hat{b}_1 X_i)^2$$

最小二乘原理就是所选样本回归函数使得所有 Y 的估计值与真实值差的平方和最小。

可以证明，$\hat{b}_0, \hat{b}_1$ 是使上式中的 RSS 最小化，求解两个联立方程得到的

$$\hat{b}_0 = \bar{Y} - \hat{b}_1 \bar{X}$$

$$\hat{b}_1 = \frac{\sum x_i y_i}{\sum x_i^2}$$

$$= \frac{\sum (X_i - \bar{X})(Y_i - \bar{Y})}{\sum (X_i - \bar{X})^2}$$

它们分别是总体截距 b_0 和总体斜率 b_1 的估计量。

$x_i = X_i - \bar{X}, y_i = Y_i - \bar{Y}$，即小写字母代表了变量与其均值的偏差。

普通最小二乘估计量有以下一些基本结论。

(1) 运用 OLS 法得出的样本回归线经过样本均值点，即 $\bar{Y} = \hat{b}_0 + \hat{b}_1 \bar{X}$。

(2) 估计的 Y 的均值等于实际的 Y 的均值：$\hat{\bar{Y}} = \bar{Y}$。

(3) 残差求和为零，即 $\sum e_i = 0$。

(4) 对残差与解释变量的积求和为零，即 $\sum e_i X_i = 0$。

二、古典线性回归模型的基本假定

古典线性回归模型(CLRM)有如下一些基本假定：

假定 1：扰动项的期望或均值为零。即 $E(u_i) = 0$。

该假定表明：平均地看，随机扰动项对 Y_i 没有任何影响，也就是说，正值与负值相互抵消。

假定 2：同方差假定，每个 u_i 的方差为一常数 σ^2，即 $\mathrm{var}(u_i) = \sigma^2$。

该假定可简单地理解为，与给定 X 相对应的每个 Y 的条件分布同方差；也即，每个 Y 值以相同的方差，分布在其均值周围。如果不是这种情况，则称为异方差，即 $\mathrm{var}(u_i) = \sigma_i^2 \neq$ 常数。

假定 3：无自相关假定，两个误差项之间不相关，即 $\mathrm{cov}(u_i, u_j) = 0, i \neq j$。

这里，cov 表示协方差，i 和 j 表示任意的两个误差项。(如果 $I = j$，则上式就给出了的方差的表达式)。无自相关假定表明误差项 u_i 是随机的。

假定 4：解释变量(X)与扰动误差项不相关。但是，如果 X 是非随机的，(即

其值为固定数值),则该假定自动满足。

假定 5:扰动项 u_i 服从均值为零,方差为 σ^2 的正态分布,即 $u_i \sim N(0, \sigma^2)$。这个假定的理论基础是什么呢? 在统计学中有一个非常著名的定理:即中心极限定理。中心极限定理的内容是:独立同分布随机变量,随着变量个数的无限增加,其和的分布近似服从正态分布。

三、普通最小二乘估计量的方差与标准差

上述这些假定的一个直接结果是:它们使我们能够给出的 OLS 估计量的方差及标准差。OLS 估计量是随机变量,因为它们的值随样本的不同而变化。很自然地,我们想了解这些估计量的抽样差异性,即它们随着样本的变化是如何变化的。这种抽样差异性通常由估计量的方差或其标准差来度量。OLS 估计量的方差及标准差为

$$\text{var}(\hat{b}_0) = \frac{\sum X_i^2}{n \sum x_i^2} \sigma^2$$

$$\text{se}(\hat{b}_0) = \sqrt{\text{var}(\hat{b}_0)}$$

$$\text{var}(\hat{b}_1) = \frac{1}{\sum x_i^2} \sigma^2$$

$$\text{se}(\hat{b}_1) = \sqrt{\text{var}(\hat{b}_1)}$$

其中,var 表示方差;se 表示标准差;σ^2 是扰动项 u_i 的方差。根据同方差假定,每一个 u_i 具有相同的方差 σ^2。

一旦知道了 σ^2,就很容易计算等式右边的项,从而可以求得 OLS 估计量的方差与标准差。同方差 σ^2 由下式来估计

$$\hat{\sigma}^2 = \frac{\sum e_i^2}{n-2}$$

其中,$\hat{\sigma}^2$ 是 σ^2 的估计量;$\sum e_i^2$ 是残差平方和,即 Y 的真实值与估计值差的平方和;$(n-2)$ 称为自由度。

一旦计算出 e_i,就很容易求得 $\sum e_i^2$,$\hat{\sigma}^2$ 的正平方根 $\hat{\sigma}$ 称为估计值的标准差或是回归标准差,它是 Y 值偏离估计的回归直线的标准方差。估计值的标准差通常用作对估计回归线的拟合优度的简单度量。

四、普通最小二乘估计量的性质

OLS 法得到如此广泛的使用,是因为它有一些理想的理论性质。高斯-马尔可夫定理说明了这一点:若满足古典线性回归模型的基本假定,则在所有线性无偏

估计量中,OLS 估计量具有最小方差性;即 OLS 估计量是最优线性无偏(BLUE)估计量。

OLS 估计量 $\hat{b}_0$ 和 $\hat{b}_1$ 满足:

(1) 线性:即 $\hat{b}_0$ 和 $\hat{b}_1$ 是随机变量 Y 的线性函数。

(2) 无偏性:$E(\hat{b}_0) = b_0$,$E(\hat{b}_1) = b_1$,$E(\hat{\sigma}^2) = \sigma^2$。因此,平均地看,$\hat{b}_0$ 和 $\hat{b}_1$ 将与其真实值 b_0 和 b_1 相一致,$\hat{\sigma}^2$ 将与真实的 σ^2 相一致。

(3) 最小方差性:即 $\hat{b}_0$ 的方差小于其他任何一个 b_0 的线性无偏估计量的方差;$\hat{b}_1$ 的方差小于其他任何一个 b_1 的线性无偏估计量的方差。根据这个性质,如果我们使用 OLS 法,将能够更准确地估计 b_0 和 b_1,虽然,其他的方法也能得到 b_0 和 b_1 的线性无偏估计量。

我们得出结论:OLS 估计量有许多有用的统计性质。正因为如此,在回归分析中,OLS 法才会如此广泛地应用。

第 3 节　OLS 估计量的检验和回归分析结果的报告

一、OLS 估计量的抽样分布

我们已经了解了如何计算 OLS 估计量以及其标准差,也对这些估计量的统计性质进行了研究,接下来就需要求出这些估计量的抽样分布。如果不具备上述知识,就无法辨别这些估计量接近其总体真实值的程度如何。

为了求得 OLS 估计量 $\hat{b}_0$ 和 $\hat{b}_1$ 的抽样分布,我们用古典线性回归模型的基本假定 5,u 服从正态分布的假定。而正态变量的线性函数仍服从正态分布,$\hat{b}_0$ 和 $\hat{b}_1$ 是正态变量的线性函数,这意味着 $\hat{b}_0$ 和 $\hat{b}_1$ 服从正态分布。即

$$\hat{b}_0 \sim N(b_0, \sigma_{b_0}^2)$$
$$\hat{b}_1 \sim N(b_1, \sigma_{b_1}^2)$$

其中,

$$\sigma_{b_0}^2 = \mathrm{var}(\hat{b}_0) = \frac{\sum X_i^2}{n \sum x_i^2} \sigma^2$$

$$\sigma_{b_1}^2 = \mathrm{var}(\hat{b}_1) = \frac{1}{\sum x_i^2} \sigma^2$$

二、假设检验:显著性 t 检验

对参数 b_0 和 b_1 的估计 $\hat{b}_0$ 和 $\hat{b}_1$ 进行显著性 t 检验,下面以 $\hat{b}_1$ 为例。

由于 $\hat{b}_1$ 服从均值为 b_1,方差为 $\sigma^2/\sum x_i^2$ 的正态分布,则变量 Z 服从标准正态分布

$$Z = \frac{\hat{b}_1 - b_1}{\mathrm{se}(\hat{b}_1)} = \frac{\hat{b}_1 - b_1}{\sigma/\sqrt{\sum x_i^2}} \sim N(0,1)$$

为了用上式,必须知道真实的 σ^2。而 σ^2 是未知的,但可以用 $\hat{\sigma}^2$ 来估计它。如果在上式中用 $\hat{\sigma}$ 来代替 σ,则二式服从自由度为 $(n-2)$ 的 t 分布,而不是标准正态分布,即

$$T = \frac{\hat{b}_1 - b_1}{S(\hat{b}_1)} = \frac{\hat{b}_1 - b_1}{\hat{\sigma}/\sqrt{\sum x_i^2}} \sim t(n-2)$$

其中,$S(\hat{b}_1) = \hat{\mathrm{se}}(\hat{b}_1) = \hat{\sigma}/\sqrt{\sum x_i^2}$ 为 $\hat{b}_1$ 的标准差 $\mathrm{se}(\hat{b}_1)$ 的估计量。

因此,在此情况下,为了检验零假设,需用 t 分布来代替(标准)正态分布,但假设检验的过程不变。

这种假设检验方法的关键是求 t 统计量及在零假设下的 t 统计量的抽样分布。决定接受还是拒绝零假设,是根据从样本数据求得的检验统计量的值而定的。

t 统计量

$$T = \frac{\hat{b}_1 - b_1}{S(\hat{b}_1)}$$

它服从自由度为 $(n-2)$ 的 t 分布。如果有

$$H_0 : b_1 = 0$$

则

$$T = \frac{\hat{b}_1}{S(\hat{b}_1)}$$

上式很容易根据样本数据求出。由于上式右边所有的量均为已知,因此,可用计算出的 T 值作为检验统计量,它服从自由度为 $(n-2)$ 的 t 分布。与此相对应的检验过程称为 t 检验。

在具体运用 t 检验时,需要知道:

(1)对于一元模型,自由度总为 $(n-2)$。

(2)虽然在经验分析中常用的 α 有 1%,5% 或 10%,但置信水平 α 是由个人任意选取。

(3)可用于单边或双边检验。

三、拟合优度的检验:判定系数 R^2

根据 t 检验,估计的斜率和截距均为统计显著的,这说明样本回归函数很好地拟合了数据。当然,并非每一个 Y 值都准确落在了估计的总体回归线上。也就是

说,并非所有的 $e_i = Y_i - \hat{Y}_i$ 都为 0;有些 e 值为正,有些则为负。回归残差是关于估计回归直线与数据之间拟合程度的一个很有用的度量,一个好的回归方程应该是有助于解释 Y 的大部分方差的方程。残差大说明拟合得不好,而残差小说明拟合得好。能否建立一个"拟合优度"的度量规则,从而辨别估计的回归线拟合真实 Y 值的优劣? 的确可以,我们称之为判定系数,用符号 R^2 表示。

已知

$$Y_i = \hat{Y}_i + e_i$$

将上式稍微变形,得到

$$(Y_i - \bar{Y}) = (\hat{Y}_i - \bar{Y}) + (Y_i - \hat{Y}_i)$$

用小写字母表示与均值的偏差,得到

$$y_i = \hat{y}_i + e_i$$

现对上式两边同时平方再求和,经过数学变形后,得到

$$\sum y_i^2 = \sum \hat{y}_i^2 + \sum e_i^2$$

上式中出现的各种平方和定义如下:

$\sum y_i^2 = \sum (Y_i - \bar{Y})^2$ 表示总离差平方和(TSS),

$\sum \hat{y}_i^2 = \sum (\hat{Y}_i - \bar{Y})^2$ 表示回归平方和(ESS),

$\sum e_i^2 = \sum (Y_i - \hat{Y}_i)^2$ 表示残差平方和。

则上式可简化成为

$$\text{TSS} = \text{ESS} + \text{RSS}$$

上式表明:Y 值与其均值的总离差可以分解为两个部分:一部分归于回归线,另一部分归于随机因素,因为并不是所有的真实观察值 Y 都落在拟合的直线上。

现在,若要选择好的拟合样本回归函数,则要求 ESS 比 RSS 大得多;若所有真实的 Y 值都落在拟合的样本回归线上,则 RSS 将为 0;另一方面,如果样本回归线拟合的不好,则 RSS 将比 ESS 大得多;这里,存在的极端的情形是,如果 X 不能解释 Y,则 ESS 将为 0,而 RSS 等于 TSS。

但也存在相反的情况。一般典型的情况是:ESS 和 RSS 均不为零,如果 ESS 相对地比 RSS 大,则样本回归函数将能在很大程度上解释 Y 的变动;如果 RSS 比 ESS 相对大一些,则样本回归函数只能部分解释 Y 的变动。如果把上式两边同除以 TSS,得到

$$1 = \text{ESS/TSS} + \text{RSS/TSS}$$

定义

$$R^2 = \frac{\text{ESS}}{\text{TSS}} = \frac{\sum \hat{y}_i^2}{\sum y_i^2} = \frac{\sum (\hat{Y}_i - \bar{Y})^2}{\sum (Y_i - \bar{Y})^2}$$

或

$$R^2 = 1 - \frac{\text{RSS}}{\text{TSS}} = \frac{\sum e_i^2}{\sum y_i^2}$$

我们称 R^2 为判定系数,通常用来度量回归线的拟合优度。用文字表述即为,判定系数度量了回归模型对 Y 的变动解释的比例(或百分比)。

下载下面给出 R^2 的两条性质:

(1) 非负性。

(2) $0 \leqslant R^2 \leqslant 1$,因为部分(ESS)不可能大于整体(TSS),若 $R^2 = 1$,表示线性模型完全解释 Y_i 的变动,若 $R^2 = 0$,则表示 Y 与 X 之间无任何关系。

在前面我们介绍了样本相关系数 r,它是度量两变量 X 与 Y 之间线性相关程度的指标,r 可由下式计算得到

$$r = \frac{\sum (X_i - \bar{X})(Y_i - \bar{Y})}{\sqrt{\sum (X_i - \bar{X})^2 \sum (Y_i - \bar{Y})^2}} = \frac{\sum x_i y_i}{\sqrt{\sum x_i^2 \sum y_i^2}}$$

但是,相关系数也能够根据判定系数 R^2 来计算

$$r = \pm \sqrt{R^2}$$

许多回归软件都有计算 R^2 程序,因此很容易求得 r。唯一的问题是关于 r 的符号。但根据问题的实际意义很容易决定 r 的符号。一般而言,r 与斜率同号。

在回归分析中,判定系数 R^2 比相关系数 r 更有意义。判定系数告诉我们解释变量对应变量变化的解释程度,因而它全面地度量了一个变量决定另一个变量变动的程度。但是,r 却不能。

四、回归分析结果的报告

有不同种的方式报告回归分析的结果,但在本书,我们将沿用如下形式:

$\hat{Y} = \hat{b}_0 + \hat{b}_1 X$

$(S(\hat{b}_0))$　$(S(\hat{b}_1))$

　(T_0)　　　(T_1)

$R^2 = $ _____　SE = _____　D-W = _____　$F = $ _____

在上述方程中,Y 和 X 分别为被解释变量和解释变量,$\hat{b}_0$ 和 $\hat{b}_1$ 为回归系数,第一组括号内的数表示估计的回归系数的标准差,第二组括号内的数表示在零假设:每个回归系数的真实值为零下,估计的 t 值的 T 值(即 T 值是估计的系数与其标准差之比)。R^2 为判定系数,SE 为回归标准差,D-W 为 D-W 检验值,F 为 F 检验值。如果没有特别地规定零假设,习惯地假定为"零"零假设(即假定总体参数为零)。如果拒绝该零假设(即检验统计量是显著的),则表示真实的总体参数值不

为零。

用上述形式报告回归结果的一个优点是,可以一目了然地看到每一个估计的系数是否是统计独立的,即是否显著不为零。

第 4 节　因果关系检验

经济学中的一个常见的问题是确定一个变量的变化是否为另一个变量变化的原因。例如,是货币供给量的变化引起 GNP 的变化,还是 GNP 与货币供给量都是由内因决定的? 回答这类问题的一种方法是 Granger 和 Sims 的因果关系检验法。

Granger 和 Sims 的因果关系检验法的基本想法很简单:如果 X 的变化引起 Y 的变化,则 X 的变化应当发生在 Y 的变化之前。特别地,说"X 是引起 Y 变化的原因",则必须满足两个条件。第一,X 应该有助于预测 Y,即在 Y 关于 Y 的过去值的回归中,添加 X 的过去值作为独立变量应当显著地增加回归的解释能力。第二,Y 不应当有助于预测 X,其原因是如果 X 有助于预测 Y,Y 也有助于预测 X,则很可能存在一个或几个其他的变量,它们既是引起 X 变化的原因,也是引起 Y 变化的原因。

要检验这两个条件是否成立,我们需要检验一个变量对预测另一个变量没有帮助的原假设。例如,要想检验"X 不是引起 Y 变化的原因"的原假设,我们把 Y 对 Y 的滞后值以及 X 的滞后值进行回归("无限制条件"模型),再将 Y 只对 Y 的滞后值("有限制条件"模型)进行回归。然后就能用一个简单的 F 检验来确定 X 的滞后值是否对第一个回归的解释能力有显著的贡献。如果贡献显著,我们就能拒绝原假设,认为数据与 X 是 Y 的原因相一致。"Y 不是引起 X 变化的原因"的原假设也用同样的方法检验。

检验 X 是否为引起 Y 变化的原因的过程如下。首先,检验"X 不是引起 Y 变化的原因"的原假设,对下列两个回归模型进行估计:

无限制条件回归:$Y_t = \sum_{i=1}^{m} a_i Y_{t-i} + \sum_{i=1}^{m} b_i X_{t-i} + u_t$

有限制条件回归:$Y_t = \sum_{i=1}^{m} a_i Y_{t-i} + u_t$

然后用各回归的残差平方和计算 F 统计值,检验系数 $b_1, b_2, \cdots, b_m$ 是否同时显著地不为 0。如果是这样,我们就拒绝"X 不是引起 Y 变化的原因"的原假设。

然后,检验"Y 不是引起 X 变化的原因"的原假设,做同样的回归估计,但是交换 X 与 Y,检验 Y 的滞后项是否显著地不为 0。要得到 X 是引起 Y 变化的原因的结论,我们必须拒绝原假设"X 不是引起 Y 变化的原因",同时接受原假设"Y 不是引起 X 变化的原因"。

要注意这些回归模型中的滞后量 m 是任意的,而且归结起来是一个判断的问题。一般来说，最好试验几个不同的 m 值，要保证结果不那么受 m 选择的影响。还要注意这个因果关系检验的一个不足之处是第三个变量 Z 可能事实上也是引起 Y 变化的原因，而且同时又与 X 相关。解决这个问题的一种做法是在回归模型的右端包含 Z 的滞后值。

实验二　一元线性回归模型的估计、检验和预测

实验目的：掌握一元线性回归模型的估计、检验和预测方法。

实验要求：选择方程进行一元线性回归，进行经济、拟合优度、参数显著性和方程显著性等检验，预测解释变量和应变量。

实验原理：普通最小二乘法，拟合优度的判定系数 R^2 检验和参数显著性 t 检验等，计量经济学预测原理。

实验步骤：

已知广东省宏观经济部分数据如表 2-1 所示，要根据这些数据研究和分析广东省宏观经济，建立宏观计量经济模型，从而进行经济预测、经济分析和政策评价。实验二～实验十二主要都是用这些数据来完成一系列工作。

表 2-1　广东省宏观经济数据

年份	消费 (XF)/亿元	投资 (TZ)/亿元	净调出 (CK)/亿元	支出法 (GDP)/亿元
1978	130.02	54.79	9.33	194.14
1979	147.11	55.86	12.46	215.43
1980	180.93	71.37	7.02	259.32
1981	201.43	96.74	7.05	305.22
1982	233.21	112.35	3.57	349.13
1983	252.07	113.49	1.80	367.36
1984	288.26	150.07	7.72	446.06
1985	347.18	238.58	−16.78	568.98
1986	415.91	256.75	−21.67	650.99
1987	516.02	312.33	−13.29	815.05
1988	667.03	462.07	0.54	1129.64
1989	857.33	472.75	18.46	1348.54
1990	938.48	502.90	100.61	1541.99
1991	1081.39	610.18	156.42	1847.99

续表

年份	消费 (XF)/亿元	投资 (TZ)/亿元	净调出 (CK)/亿元	支出法 (GDP)/亿元
1992	1359.08	987.96	93.54	2440.58
1993	1852.06	1554.46	58.79	3465.31
1994	2598.57	1930.86	88.82	4618.25
1995	3363.38	2394.79	174.89	5933.05
1996	3859.32	2782.89	192.75	6834.97
1997	4245.18	2974.45	554.90	7774.53
1998	4582.16	3331.11	617.60	8530.88
1999	5083.60	3511.30	655.78	9250.68
2000	5714.46	3850.81	1175.99	10741.25
2001	6255.92	4392.51	1390.82	12039.25
2002	7286.63	4762.90	1452.89	13502.42
2003	8643.44	5911.97	1289.23	15844.64
2004	10162.04	7214.70	1487.89	18864.62
2005	11533.44	8383.17	2449.93	22366.54

年份	劳动报酬 (LB)/亿元	折旧 (ZJ)/亿元	生产税 (SE)/亿元	盈余 (YY)/亿元	收入法 (GDPS)/亿元
1978	112.58	21.07	25.13	27.07	185.85
1979	126.64	23.67	28.07	30.96	209.34
1980	151.09	28.25	32.62	37.69	249.65
1981	175.16	33.28	38.66	43.26	290.36
1982	207.09	38.11	43.58	51.14	339.92
1983	222.02	41.82	48.33	56.58	368.75
1984	274.33	52.06	59.74	72.61	458.74
1985	343.38	65.66	74.24	94.10	577.38
1986	393.11	77.99	84.86	111.57	667.53
1987	486.39	99.73	108.63	151.94	846.69
1988	662.14	135.89	149.93	207.41	1155.37
1989	769.17	169.99	176.84	265.39	1381.39
1990	864.69	192.05	197.92	304.37	1559.03
1991	1031.46	240.20	248.47	373.17	1893.30
1992	1287.81	328.48	352.00	479.25	2447.54

续表

年份	劳动报酬 (LB)/亿元	折旧 (ZJ)/亿元	生产税 (SE)/亿元	盈余 (YY)/亿元	收入法 (GDPS)/亿元
1993	1792.93	450.06	478.22	748.08	3469.28
1994	2359.00	635.37	630.43	994.21	4619.02
1995	2928.62	904.23	827.17	1273.03	5933.05
1996	3346.26	1076.00	985.78	1426.92	6834.97
1997	3706.48	1209.40	1111.15	1747.51	7774.53
1998	4360.50	1369.14	1268.93	1532.31	8530.88
1999	4529.46	1592.07	1375.14	1754.01	9250.68
2000	4882.06	1853.60	1759.12	2246.48	10741.25
2001	5258.38	1988.27	1939.52	2853.08	12039.25
2002	6001.77	2162.42	1988.13	3350.11	13502.42
2003	6629.48	2471.85	2303.35	4439.96	15844.64
2004	7457.50	2843.99	2659.30	5903.83	18864.62
2005	8832.24	3585.20	3040.37	6908.74	22366.54

年份	居民消费 (XFJ)/亿元	政府消费 (XFZ)/亿元	固资投资 (TZG)/亿元	存货投资 (TZC)/亿元
1978	111.46	18.56	37.93	16.86
1979	128.48	18.63	41.81	14.05
1980	156.51	24.42	57.15	14.23
1981	175.12	26.31	73.39	23.34
1982	202.70	30.51	94.64	17.71
1983	220.14	31.93	96.80	16.69
1984	250.92	37.34	133.04	17.03
1985	298.00	49.17	163.84	74.74
1986	349.52	66.39	182.15	74.59
1987	442.20	73.82	197.01	115.32
1988	566.25	100.77	286.00	176.07
1989	743.90	113.42	266.68	206.07
1990	807.84	130.64	336.61	166.29
1991	923.37	158.02	396.49	213.70
1992	1118.52	240.55	683.66	304.30
1993	1574.61	277.45	1110.69	443.77

续表

年份	居民消费 (XFJ)/亿元	政府消费 (XFZ)/亿元	固资投资 (TZG)/亿元	存货投资 (TZC)/亿元
1994	2287.69	310.88	1375.09	555.76
1995	2912.58	450.80	1819.17	575.62
1996	3343.01	516.32	1919.41	863.48
1997	3539.62	705.56	2079.15	895.30
1998	3781.21	800.95	2473.82	857.30
1999	4072.05	1011.55	2870.40	640.89
2000	4474.11	1240.35	3093.82	756.99
2001	4733.53	1522.40	3447.52	944.99
2002	5449.58	1837.05	4023.73	739.17
2003	6537.53	2105.91	4986.53	925.44
2004	7953.60	2208.44	5957.86	1256.83
2005	8989.70	2543.74	7407.54	975.63

年份	人口 (RK)/万人	财政收入 (CS)/亿元	财政支出 (CZ)/亿元	城乡储蓄 (CX)/亿元
1978	5064.15	41.82	28.70	17.56
1979	5140.31	36.25	29.88	24.49
1980	5227.67	37.79	27.04	31.89
1981	5323.47	41.01	29.60	46.50
1982	5415.35	42.23	33.34	60.76
1983	5494.12	44.29	37.45	79.93
1984	5576.62	49.28	47.18	117.58
1985	5656.60	69.27	66.74	167.29
1986	5740.70	82.41	89.55	234.67
1987	5832.15	95.88	96.59	309.80
1988	5928.31	107.57	115.20	403.70
1989	6024.98	136.87	141.16	546.67
1990	6246.32	131.02	150.69	752.78
1991	6348.95	177.35	182.48	1029.40
1992	6463.17	222.64	219.61	1460.01
1993	6581.60	346.56	331.27	1874.30
1994	6691.46	298.70	416.83	2540.54

续表

年份	人口 (RK)/万人	财政收入 (CS)/亿元	财政支出 (CZ)/亿元	城乡储蓄 (CX)/亿元
1995	6788.74	382.34	525.63	3457.98
1996	6896.77	479.45	601.23	5146.65
1996	7013.73	543.95	682.66	6320.46
1997	7115.65	640.75	825.61	7547.93
1998	7298.88	766.19	1034.44	8191.60
1999	7498.54	910.56	1069.86	8667.26
2000	7565.33	1160.51	1321.33	9930.12
2001	7649.29	1201.61	1521.08	11819.09
2002	7723.42	1315.52	1695.63	14061.77
2003	7804.75	1418.51	1852.95	16193.36
2004	7899.64	1807.20	2289.07	19051.35

年份	年利率 (LL)/%	GDP 指数 (GDPZ)	GDP 核指 (GDPH)	消费品零售额 (SLC)/亿元	商品零售价格指数 (PSL)
1978	3.24	100	1	79.86	100
1979	3.78	108.5	1.038150	92.69	103
1980	5.04	126.5	1.061887	117.67	111.8
1981	5.40	137.9	1.132948	142.38	122
1982	5.67	154.4	1.184587	164.23	124.9
1983	5.76	165.6	1.198144	183.62	125.7
1984	5.76	191.4	1.289621	226.13	127.2
1985	6.72	225.7	1.376473	289.23	144.5
1986	7.20	254.5	1.411304	327.02	151.5
1987	7.20	304.5	1.496148	405.19	169.2
1988	7.68	352.6	1.763097	568.07	220.3
1989	11.12	377.9	1.966875	636.15	266.6
1990	8.64	421.6	1.989717	667.36	254.8
1991	8.01	496.1	2.053467	786.64	256.4
1992	7.56	605.8	2.173892	1109.55	271.3
1993	9.54	745.1	2.505314	1518.31	320.6
1994	10.98	891.9	2.786577	1991.33	381.3
1995	10.98	1030.6	3.097600	2478.35	425.6

续表

年份	年利率 (LL)/%	GDP 指数 (GDPZ)	GDP 核指 (GDPH)	消费品零售额 (SLC)/亿元	商品零售价格指数 (PSL)
1996	9.21	1146.8	3.206907	2772.83	444.3
1997	7.13	1275.1	3.280706	3139.32	444.7
1998	5.03	1412.9	3.248777	3567.01	431.4
1999	2.93	1555.9	3.199112	3932.44	417.1
2000	2.25	1734.3	3.332484	4379.81	416.7
2001	2.25	1916.2	3.380617	4856.65	411.3
2002	2.02	2153.3	3.373996	5392.64	405.1
2003	1.98	2473	3.447432	6029.86	405.1
2004	2.02	2838.7	3.575741	6852.03	416.9
2005	2.25	3230.5	3.725345	7882.64	424.4

年份	时间变量 T	虚拟变量 D93	虚拟变量 D94	虚拟变量 D00	虚拟变量 DD94
1978	1	0	0	0	0
1979	2	0	0	0	0
1980	3	0	0	0	0
1981	4	0	0	0	0
1982	5	0	0	0	0
1983	6	0	0	0	0
1984	7	0	0	0	0
1985	8	0	0	0	0
1986	9	0	0	0	0
1987	10	0	0	0	0
1988	11	0	0	0	0
1989	12	0	0	0	0
1990	13	0	0	0	0
1991	14	0	0	0	0
1992	15	0	0	0	0
1993	16	1	0	0	0
1994	17	0	1	0	1
1995	18	0	0	0	1
1996	19	0	0	0	1
1997	20	0	0	0	1

续表

年份	时间变量 T	虚拟变量 D93	虚拟变量 D94	虚拟变量 D00	虚拟变量 DD94
1998	21	0	0	0	1
1999	22	0	0	0	1
2000	23	0	0	1	1
2001	24	0	0	0	1
2002	25	0	0	0	1
2003	26	0	0	0	1
2004	27	0	0	0	1
2005	28	0	0	0	1

年份	从业人员 RY/万人	资本存量 ZC/亿元	GDP(1978 年价) GDPB/亿元	城镇居民人均可支配收入 RJSR/元
1978	2275.95	342.74	185.85	412.13
1979	2304.95	370.95	201.65	416.33
1980	2367.78	409.21	235.10	472.57
1981	2423.79	460.39	256.29	560.69
1982	2521.38	535.94	286.95	631.45
1983	2569.70	604.19	307.77	714.20
1984	2637.49	691.39	355.72	818.37
1985	2731.11	790.23	419.46	954.12
1986	2811.92	897.30	472.99	1102.09
1987	2910.99	1005.20	565.91	1320.89
1988	2994.72	1140.59	655.31	1583.13
1989	3041.27	1276.44	702.33	2086.21
1990	3118.10	1437.69	783.54	2303.15
1991	3259.20	1627.45	922.00	2752.18
1992	3367.21	1931.92	1125.88	3476.70
1993	3433.91	2405.09	1384.77	4632.38
1994	3493.15	2935.18	1657.60	6367.08
1995	3551.20	3626.21	1915.37	7438.68
1996	3641.30	4242.06	2131.33	8157.81
1997	3701.90	4808.70	2369.77	8561.71
1998	3783.87	5498.24	2625.87	8839.68

续表

年份	从业人员 RY/万人	资本存量 ZC/亿元	GDP(1978年价) GDPB/亿元	城镇居民人均可支配收入 RJSR/元
1999	3796.32	6281.53	2891.64	9125.92
2000	3989.32	7075.70	3223.20	9761.57
2001	4058.63	7929.69	3561.26	10415.19
2002	4134.37	8882.60	4001.91	11137.20
2003	4395.93	10155.88	4596.07	12380.40
2004	4681.89	11585.74	5275.72	13627.65
2005	5022.97	13427.03	6003.88	14769.94

年份	城镇居民 人均消费 RJXF/元	城镇居民价 格消费指数 PCI	城镇居民实际 人均可支配收入 RJSRS/元	城镇居民实际 人均消费支出 RJXFS/元
1978	399.96	100	412.13	399.96
1979	424.96	104.6	398.02	406.27
1980	485.76	114.5	412.72	424.24
1981	517.44	121.7	460.71	425.18
1982	592.08	124.9	505.56	474.04
1983	660.12	128.3	556.66	514.51
1984	744.36	130.8	625.67	569.08
1985	889.56	153.1	623.20	581.03
1986	998.88	160.3	687.52	623.13
1987	1215.84	180.9	730.18	672.11
1988	1506.99	234.3	675.69	643.19
1989	1921.05	285.6	730.47	672.64
1990	1983.86	278.2	827.88	713.11
1991	2388.77	284.6	967.03	839.34
1992	2830.62	308.5	1126.97	917.54
1993	3777.43	376.4	1230.71	1003.57
1994	5181.30	455.5	1397.82	1137.50
1995	6253.68	515.1	1444.12	1214.07
1996	6736.09	552.2	1477.33	1219.86
1997	6853.48	563.7	1518.84	1215.80
1998	7054.09	554.2	1595.03	1272.84
1999	7517.81	545.3	1673.53	1378.66
2000	8016.91	553.0	1765.20	1449.71

续表

年份	城镇居民人均消费 RJXF/元	城镇居民价格消费指数 PCI	城镇居民实际人均可支配收入 RJSRS/元	城镇居民实际人均消费支出 RJXFS/元
2001	8099.63	548.5	1898.85	1476.69
2002	8988.48	540.9	2059.01	1661.76
2003	9636.24	544.7	2272.88	1769.09
2004	10694.79	558.9	2438.30	1913.54
2005	11809.87	570.1	2590.76	2071.54

一、加载工作文件

广东省宏观经济数据已经制成工作文件存在盘中,命名为 GD01. WF1,进入 EViews 后选择 File / Open 打开 GD01. WF1。

二、选择方程

根据广东数据(GD01. WF1)选择收入法国内生产总值(GDPS)、财政收入(CS)、财政支出(CZ)和社会消费品零售额(SLC),分别把①CS 作为应变量,GDPS 作为解释变量;②CZ 作为应变量,CS 作为解释变量;③SLC 作为应变量,GDPS 作为解释变量进行一元线性回归分析。

1. 作散点图

从三个散点图(图 2-1～图 2-3)可以看出,三对变量都呈现线性关系。

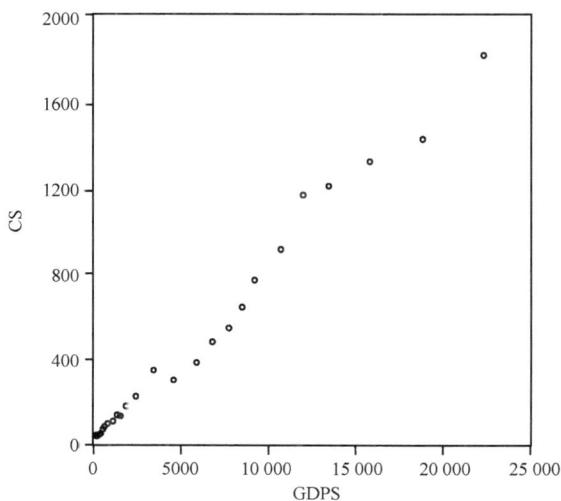

图 2-1

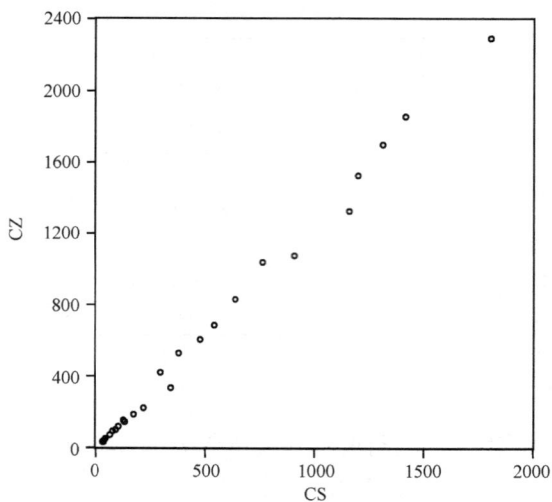

图 2-2

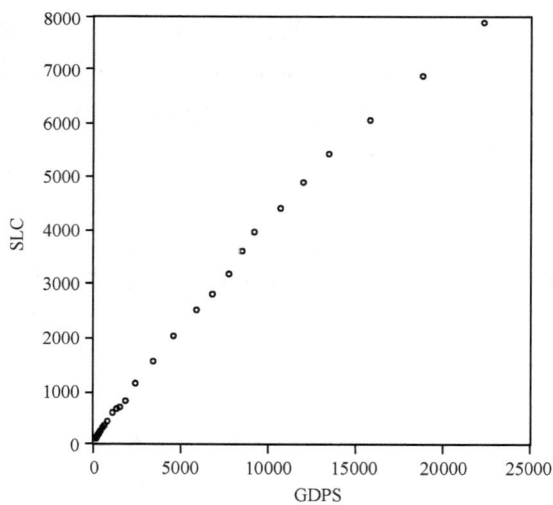

图 2-3

2. 进行因果关系检验

Pairwise Granger Causality Tests

Date: 08/18/07   Time: 23:46

Sample: 1978 2005

Lags: 1

Null Hypothesis:	Obs	F-Statistic	Prob.
GDPS does not Granger Cause CS	27	17.0275	0.0004
CS does not Granger Cause GDPS		0.03257	0.8583

Pairwise Granger Causality Tests

Date: 08/19/07 Time: 00:34

Sample: 1978 2005

Lags: 2

Null Hypothesis:	Obs	F-Statistic	Prob.
CS does not Granger Cause CZ	26	0.71754	0.4995
CZ does not Granger Cause CS		7.76463	0.0030

Pairwise Granger Causality Tests

Date: 08/19/07 Time: 00:50

Sample: 1978 2005

Lags: 2

Null Hypothesis:	Obs	F-Statistic	Prob.
GDPS does not Granger Cause SLC	26	2.26407	0.1287
SLC does not Granger Cause GDPS		0.74469	0.4870

从三个因果关系检验可以看出,GDPS 是 CS 的因;CS 不是 CZ 的因;GDPS 不是 SLC 的因。但根据理论 CS 是 CZ 的因,GDPS 是 SLC 的因,可能是由于指标设置的问题。所以还是把 CS 作为应变量,GDPS 作为解释变量;CZ 作为应变量,CS 作为解释变量;SLC 作为应变量,GDPS 作为解释变量进行一元线性回归分析。

三、一元线性回归

Dependent Variable: CS

Method: Least Squares

Date: 08/18/07 Time: 23:51

Sample: 1978 2005

Included observations: 28

	Coefficient	Std. Error	t-Statistic	Prob.
GDPS	0.080296	0.001891	42.45297	0.0000
C	12.50960	15.58605	0.802615	0.4295
R-squared	0.985779	Mean dependent var		449.5546

Adjusted R-squared	0.985232	S. D. dependent var	509.5465
S. E. of regression	61.92234	Akaike info criterion	11.15839
Sum squared resid	99693.77	Schwarz criterion	11.25355
Log likelihood	−154.2174	Hannan-Quinn criter.	11.18748
F-statistic	1802.255	Durbin-Watson stat	0.942712
Prob(F-statistic)	0.000000		

Dependent Variable: CZ

Method: Least Squares

Date: 08/19/07　Time: 00:39

Sample: 1978 2005

Included observations: 28

	Coefficient	Std. Error	t-Statistic	Prob.
CS	1.278874	0.017267	74.06285	0.0000
C	−22.68073	11.61500	−1.952710	0.0617
R-squared	0.995282	Mean dependent var		552.2429
Adjusted R-squared	0.995101	S. D. dependent var		653.1881
S. E. of regression	45.71859	Akaike info criterion		10.55164
Sum squared resid	54344.93	Schwarz criterion		10.64679
Log likelihood	−145.7229	Hannan-Quinn criter.		10.58073
F-statistic	5485.306	Durbin-Watson stat		1.554922
Prob(F-statistic)	0.000000			

Dependent Variable: SLC

Method: Least Squares

Date: 08/19/07　Time: 00:57

Sample: 1978 2005

Included observations: 28

	Coefficient	Std. Error	t-Statistic	Prob.
GDPS	0.370241	0.005827	63.53578	0.0000
C	148.6962	48.01944	3.096584	0.0046
R-squared	0.993600	Mean dependent var		2163.893
Adjusted R-squared	0.993354	S. D. dependent var		2340.232
S. E. of regression	190.7780	Akaike info criterion		13.40885
Sum squared resid	946302.6	Schwarz criterion		13.50400

Log likelihood	−185.7239	Hannan-Quinn criter.	13.43794
F-statistic	4036.795	Durbin-Watson stat	0.293156
Prob(F-statistic)	0.000000		

得到三个估计方程：

$$CS = 0.0802959511276 * GDPS + 12.5096023259$$

$$CZ = 1.27887365026 * CS - 22.6807299594$$

$$SLC = 0.370241380274 * GDPS + 148.696223954$$

把方程命名保存起来。

根据广东数据选择收入法国内生产总值（GDPS）、劳动者报酬（LB）、固定资产折旧（ZJ）、生产税净额（SE）、营业盈余（YY）和财政收入（CS），分别把 LB、ZJ、SE、YY 作为应变量，GDPS 作为解释变量；CS 作为应变量，SE 作为解释变量进行一元线性回归分析。得到估计方程：

$$LB = 0.428594440891 * GDPS$$

$$ZJ = 0.158455835468 * GDPS$$

$$SE = 0.144369863184 * GDPS$$

$$YY = 0.268580104495 * GDPS$$

$$CS = 0.556143052611 * SE + 11.8774094857$$

把方程命名保存起来。

四、经济检验

需要注意的是，回归并不意味存在因果关系，解释变量是否与应变量存在因果关系，必须根据相关理论来判定。关系确定之后，我们来验证估计的模型是否有经济含义以及用模型估计的结果是否与经济理论相符，这称为经济检验。经济检验主要涉及参数的符合和大小，即看估计的参数是否符合经济理论。在回归分析中，我们不仅对模型参数的估计感兴趣，而且对检验来自于某个经济理论（或先验经验）的假设也感兴趣。根据广东数据得到的三个估计方程为

$$CS = 0.0802959511276 * GDPS + 12.5096023259$$

$$CZ = 1.27887365026 * CS - 22.6807299594$$

$$SLC = 0.370241380274 * GDPS + 148.696223954$$

财政收入 CS 对国内生产总值 GDPS 的回归系数 0.080296，财政支出 CZ 对财政收入 CS 的回归系数 1.278874，社会消费品零售额 SLC 对国内生产总值 GDPS 的回归系数 0.370241，无论从参数的符合和大小来说第一和第三个都符合经济理论，中间一个说明财政支出 CZ 中还有不被财政收入 CS 决定的因素，财政支出 CZ 对财政收入 CS 的回归系数大于 1 表明财政支出 CZ 中还有很大一部分

未得到解释。系数说明国内生产总值 GDPS 、财政收入 CS 和国内生产总值 GDPS 分别增加 1 个单位,财政收入 CS 、财政支出 CZ 和社会消费品零售额 SLC 分别增加 0.08 、1.28 和 0.37 个单位。在大多数情况下,截距没有什么明显的经济含义。

根据广东数据得到的另五个估计方程为

$$LB = 0.428594440891 * GDPS$$
$$ZJ = 0.158455835468 * GDPS$$
$$SE = 0.144369863184 * GDPS$$
$$YY = 0.268580104495 * GDPS$$
$$CS = 0.556143052611 * SE + 11.8774094857$$

劳动者报酬 LB 、固定资产折旧 ZJ 、生产税净额 SE 和营业盈余 YY 分别对国内生产总值 GDPS 的回归系数 0.4286 、0.1585 、0.1444 和 0.2686 符合经济理论,说明国内生产总值 GDPS 中的 43 %、16 %、14%和 27 %分别是劳动者报酬 LB 、固定资产折旧 ZJ 、生产税净额 SE 和营业盈余 YY。财政收入 CS 对生产税净额 SE 的回归系数 0.5561 表明财政收入仅仅是地方的财政收入,税额 SE 中仅有一部分是地方的财政收入。

五、统计检验

根据广东数据的三个估计方程,判定系数 R^2 分别均接近 1 ;参数显著性 t 检验值除 2 个常数项外均大于 2,而常数项相对来说不重要;方程显著性 F 检验值表明方程都显著。

根据广东数据另五个估计方程的结果为:

Dependent Variable:LB
Method:Least Squares
Date:08/19/07　Time:01:55
Sample:1978 2005
Included observations:28

	Coefficient	Std. Error	t-Statistic	Prob.
GDPS	0.428594	0.007512	57.05443	0.0000
R-squared	0.984011	Mean dependent var		2471.134
Adjusted R-squared	0.984011	S. D. dependent var		2590.421
S. E. of regression	327.5568	Akaike info criterion		14.45626
Sum squared resid	2896924.	Schwarz criterion		14.50384
Log likelihood	−201.3877	Hannan-Quinn criter.		14.47081

Durbin-Watson stat	0. 293728			

Dependent Variable: ZJ

Method: Least Squares

Date: 08/19/07　Time: 01:56

Sample: 1978 2005

Included observations: 28

	Coefficient	Std. Error	t-Statistic	Prob.
GDPS	0. 158456	0. 001466	108. 0608	0. 0000
R-squared	0. 996030	Mean dependent var		846. 0661
Adjusted R-squared	0. 996030	S. D. dependent var		1014. 824
S. E. of regression	63. 93954	Akaike info criterion		11. 18881
Sum squared resid	110383. 2	Schwarz criterion		11. 23639
Log likelihood	−155. 6434	Hannan-Quinn criter.		11. 20336
Durbin-Watson stat	0. 715834			

Dependent Variable: SE

Method: Least Squares

Date: 08/19/07　Time: 01:53

Sample: 1978 2005

Included observations: 28

	Coefficient	Std. Error	t-Statistic	Prob.
GDPS	0. 144370	0. 001615	89. 37463	0. 0000
R-squared	0. 994026	Mean dependent var		786. 9868
Adjusted R-squared	0. 994026	S. D. dependent var		911. 2693
S. E. of regression	70. 43554	Akaike info criterion		11. 38233
Sum squared resid	133951. 4	Schwarz criterion		11. 42991
Log likelihood	−158. 3527	Hannan-Quinn criter.		11. 39688
Durbin-Watson stat	0 612449			

Dependent Variable: YY

Method: Least Squares

Date: 08/19/07　Time: 01:57

Sample: 1978 2005

Included observations: 28

	Coefficient	Std. Error	t-Statistic	Prob.

GDPS	0.268580	0.008687	30.91660	0.0000
R-squared	0.957353	Mean dependent var	1338.742
Adjusted R-squared	0.957353	S.D. dependent var	1834.295
S.E. of regression	378.8015	Akaike info criterion	14.74696
Sum squared resid	3874246	Schwarz criterion	14.79454
Log likelihood	−205.4575	Hannan-Quinn criter.	14.76151
Durbin-Watson stat	0.239950		

Dependent Variable: CS

Method: Least Squares

Date: 08/19/07　Time: 02:01

Sample: 1978 2005

Included observations: 28

	Coefficient	Std. Error	t-Statistic	Prob.
SE	0.556143	0.011378	48.87697	0.0000
C	11.87741	13.55945	0.875951	0.3891
R-squared	0.989234	Mean dependent var	449.5546
Adjusted R-squared	0.988820	S.D. dependent var	509.5465
S.E. of regression	53.87792	Akaike info criterion	10.88007
Sum squared resid	75473.60	Schwarz criterion	10.97523
Log likelihood	−150.3209	Hannan-Quinn criter.	10.90916
F-statistic	2388.958	Durbin-Watson stat	1.304865
Prob(F-statistic)	0.000000		

　　这五个估计方程的统计检验值表明拟合优度的判定系数 R^2 检验和参数显著性 t 检验和方程显著性 F 检验均可以通过。但无论根据广东数据的三个估计方程还是根据广东数据的另五个估计方程来说,进一步学习就会发现多数方程估计得并不好。

六、回归结果的报告

　　按如下形式把回归分析结果的报告出来:

$$\hat{Y} = \hat{b}_0 + \hat{b}_1 X$$

$$(S(\hat{b}_0))\quad (S(\hat{b}_1))$$

$$(T_0)\quad (T_1)$$

$$R^2 = \underline{\qquad}\quad SE = \underline{\qquad}\quad DW = \underline{\qquad}\quad F = \underline{\qquad}$$

根据广东数据的三个结果报告为

$$CS = 12.50960 + 0.080296 \times GDPS$$
$$\quad\quad (15.58605) \quad (0.001891)$$
$$\quad\quad (0.802615) \quad (42.45297)$$
$$R^2 = 0.985779 \quad SE = 7732.823 \quad DW = 0.942712 \quad F = 1802.255$$

$$CZ = -22.68073 + 1.278874 \times CS$$
$$\quad\quad (11.61500) \quad (0.017267)$$
$$\quad\quad (-1.952710) \quad (74.06285)$$
$$R^2 = 0.995282 \quad SE = 45.71859 \quad DW = 1.554922 \quad F = 5485.306$$

$$SLC = 148.6962 + 0.370241 \times GDPS$$
$$\quad\quad (48.01944) \quad (0.005827)$$
$$\quad\quad (3.096534) \quad (63.53578)$$
$$R^2 = 0.993600 \quad SE = 190.7780 \quad DW = 0.293156 \quad F = 4036.795$$

根据广东数据的另五个结果同样可以报告出来。

七、得到解释变量的值

在已知解释变量值的条件下才能进行预测,即要先预测解释变量,才能预测应变量。要得到解释变量的值有多种方法,其中之一可以考虑解释变量对时间 T 进行回归,再趋势外推得到解释变量的值,即进行时间序列预测。

对广东数据要根据三个估计方程预测财政收入 CS 、财政支出 CZ 和社会消费品零售额 SLC,就要先预测国内生产总值 GDPS。建立时间序列模型:(略去随机项)

$$GDPS = a + bT$$

进行回归,得到结果为:

Dependent Variable: GDFS
Method: Least Squares
Date: 08/19/07　Time: 03:23
Sample: 1978 2005
Included observations: 28

	Coefficient	Std. Error	t-Statistic	Prob.
T	690.5532	64.98349	10.62659	0.0000
C	-1570.094	1078.609	-4.237028	0.0003
R-squared	0.812848	Mean dependent var		5442.928
Adjusted R-squared	0.805650	S. D. dependent var		6300.570

S. E. of regression	2777. 617	Akaike info criterion	18. 76532
Sum squared resid	2.01E+08	Schwarz criterion	18. 86048
Log likelihood	−260. 7145	Hannan-Quinn criter.	18. 79441
F-statistic	112. 9245	Durbin-Watson stat	0. 113183
Prob(F-statistic)	0. 000000		

　　结果并不好,为了了解预测方法先用着。选择 Proc / Structure 把原工作文件 GD01. WF1 扩展为 1978~2010 年,以便进行预测。在工作文件中输入时间 T 2006 ~2010 年的值存为工作文件 GD02. WF1,选择 Forecast 在区间 2006~2010 年间进行预测,预测值放在序列 GDPSF 中,打开可以看到:

obs	GDPSF
2006	15455. 95
2007	16146. 50
2008	16837. 06
2009	17527. 61
2010	18218. 16

　　从预测数据可以看出预测结果很差,这是什么原因呢? 非线性问题是一个主要原因。

八、预测应变量的值

　　一旦知道解释变量的值,就可以预测应变量的值了。上面预测的解释变量的值并不好,用这些值预测应变量的值也不可能好,为了了解预测方法暂时用这些值。

　　对广东的三个估计方程,以财政收入 CS 对国内生产总值 GDPS 的回归方程为例来说明预测的方法。已估计的方程为

$$CS = 12.50960 + 0.080296 * GDPS$$

　　代入 GDPS 的未来值就可以得到 CS 的未来值,这可以在预测方程中选择 Forecast 在区间 2006~2010 年间进行预测来完成。但有一个问题,GDPS 的预测值是在序列 GDPSF 中,这怎样进行呢? 有两种方法,一是把序列 GDPSF 的预测值转到序列 GDP 中;二是再重新作一次 CS 对 GDPSF 的回归再用 Forecast 命令,实际上,GDPS 和 GDPSF 的过去值是一样的。现在用第二种方法,作 CS 对 GDPSF 的回归,得到回归结果为:

Dependent Variable: CS
Method: Least Squares
Date: 08/19/07　　Time: 03:39

Sample：1978 2005

Included observations：28

	Coefficient	Std. Error	t-Statistic	Prob.
GDPSF	0. 080296	0. 001891	42. 45297	0. 0000
C	12. 50960	15. 58605	0. 802615	0. 4295
R-squared	0. 985779	Mean dependent var		449. 5546
Adjusted R-squared	0. 985232	S. D. dependent var		509. 5465
S. E. of regression	61. 92234	Akaike info criterion		11. 15839
Sum squared resid	99653. 77	Schwarz criterion		11. 25355
Log likelihood	−154. 2174	Hannan-Quinn criter.		11. 18748
F-statistic	1802. 255	Durbin-Watson stat		0. 942712
Prob(F-statistic)	0. 000000			

　　选择 Forecast 在区间 2006～2010 年预测 CS 放在序列 CSF 中。其他相关变量也可以用类似方法预测。

第 3 章　多元回归模型

在一元线性回归模型中,我们仅考虑了一个解释变量。本章我们将把模型扩展到有多个解释变量影响应变量的情形。包含多个解释变量的回归模型,称为多元回归模型。多元是指有多种因素(即变量)对应变量有影响。

我们先考虑最简单的多元回归模型——二元模型。在此模型中,有一个应变量 Y,两个解释变量 X_1, X_2。一旦清楚地理解了二元模型,就很容易将模型扩展到二元以上的情形。

第 1 节　多元线性回归模型的假定

一、二元线性回归模型

将一元总体回归模型(P R F)推广,便可写出不含随机项的二元总体回归模型:
$$E(Y_t) = b_0 + b_1 X_{1t} + b_2 X_{2t}$$

其随机形式为
$$Y_t = b_0 + b_1 X_{1t} + b_2 X_{2t} + u_t$$
$$= E(Y_t) + u_t$$

其中,Y 为应变量;X_1, X_2 为解释变量;u 为随机扰动项;t 为第 t 个观察值。我们将随机项 u 引入到二元模型中,或者更一般地,引入到多元回归模型中,其原因与讨论的一元的情形相同。b_0 是截距。与以前一样,它表示了当 X_1, X_2 为零时的 Y 平均值。b_1, b_2 称为偏回归系数,随后解释它们的含义。

根据前面的讨论,我们知道第 1 式给出了在给定 X_1, X_2 值的情况下的 Y 的条件均值。因此,与一元情形相同,多元回归分析也是条件回归分析,是在给定解释变量的值的条件下,得到 Y 的均值。

多元模型随机的形式,表明任何一个 Y 值可以表示成为两部分之和:

(1) 系统成分或决定成分,$b_0 + b_1 X_{1t} + b_2 X_{2t}$,也就是 Y 的均值 $E(Y_t)$。

(2) 非系统成分 u_t,是由除 X_1, X_2 以外其他因素决定的。

所有这些都与一元情形类似;唯一需要强调的是:现在的解释变量有两个而不是一个。

前面讲到,b_1, b_2 称为偏回归系数或偏斜率系数。其意义如下:b_1 度量了在 X_2 保持不变的情况下,X_1 每变动一单位,Y 的均值 $E(Y)$ 的改变量。同样的,b_2

度量了在 X_1 保持不变的情况下，X_2 每变动一单位，Y 的均值 $E(Y)$ 的改变量。这是多元回归一个特殊的性质；在一元情形下，由于仅有一个解释变量，无须担心模型中出现其他变量。而在多元回归中，我们想要知道 Y 平均值的变动有多大比例"直接"来源于 X_1 的变动，多大比例"直接"来源于 X_2 的变动。这一点对于理解多元回归的内在逻辑很重要。

偏回归系数反映了当模型中的其中一个解释变量为常量时，另一个解释变量对应变量均值的影响。多元回归的这个独特性质不但能使我们引入多个解释变量，而且能够"分离"出每个解释变量 X 对应变量 Y 的影响。

二、多元线性回归模型的若干假定

与一元模型相同，首先要对多元回归模型的参数进行估计。为了这个目的，我们仍在前面介绍的古典线性回归模型的框架下利用普通最小二乘法对参数进行估计。

对多元线性回归模型作如下假定：

假定 1：零均值假定：$E(u_i) = 0$。

假定 2：同方差假定，即 u 的方差为一常数：$\mathrm{var}(u_i) = \sigma^2$。

假定 3：无自相关假定：$\mathrm{cov}(u_i, u_j) = 0, i \neq j$。

假定 4：X_1, X_2 与扰动项 u 不相关。但是，如果 X_1, X_2 是非随机变量（也即 X_1, X_2 在重复抽样中取某固定数值），这个假定将自动满足。

假定 5：假定随项误差 u 服从均值为零，（同）方差为 σ^2 的正态分布。即 $u_i \sim N(0, \sigma^2)$。

假定 6：解释变量之间不存在线性相关关系。即两个解释变量之间无确切的线性关系，这是一个新的假定。

除了假定 6 外，其他的假定的基本原理都与前面讨论的一元线性回归模型相同，正如在前面提到的那样，这些假定是为了保证能够使用 OLS 法来估计模型的参数。假定 6 表明了解释变量 X_1 与 X_2 之间不存在完全的线性关系，用统计学语言，称为非共线性或非多重共线性。

一般地，非完全共线性是指变量 X_1 不能表示为另一变量 X_2 的完全线性函数。在存在完全共线性的情况下，不能估计偏回归系数 b_1 和 b_2 的值；换句话说，不能估计解释变量 X_1 和 X_2 各自对应变量 Y 的影响。

虽然在实际中，很少有完全共线性的情况，但是高度完全共线性或近似完全共线性的情况还是很多的。现在仅考虑两个或多个解释变量之间不存在完全的线性关系的模型。

第 2 节　多元回归参数的估计

一、普通最小二乘估计量

要求 OLS 估计量,首先需写出与总体回归模型相对应的样本回归模型

$$Y_t = \hat{b}_0 + \hat{b}_1 X_{1t} + \hat{b}_2 X_{2t} + e_t$$

其中,e 为残差项,简称残差(与总体回归模型中的误差项 u 相对应),$\hat{b}$ 是总体系数 b 的估计量。

更具体地,$\hat{b}_0 = b_0$ 的估计量,$\hat{b}_1 = b_1$ 的估计量,$\hat{b}_2 = b_2$ 的估计量,样本回归方程:

$$\hat{Y}_t = \hat{b}_0 + \hat{b}_1 X_{1t} + \hat{b}_2 X_{2t}$$

方程是估计的总体回归线(实际上是一个平面)。

在前面已经解释过,OLS 原则是选择未知参数值使得残差平方和尽可能小。

将模型重写:

$$e_t = Y_t - \hat{b}_0 - \hat{b}_1 X_{1t} - \hat{b}_2 X_{2t}$$

同时将两边平方再求和,得

$$\text{RSS:} \sum e_t^2 = \sum (Y_t - \hat{b}_0 - \hat{b}_1 X_{1t} - \hat{b}_2 X_{2t})^2$$

对上面作简单的数学处理,得到三个 OLS 估计量的表达式如下

$$\hat{b}_0 = \bar{Y} - \hat{b}_1 \bar{X}_1 - \hat{t}_1 \bar{X}_2$$

$$\hat{b}_1 = \frac{\sum x_{1t} y_t \sum x_{2t}^2 - \sum x_{2t} y_t \sum x_{1t} x_{2t}}{\sum x_{1t}^2 \sum x_{2t}^2 - (\sum x_{1t} x_{2t})^2}$$

$$\hat{b}_{21} = \frac{\sum x_{2t} y_t \sum x_{1t}^2 - \sum x_{1t} y_t \sum x_{1t} x_{2t}}{\sum x_{1t}^2 \sum x_{2t}^2 - (\sum x_{1t} x_{2t})^2}$$

其中,$x_i = X_i - \bar{X}$,$y_i = Y_i - \bar{Y}$;即小写字母代表了变量与其均值的偏差。它们分别是总体截距 b_0 和总体斜率 b_1 和 b_2 的估计量。

二、OLS 估计量的方差与标准差

得到截距及偏回归系数的 OLS 估计量之后,我们就可以推导出这些估计量方差及标准差(与一元模型相同)。这些方差或标准差表示了估计量由于样本的改变而发生的变化。与一元模型相同,需要标准差的主要目的是检验统计假设。相关的公式为

$$\text{var}(\hat{b}_1) = \frac{\sum x_{2t}^2}{\sum x_{1t}^2 \sum x_{2t}^2 - (\sum x_{1t} x_{2t})^2} \sigma^2$$

$$\text{se}\,(\hat{b}_1) = \sqrt{\text{var}(\hat{b}_1)}$$

$$\text{var}(\hat{b}_2) = \frac{\sum x_{1t}^2}{\sum x_{1t}^2 \sum x_{2t}^2 - (\sum x_{1t}x_{2t})^2}\sigma^2$$

$$\text{se}\,(\hat{b}_2) = \sqrt{\text{var}(\hat{b}_2)}$$

其中,var 表示方差;se 表示标准差;σ^2 是扰动项 u_t 的方差,由于 $\hat{b}_0$ 的方差稍微复杂一些就不列出了。根据同方差假定,每一个 u_i 具有相同的方差 σ^2。

一旦知道了 σ^2,就很容易计算等式右边的项,从而可以求得 OLS 估计量的方差与标准差。同方差 σ^2 由下式来估计

$$\hat{\sigma}^2 = \sum e_i^2/(n-3)$$

其中,$\hat{\sigma}^2$ 是 σ^2 的估计量,$\sum e_i^2$ 是残差平方和,即 Y 的真实值与估计值差的平方和;$(n-3)$ 称为自由度。上式是一元模型的直接的扩展,只不过此时的自由度为 $n-3$。这是因为在估计 RSS,$\sum e_i^2$ 时,必须先求出 $\hat{b}_0,\hat{b}_1,\hat{b}_2$ 也就是说,它们"消耗"了三个自由度。以此类推,在 4 个解释变量情形下,自由度为$(n-4)$;当解释变量是 5 个时,自由度为$(n-5)$;需要提醒注意的是 $\hat{\sigma}^2$ 的正的平方根 $\hat{\sigma}$ 是估计值的标准差或称回归标准差(即 Y 值偏离估计回归线的标准差)。

三、多元回归 OLS 估计量的性质

在一元模型中,我们看到在古典线性回归模型的基本假定下,OLS 估计量是最优线性无偏估计量。这个性质对于多元回归同样成立。因此,根据 OLS 估计的每一个回归系数都是线性的和无偏的。在所有线性无偏估计量中,OLS 估计量具有最小方差性,所以 OLS 估计量比其他线性无偏估计量更准确地估计了真实的参数值。

从上面的讨论中,不难发现,二元模型在许多方面是一元模型的推广,只不过估计公式略显复杂。解释变量的个数如果多于三个,那么得到的计算公式将会更复杂。在那种情况下,必须用矩阵代数来计算。

第 3 节 多元回归的检验

一、估计的多元回归方程的拟合优度:多元判定系数 R^2

在一元模型中,我们定义的 R^2 是用来度量拟合的样本回归直线的拟合优度;也就是说,R^2 给出了单个解释变量 X 对应变量 Y 变动的解释比例或解释的百分比。R^2 的概念可以推广到包含若干个解释变量的回归模型之中。因此,在二元模

型中,我们想知道,X_1 和 X_2 一起对应变量 Y 变动的解释程度(解释比例)。我们将度量这个信息的量称为多元判定系数,仍用符号 R^2 表示。

与一元模型相同,有如下恒等式

$$TSS = ESS + RSS$$

其中,TSS = 总离差平方和,ESS = 回归平方和,RSS = 残差平方和。

同样地,与一元模型类似,R^2 定义如下

$$R^2 = ESS / TSS$$

即 R^2 是回归平方和与总离差平方和的比值;与一元模型唯一不同的是现在的 ESS 值与多个解释变量有关。

与一元相同,R^2 的值也在 0 与 1 之间,R^2 越接近于 1,表示估计的回归直线拟合得越好;R^2 近似等于 1,表示回归直线非常好地拟合了样本数据。

R^2 的正的平方根,称为多元相关系数,与一元模型的 r 相类似。正如 r 度量了 Y 与 X 的线性相关程度一样,R 度量了 Y 与所有解释变量的线性相关程度。虽然 r 可正可负,但 R 却总取正值。但是,在实际中,很少用到 R。

二、多元回归的假设检验:参数显著性 t 检验

虽然 R^2 度量了估计的回归直线的拟合优度,但是 R^2 本身却不能告诉我们估计的回归系数是否在统计上是显著的,即是否显著不为零。有的回归系数可能是显著的,有些则可能不是。

在一元模型中,如果假定误差项 u 服从正态分布,则 OLS 估计量 $\hat{b}_0, \hat{b}_1$ 服从正态分布。在假定 6 中我们已经规定了即使对多元回归,仍假定 u 服从均值为 0,方差为 σ^2 的正态分布。在这个假定以及其他基本假定满足的条件下,可以证明,$\hat{b}_0, \hat{b}_1, \hat{b}_2$ 均服从均值分别为 b_0, b_1, b_2 的正态分布。

但是,与一元模型相同,如果用真实的但不可观察的 σ^2 的无偏估计量 $\hat{\sigma}^2$ 代替 σ^2,则 T 统计量服从自由度为 $(n-3)$ 的 t 分布,而不是正态分布。即

$$T_0 = \frac{\hat{b}_0 - b_0}{S(\hat{b}_0)} \sim t(n-3)$$

$$T_1 = \frac{\hat{b}_1 - b_1}{S(\hat{b}_1)} \sim t(n-3)$$

$$T_2 = \frac{\hat{b} - b_2}{S(\hat{b}_2)} \sim t(n-3)$$

对参数进行显著性 t 检验,下面以 $\hat{b}_1$ 为例。做如下假设:

$$H_0 : b_1 = 0, \quad H_1 : b_1 \neq 0$$

在上述零假设下,我们知道

$$T_1 = \frac{\hat{b}_1 - b_1}{S(\hat{b}_1)}$$

$$= \frac{\hat{b}_1}{S(\hat{b}_1)}$$

回忆一下,在一元的显著性 t 检验中,我们需要建立一个统计量,求其抽样分布,选择一个显著水平,并决定在所选显著水平下检验统计量的临界值。然后将从样本得到的统计量值与其临界值作比较,如果统计量的值超过临界值,则拒绝零假设。我们可以将这种检验方法推广到多元回归模型中。

三、多元回归的假设检验:方程显著性 F 检验

若斜率系数 $\hat{b}_1$ 和 $\hat{b}_2$ 各自均在统计上是显著的;也即每个部分斜率系数均显著不为零。但是现考虑下面的零假设:

$$H_0 : b_1 = b_2 = 0$$

这个零假设成为联合假设,即 b_1, b_2 联合或同时为零(而不是各自的或单独的为零)。这个假设表明两个解释变量一起对应变量 Y 无影响。对这个假设进行检验称为对估计的总体回归方程的显著性检验,即检验 Y 是否与 X_1 和 X_2 线性相关。

这里有一个迷惑之处:既然 b_1, b_2 各自均显著不为零,那么它们一定也联合或集体显著不为零,也即能够拒绝这个零假设。但是,这里需小心的是:在实践中的许多多元回归模型中,一个或多个解释变量各自对应变量没有影响,但集体却对应变量有影响,对于这一点我们将结合多重共线性问题更详细地讨论。这意味着前面讨论的 t 检验虽然对于检验单个回归系数的统计显著性是有效的,但是对联合假设却是无效的。

对上述的假设进行检验,若满足 CLRM 基本假定,可以证明变量

$$F = \frac{\text{ESS}/2}{\text{RSS}/(n-3)}$$

$$= \frac{\sum \hat{y}_t^2 / 2}{\sum e_t^2 / (n-3)}$$

服从分子自由度为 2,分母自由度为 $n-3$ 的 F 分布。一般地,如果回归模型有 k 个解释变量,则 F 值的分子自由度为 k,分母自由度为 $n-k-1$。

利用给出的 F 值来检验联合假设:X_1 和 X_2 对 Y 没有影响。如果分子比分母大,也即如果 Y 被回归解释的部分(即由 X_1 和 X_2 解释的 Y 的变动)比未被回归解释的部分大,则 F 值将大于 1。因此,随着解释变量对应变量 Y 的变动的解释比例逐渐增大,F 值也将逐渐增大。因此,F 值越大,就越有理由拒绝零假设:两个(或多个)解释变量对应变量 Y 无影响。

　　当然,这种直观的原因可用假设检验的语言加以正规化。根据上式可计算出 F 值,并在所选显著水平下,将其与 F 临界值(分子自由度为 2,分母自由度为 $n-3$)作比较。如果计算的 F 值超过 F 临界值,则拒绝零假设:所有解释变量的参数不同时为零。如果 F 值不超过 F 临界值,则不能拒绝零假设:解释变量对应变量无任何影响。

　　判定系数 R^2 与 F 值之间有如下关系

$$F = (R^2/k)/((1-R^2)/(n-k-1))$$

其中,n 为观察值的个数;k 为解释变量的个数。

　　上式表明了 F 与 R^2 之间的关系。这两个统计量同方向变动。当 $R^2=0$(即 Y 与解释变量 X 不相关)时,F 为 0。R^2 值越大,F 值也越大。当 R^2 取其极限值 1 时,F 值为无穷大。

　　因此,前面讨论过的 F 检验(用于度量总体回归直线的显著性)也可用于检验 R^2 的统计显著性。

四、调整的判定系数

　　判定系数 R^2 的一个重要性质就是模型中的解释变量的个数越多,R^2 值就越大。比较相同应变量但不同个数解释变量的两回归模型的样本判定系数 R^2 是不恰当的。

　　因而,我们需要这样一个拟合优度的度量指标,它能根据模型中解释变量的个数进行调整。定义调整的判定系数 $\bar{R}^2$ 如下

$$\bar{R}^2 = 1 - \left(\sum e_i^2/(n-k-1)\right)/\left(\sum \hat{y}_i^2/(n-1)\right)$$

或

$$\bar{R}^2 = 1 - (1-R^2)\frac{n-1}{n-k-1}$$

调整的判定系数有如下性质:

　　(1)若 $k>1$,则 $\bar{R}^2 \leqslant R^2$。即随着模型中解释变量的增加,调整判定系数越来越小于非调整判定系数 R^2。

　　(2)虽然非调整的判定系数总为正,但调整的判定系数 $\bar{R}^2$ 可能为负。

　　目前,许多统计软件都可以计算 R^2 和 $\bar{R}^2$。调整判定系数可以使我们对同应变量不同解释变量(个数不同)的两回归模型作比较。

第 4 节　回归方程的函数形式

　　到目前为止,我们已经讨论了参数线性模型和变量线性模型。实际上用以描

述许多经济现象的参数线性和变量线性回归模型可能并不是十分准确的。对于变量之间是线性的模型来说,解释变量每变动一个单位,应变量的变化率为一常数,但是对于变量之间是非线性的回归模型来说,斜率并不是保持不变的。

一、如何度量弹性:对数线性模型

考虑如下形式的需求函数。(为使代数形式简洁,后面略去随机误差项 u_i)

$$Y_i = a \, X_i^b$$

在这个模型中,变量 X_i 是非线性的。但可将上式做恒等变换表示成另一种形式

$$\ln Y_i = \ln a + b \, \ln X_i$$

其中,ln 表示自然对数,即以 e 为底的对数。现在若令

$$b_0 = \ln a$$

可以将上式写为

$$\ln Y_i = b_0 + b \, \ln X_i$$

这是一个线性模型,因为参数 b_0 和 b 是以线性形式进入模型的。有趣的是,这个模型还是对数形式变量的线性模型。((原始模型变量 X 是非线性的),因此,我们将上式的模型称为双对数模型(因为两个变量都以对数形式出现)或对数-线性模型(因为以对数形式出现的变量之间是线性的)。

注意一个"明显的"非线性模型是如何通过适当的变换转变为线性(参数之间)模型的,这里的变换是对数变换。现令 $Y_i^* = \ln Y_i$,$X_i^* = \ln X_i$,则模型可写为

$$Y_i^* = b_0 + b \, X_i^*$$

这与我们在前面讨论的模型相似;它不仅是参数线性的,而且变形后的变量 Y_i^* 与 X_i^* 之间也是线性的。

对于变形的模型,如果它满足古典线性回归模型的基本假定,则很容易用普通最小二乘法来估计它,并且得到的估计量是最优线性无偏估计量。

在经验工作中,双对数模型(对数线性模型)应用的非常广泛,其原因在于,它有一个很吸引人的特性:斜率 b 度量了 Y 对 X 的弹性,即给 X 一个(很小)的变动所引起 Y 变动的百分比。

如果用符号 ΔY 代表 Y 的一个小的变动,ΔX 代表 X 的一个小的变动,定义弹性 E 为

$$E = \frac{\Delta Y/Y}{\Delta X/X} = \frac{\Delta Y}{\Delta X} \frac{X}{Y} = b$$

因此,如果 Y 代表了商品的需求量,X 代表了单位价格,则 E 就是需求的价格弹性。

对于这个模型,又由于斜率等于其弹性,所以弹性为一常数,它与 X 的取值无关。由于这个特殊的性质,双对数模型(对数线性模型)又称为不变弹性模型。

二、线性模型与对数线性模型的比较

经济理论本身并未提供强有力的信息告诉我们是要拟合线性模型、对数线性模型还是其他的模型。那么,回归模型的函数形式就成为一个经验性问题。在选择模型的过程中,是否有规律可循呢?

规律之一是根据数据作图。如果散点图表明两个变量之间的关系近似线性的(也即是一条直线),那么假定模型是线性的就比较合适。但如果散点图表明变量之间的关系是非线性的,则需要作 $\log Y$ 对 $\log X$ 的图形,如果这个图形表明它们之间是近似线性的,则假定模型是对数线性模型就比较合适。不幸的是,这条规律只适用于一元情况,对于多变量的情况就不太适合。因为在多维空间中作散点图比较困难。因此,我们需要其他的规则。

为什么不根据 R^2 来选择模型呢? 也就是说,选择 R^2 值最高的模型。虽说从直观上感觉是可行的,但是这个标准有其自身的问题。首先,要比较两个模型的 R^2 值,应变量的形式必须是相同的。在线性模型中,R^2 度量了 X 对 Y 变动解释的比例,但是在对数线性模型中,R^2 度量了 $\log X$ 对 $\log Y$ 变动的解释比例。Y 的变动与 $\log Y$ 的变动从概念上说是不同的。对数形式度量了一个数的相对变化(或是变化的百分比),而数字形式度量了该数的绝对变化。

即使两个模型中的应变量相同,从而两个 R^2 值可直接比较,我们也建议不要根据最高 R^2 值这一标准来选择模型。这是因为,R^2 值可以通过增加进入模型的解释变量的个数而不断增大。研究人员并不是把重点放在模型的 R^2 值上,而是考虑诸如进入模型中的变量之间的相关性(即以经济理论为基础)、预期的解释变量系数的符号、统计显著性以及类似弹性系数这样的衍生度量工具等因素。这些应该成为选择模型的基本准则。如果按照这些标准,所选模型比其他模型更好,而且若所选模型恰好有较高的 R^2 值,那么就可以认为所选模型是合适的。但是切记要避免仅仅根据 R^2 值的大小来选择模型。

三、多元对数线性回归模型

一元对数线性回归模型很容易推广到模型中解释变量不止一个的情形。例如,我们可将二元对数模型表示如下:

$$\ln Y_i = b_0 + b_1 \ln X_{1i} + b_2 \ln X_{2i}$$

在这个模型中,偏斜率系数 b_1、b_2 又称为偏弹性系数。因此,b_1 是 Y 对 X_1 的弹性(X_2 保持不变),即在 X_2 为常量时,X_1 每变动 1%,Y 变化的百分比。由于此时 X_2 为常量,所以我们称此弹性为偏弹性。类似地,b_2 是 Y 对 X_2 的(偏)弹性(X_1 保持不变)。简而言之,在多元对数线性模型中,每一个偏斜率系数度量了在其他变量保持不变的条件下,应变量对某一解释变量的偏弹性。

在上述模型中,令 Y 表示产出,X_1 表示劳动投入,X_2 表示资本投入。这样,上式就是一个生产函数,反映产出与劳动力和资本投入之间的关系的函数。这就是著名的柯布-道格拉斯生产函数(C-D 函数)。如果将两个弹性系数相加,我们将得到一个重要的经济参数,规模报酬参数,它反映了产出对投入的比例变动。如果两个弹性系数之和为 1,则称规模报酬不变;如果弹性系数之和大于 1,则称规模报酬递增;如果弹性系数之和小于 1,则称规模报酬递减。

四、如何测度增长率:半对数模型

通常经济学家、工商业家和政府对某一经济变量的增长率很感兴趣。比如说,政府预算赤字规划就是根据预计的 GNP 增长率这一最重要的经济活动指标而确定的。类似地,联储根据未偿付消费者信贷的增长率(自动贷款、分期偿还贷款等)这一指标来监视其货币政策的运行效果。

这里介绍回归分析是如何用于测度这些增长率的。我们来看复利计算公式

$$Y_t = Y_0(1+r)^t$$

其中,Y_0 为 Y 的初始值;Y_t 为第 t 期的 Y 值;r 为 Y 的增长率(复利率)。

将上式变形,对等式两边取对数,得

$$\ln Y_t = \ln Y_0 + t \ln(1+r)$$

现令

$$b_0 = \ln Y_0$$
$$b_1 = \ln(1+r)$$

因此,模型可表示为

$$\ln Y_t = b_0 + b_1 t$$

形如上式的回归模型称为半对数模型,因为仅有一个变量以对数形式出现(在这里,应变量以对数形式出现)。在诸如上式这样的半对数模型中,斜率度量了给定解释变量的绝对变化所引起的 Y 的比例变动或相对变动。将此相对改变量乘以100,就得到增长率。所以半对数模型又称为增长模型,通常我们用这类模型来测度许多变量的增长率,包括经济变量和其他一些非经济变量。

有时为了计算的简便,研究人员对下面的模型进行估计:

$$Y_t = b_0 + b_1 t$$

即 Y 对时间 t 的回归,其中 t 按时间先后顺序计算。这类模型称为线性趋势模型,时间 t 称为趋势变量。若上式中的斜率为正,则称 Y 有向上的趋势,若斜率为负,则称 Y 有向下的趋势。

在实际中,线性趋势模型和增长模型都应用的很广泛。但相比较而言,增长模型更有用一些。人们通常关注的是经济变量的相对变化而不是绝对变化,比如说,GNP,货币供给等。同时要注意的是不能比较两个模型的 R^2 值,因为两个模型的

应变量不相同。

五、线性对数模型:解释变量是对数形式

　　我们讨论了应变量是对数形式而解释变量是线性形式的增长模型。为了描述的方便,称之为对数-线性模型或增长模型。在这里我们将考虑应变量是线性形式而解释变量是对数形式的模型。相应地,我们称之为线性-对数模型。

　　现考虑下面模型

$$Y_t = b_0 + b_1 \ln X_t$$

形如上式的线性对数模型常用于研究解释变量每变动 1 ％,相应应变量的绝对变化量的情形。

实验三　多元线性回归模型的估计和检验

　　实验目的:掌握多元线性回归模型的估计和检验方法。
　　实验要求:选择方程进行多元线性回归。
　　实验原理:普通最小二乘法。
　　实验步骤:

一、选择方程

　　根据广东数据选择不变价 GDP(GDPB)、不变价资本存量(ZC)和从业人员(RY)的数据,把 GDPB 作为应变量,ZC 和 RY 作为两个解释变量进行二元线性回归分析。

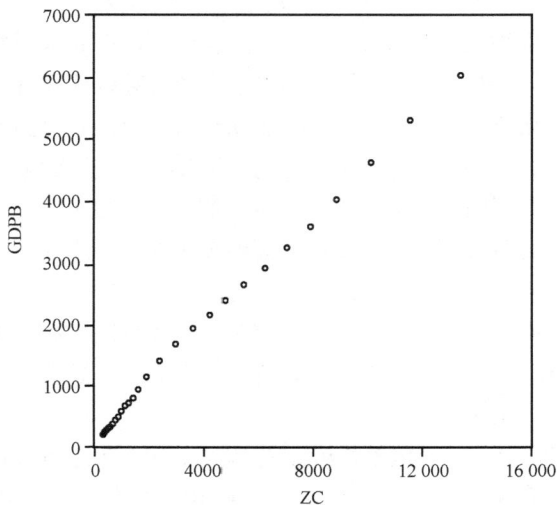

图 3-1

1. 作散点图

从散点图(图 3-1,图 3-2)看,变量间不一定呈现线性关系,可以先试着作线性回归。

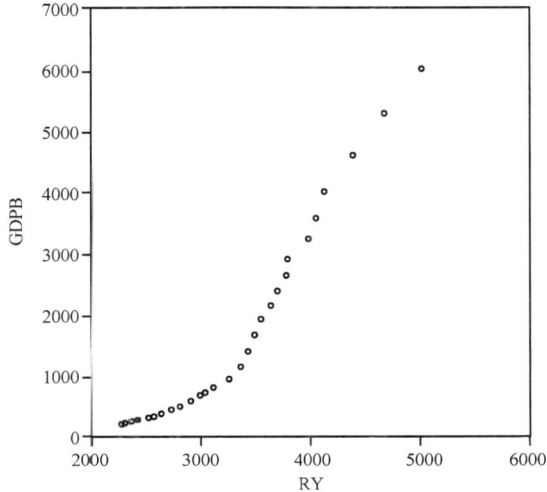

图 3-2

2. 进行因果关系检验

Pairwise Granger Causality Tests

Date：08/19/07　Time：14：26

Sample：1978 2005

Lags：2

Null Hypothesis：	Obs	F-Statistic	Prob.
ZC does not Granger Cause GDPB	26	3. 84939	0. 0376
GDPB does not Granger Cause ZC		19. 0748	2. E-05

Pairwise Granger Causality Tests

Date：08/19/07　Time：14：30

Sample：1978 2005

Lags：3

Null Hypothesis：	Obs	F-Statistic	Prob.
RY does not Granger Cause GDPE	25	2. 88744	0. 0641
GDPB does not Granger Cause RY		3. 46309	0. 0382

从因果关系检验看,ZC 明显影响 GDPB,RY 不太明显,这是可以理解的,计

划经济时期存在着隐性失业,使得劳动力的变化对产出的影响不太明显。

二、多元线性回归

Dependent Variable:GDPB

Method:Least Squares

Date:08/19/07 Time:14:34

Sample:1978 2005

Included observations:28

	Coefficient	Std. Error	t-Statistic	Prob.
ZC	0.377170	0.008355	45.14265	0.0000
RY	0.353689	0.042757	8.272028	0.0000
C	−800.5997	113.7822	−7.036247	0.0000
R-squared	0.999152	Mean dependent var		1754.112
Adjusted R-squared	0.999085	S. D. dependent var		1683.912
S. E. of regression	50.94570	Akaike info criterion		10.80035
Sum squared resid	64886.61	Schwarz criterion		10.94309
Log likelihood	−148.2050	Hannan-Quinn criter.		10.84399
F-statistic	14736.32	Durbin-Watson stat		0.443892
Prob(F-statistic)	0.000000			

得到估计方程

$GDPB = 0.377169694502 * ZC + 0.353688537498 * RY − 800.599732335$

估计方程的判定系数 R^2 接近 1;参数显著性 t 检验值均大于 2;方程显著性 F 检验显著。调整的判定系数为 0.999085,比下面的一元回归有明显改善。

Dependent Variable:GDPB

Method:Least Squares

Date:08/19/07 Time:14:39

Sample:1978 2005

Included observations:28

	Coefficient	Std. Error	t-Statistic	Prob.
ZC	0.442898	0.004896	90.46000	0.0000
C	133.9721	25.57054	5.239314	0.0000
R-squared	0.996833	Mean dependent var		1754.112
Adjusted R-squared	0.996711	S. D. dependent var		1683.912
S. E. of regression	96.57302	Akaike info criterion		12.04722

Sum squared resid	242485. 0	Schwarz criterion	12. 14238
Log likelihood	−166. 6611	Hannan-Quinn criter.	12. 07632
F-statistic	8185. 011	Durbin-Watson stat	0. 167556
Prob(F-statistic)	0. 00000		

　　根据广东数据得到的五个估计方程的前四个,即劳动者报酬 LB 、固定资产折旧 ZJ 、生产税净额 SE 和营业盈余 YY 分别对国内生产总值 GDPS 回归的方程,其回归系数其实就是它们四者占 GDPS 比例的平均数,这个比例数是会随时间的变化而变化,所以应该进行下面的二元回归:

Dependent Variable: LB

Method: Least Squares

Date: 08/19/07　Time: 15:04

Sample: 1978 2005

Included observations: 28

	Coefficient	Std. Error	t-Statistic	Prob.
GDPS	0. 361439	0. 010838	33. 34821	0. 0000
T	36. 78137	5. 380864	6. 835587	0. 0000
R-squared	0. 994284	Mean dependent var		2471. 134
Adjusted R-squared	0. 994064	S. D. dependent var		2590. 421
S. E. of regression	199. 5841	Akaike info criterion		13. 49910
Sum squared resid	1035679	Schwarz criterion		13. 59426
Log likelihood	−136. 9874	Hannan-Quinn criter.		13. 52819
Durbin-Watson stat	0. 414285			

Dependent Variable: ZJ

Method: Least Squares

Date: 08/19/07　Time: 15:09

Sample: 1978 2005

Included observations: 28

	Coefficient	Std. Error	t-Statistic	Prob.
GDPS	0. 163626	0. 003357	48. 74286	0. 0000
T	−2. 831497	1. 666595	−1. 698972	0. 1013
R-squared	0. 996427	Mean dependent var		846. 0661
Adjusted R-squared	0. 996290	S. D. dependent var		1014. 824
S. E. of regression	61. 81643	Akaike info criterion		11. 15496

Sum squared resid	99353.04	Schwarz criterion	11.25012
Log likelihood	−154.1695	Hannan-Quinn criter.	11.18406
Durbin-Watson stat	0.783791		

Dependent Variable：SE
Method：Least Squares
Date：08/19/07　Time：15：10
Sample：1978 2005
Included observations：28

	Coefficient	Std. Error	t-Statistic	Prob.
GDPS	0.141354	0.003843	36.78380	0.0000
T	1.651768	1.907837	0.865780	0.3945
R-squared	0.994193	Mean dependent var		786.9868
Adjusted R-squared	0.993970	S. D. dependent var		911.2693
S. E. of regression	70.76447	Akaike info criterion		11.42534
Sum squared resid	130197.9	Schwarz criterion		11.52050
Log likelihood	−157.9548	Hannan-Quinn criter.		11.45443
Durbin-Watson stat	0.604517			

得到估计方程

$$LB = 0.36143886124 * GDPS + 36.781366735 * T$$
$$ZJ = 0.163625595483 * GDPS - 2.83149724876 * T$$
$$SE = 0.141354057469 * GDPS + 1.6517682756 * T$$

估计方程的判定系数 R^2、参数显著性 t 检验、方程显著性 F 检验和调整的判定系数有些比一元回归有改进,表明这些确实应该进行二元回归。

由于劳动者报酬 LB、固定资产折旧 ZJ、生产税净额 SE 和营业盈余 YY 加起来等于国内生产总值 GDPS,所以没必要也不应该对第四个方程进行估计,YY = GDPS−LB−ZJ−SE。

根据广东数据,要研究广东省居民消费行为、固定资产投资行为和货物和服务净出口行为,分别建立居民消费方程、固定资产投资方程和货物和服务净流出方程。

三、居民消费方程

根据经济理论居民消费 XFJ 取决于劳动报酬 LB,看散点图(图 3-3)和因果关系检验。

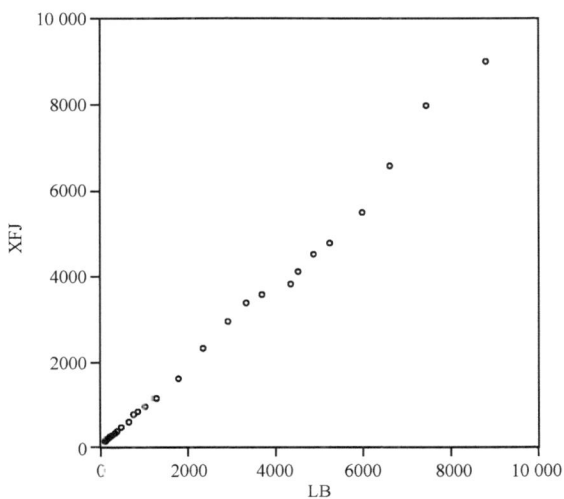

图 3-3

Pairwise Granger Causality Tests

Date: 08/19/07　Time: 15:40

Sample: 1978 2005

Lags: 2

Null Hypothesis:	Obs	F-Statistic	Prob.
LB does not Granger Cause XFJ	26	7.19010	0.0042
XFJ does not Granger Cause LB		5.45516	0.0124

　　从散点图看它们之间具有线性关系,从因果关系检验看它们之间似乎具有双向因果关系,宏观经济中确实如此。进行一元线性回归如下:

Dependent Variable: XFJ

Method: Least Squares

Date: 08/19/07　Time: 15:43

Sample: 1978 2005

Included observations: 28

	Coefficient	Std. Error	t-Statistic	Prob.
LB	0.936702	0.016916	58.33010	0.0000
C	−75.99662	59.99073	−1.266806	0.2165
R-squared	0.992416	Mean dependent var		2362.277
Adjusted R-squared	0.992125	S. D. dependent var		2565.722

S. E. of regression	227. 6909	Akaike info criterion	13. 76260
Sum squared resid	1347921.	Schwarz criterion	13. 85776
Log likelihood	−190. 6765	Hannan-Quinn criter.	13. 79169
F-statistic	3402. 401	Durbin-Watson stat	0. 701578
Prob(F-statistic)	0. 000000		

得到回归方程

$XFJ = 0.986702392936 * LB - 75.9966224788$

除劳动报酬 LB 外,企业盈余 YY 也会影响居民消费 XFJ,看散点图(图 3-4)和因果关系检验。

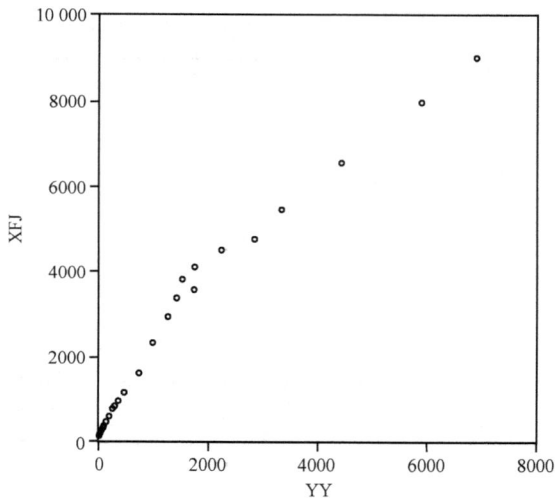

图 3-4

Pairwise Granger Causality Tests

Date: 08/19/07　Time: 16:13

Sample: 1978 2005

Lags: 1

Null Hypothesis:	Obs	F-Statistic	Prob.
YY does not Granger Cause XFJ	27	4. 25720	0. 0501
XFJ does not Granger Cause YY		0. 09358	0. 7623

从散点图和因果关系检验看应该把 YY 引入方程中,进行二元线性回归如下:

Dependent Variable: XFJ

Method: Least Squares

Date：08/19/07　Time：16：05

Sample：1978 2005

Included observations：28

	Coefficient	Std. Error	t-Statistic	Prob.
LB	0. 740808	0. 032893	22. 52199	0. 0000
YY	0. 362075	0. 046452	7. 794692	0. 0000
C	46. 91513	36. 60282	1. 281735	0. 2117
R-squared	0. 997789	Mean dependent var		2362. 277
Adjusted R-squared	0. 997612	S. D. dependent var		2565. 722
S. E. of regression	125. 3710	Akaike info criterion		12. 60139
Sum squared resid	392946. 9	Schwarz criterion		12. 74412
Log likelihood	−173. 4194	Hannan-Quinn criter.		12. 64502
F-statistic	5641. 541	Durbin-Watson stat		1. 122075
Prob(F-statistic)	0. 000000			

显然回归得到了改善,引入 YY 是正确的,最后得到回归方程

$$XFJ = 0.740808235483 * LB + 0.362075366798 * YY + 46.9151325983$$

四、固定资产投资方程

固定资产投资 TZG 显然取决于固定资产折旧 ZJ 、营业盈余 YY 和财政支出 CZ,进行三元线性回归如下：

Dependent Variable：TZG

Method：Least Squares

Date：08/19/07　Time：16：48

Sample：1978 2005

Included observations：28

	Coefficient	Std. Error	t-Statistic	Prob.
ZJ	1. 111864	0. 243152	4. 572716	0. 0001
YY	0. 431692	0. 052566	8. 212352	0. 0000
CZ	0. 143210	0. 405308	0. 353338	0. 7269
C	31. 27625	27. 82517	1. 124027	0. 2721
R-squared	0. 997573	Mean dependent var		1628. 997
Adjusted R-squared	0. 997270	S. D. dependent var		2003. 852
S. E. of regression	104. 7010	Akaike info criterion		12. 27166
Sum squared resid	263095. 1	Schwarz criterion		12. 46197

Log likelihood	-167.8032	Hannan-Quinn criter.	12.32984
F-statistic	3288.646	Durbin-Watson stat	1.298515
Prob(F-statistic)	0.000000		

　　估计方程的判定系数 R^2 很高,方程显著性 F 检验也显著,但参数显著性 t 检验显著性不高,还有一个不显著,这是为什么呢?到学到多重共线性问题时就清楚了。现在分别去掉一个解释变量进行三个二元线性回归如下:

Dependent Variable：TZG

Method：Least Squares

Date：08/19/07　Time：17：04

Sample：1978 2005

Included observations：28

	Coefficient	Std. Error	t-Statistic	Prob.
ZJ	1.191878	0.086993	13.70091	0.0000
YY	0.438422	0.048129	9.109365	0.0000
C	33.65613	26.52092	1.269041	0.2161
R-squared	0.997561	Mean dependent var		1628.997
Adjusted R-squared	0.997366	S. D. dependent var		2003.852
S. E. of regression	102.8521	Akaike info criterion		12.20542
Sum squared resid	264463.7	Schwarz criterion		12.34815
Log likelihood	-167.8758	Hannan-Quinn criter.		12.24905
F-statistic	5111.852	Durbin-Watson stat		1.370345
Prob(F-statistic)	0.000000			

Dependent Variable：TZG

Method：Least Squares

Date：08/19/07　Time：17：06

Sample：1978 2005

Included observations：28

	Coefficient	Std. Error	t-Statistic	Prob.
ZJ	1.098578	0.465021	2.362428	0.0262
CZ	1.349301	0.722479	1.867601	0.0736
C	-45.61394	50.11293	-0.910223	0.3714
R-squared	0.990754	Mean dependent var		1628.997
Adjusted R-squared	0.990014	S. D. dependent var		2003.852

S. E. of regression	200. 2421	Akaike info criterion	13. 53789
Sum squared resid	1002422.	Schwarz criterion	13. 68062
Log likelihood	−186. 5304	Hannan-Quinn criter.	13. 58152
F-statistic	1339. 431	Durbin-Watson stat	0. 436795
Prob(F-statistic)	0. 000000		

Dependent Variable：TZG

Method：Least Squares

Date：08/19/07　Time：17：08

Sample：1978 2005

Included observations：28

	Coefficient	Std. Error	t-Statistic	Prob.
YY	0. 430093	0. 070453	6. 104709	0. 0000
CZ	1. 869278	0. 197846	9. 448135	0. 0000
C	20. 91893	37. 17015	0. 562788	0. 5786
R-squared	0. 995459	Mean dependent var		1628. 997
Adjusted R-squared	0. 995096	S. D. dependent var		2003. 852
S. E. of regression	140. 3301	Akaike info criterion		12. 82683
Sum squared resid	492313. 8	Schwarz criterion		12. 96957
Log likelihood	−176. 5756	Hannan-Quinn criter.		12. 87047
F-statistic	2740. 226	Durbin-Watson stat		0. 751924
Prob(F-statistic)	0. 000000			

从上面三个回归可以结果看出，只要固定资产折旧 ZJ 和财政支出 CZ 其中一个不在方程中，回归就能得到很好的拟合。现在暂且取最后一个回归方程来使用。方程为

$$TZG = 0.430092510471 * YY + 1.86927832346 * CZ + 20.9189287633$$

五、货物和服务净流出方程

货物和服务净流出是货物和服务流出减去货物和服务流入的差额，在地区统计中，无论是流出还是流入都很难统计，统计误差也是最大的。决定流出和流入的因素也是复杂的，而货物和服务净流出的决定因素就更复杂了，但研究广东省宏观经济过程中又要建立模型，只能试着建立了。

先考虑影响货物和服务净流出 CK 的因素为支出法的国内生产总值（GDP），试着进行分析。看散点图(图 3-5)和因果关系检验。

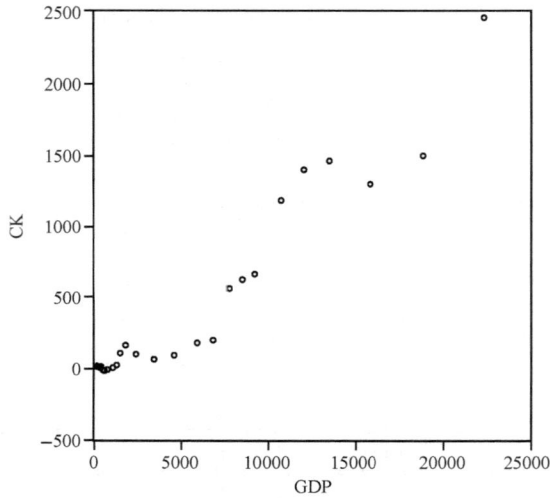

图 3-5

Pairwise Granger Causality Tests

Date：08/19/07　Time：18：19

Sample：1978 2005

Lags：2

Null Hypothesis：	Obs	F-Statistic	Prob.
GDP does not Granger Cause CK	26	7.44017	0.0036
CK does not Granger Cause GDP		10.2563	0.0008

从散点图和因果关系检验看它们具有关系，进行一元线性回归如下：

Dependent Variable：CK

Method：Least Squares

Date：08/19/07　Time：18：21

Sample：1978 2005

Included observations：28

	Coefficient	Std. Error	t-Statistic	Prob.
GDP	0.099316	0.005552	17.88813	0.0000
C	−112.9813	45.74528	−2.469792	0.0204
R-squared	0.924852	Mean dependent var		427.0379
Adjusted R-squared	0.921962	S. D. dependent var		651.0303
S. E. of regression	181.8672	Akaike info criterion		13.31318
Sum squared resid	859967.3	Schwarz criterion		13.40834

Log likelihood	−184.3845	Hannan-Quinn criter.	13.34227
F-statistic	319.9853	Durbin-Watson stat	0.959767
Prob(F-statistic)	0.000000		

在所有收集到的统计数据中,年利率 LL 是一个可以考虑引入的因素,引入 LL进行二元线性回归如下:

Dependent Variable:CK

Method:Least Squares

Date:08/19/07　Time:18:25

Sample:1978 2005

Included observations:28

	Coefficient	Std. Error	t-Statistic	Prob.
GDP	0.038238	0.005525	15.97093	0.0000
LL	−42.66570	11.83122	−3.606196	0.0014
C	202.2488	95.25094	2.123327	0.0438

R-squared	0.350567	Mean dependent var	427.0379
Adjusted R-squared	0.346612	S. D. dependent var	651.0303
S. E. of regression	150.4259	Akaike info criterion	12.96578
Sum squared resid	565698.8	Schwarz criterion	13.10851
Log likelihood	−178.5209	Hannan-Quinn criter.	13.00941
F-statistic	240.3663	Durbin-Watson stat	1.504476
Prob(F-statistic)	0.000000		

最后得到回归方程

$$CK = 0.0882381995057 * GDP − 42.665702172 * LL + 202.248840539$$

六、存货增加方程的估计

根据广东数据,建立存货增加 TZC 的二元回归模型如下:

$$TZC_t = c + \alpha CX_t + \beta PSL_t + u_t$$

进行估计,结果为:

Dependent Variable:TZC

Method:Least Squares

Date:08/30/07　Time:22:41

Sample:1978 2005

Included observations:28

	Coefficient	Std. Error	t-Statistic	Prob.

CX	0.030633	0.004739	6.463888	0.0000
PSL	1.780806	0.198859	8.955112	0.0000
C	−209.0546	45.84519	−4.560013	0.0001
R-squared	0.952473	Mean dependent var		424.3629
Adjusted R-squared	0.948671	S. D. dependent var		392.2360
S. E. of regression	88.86446	Akaike info criterion		11.91306
Sum squared resid	197422.3	Schwarz criterion		12.05579
Log likelihood	−163.7828	Hannan-Quinn criter.		11.95669
F-statistic	250.5102	Durbin-Watson stat		2.164713
Prob(F-statistic)	0.000000			

方程为

$$TZC = 0.0306327182422 * CX + 1.78080576578 * PSL − 209.054640067$$

实验四　非线性模型的估计

实验目的:掌握一元和多元非线性模型的估计方法。

实验要求:估计增长模型,估计科布-道格拉斯生产函数。

实验原理:非线性最小二乘法(NLS)。

实验步骤:

一、预测解释变量的回顾

在实验二的一元线性回归模型的预测中,用于预测解释变量的时间序列模型 $GDPS = a + bT$ 是线性的,实际上 GDPS 和 T 的关系是非线性的,看它们的散点图(图 3-6)。

从散点图看它们显然是非线性的关系,一般的非线性模型是变量取对数,我们有双对数模型、对数-线性模型和线性-对数模型三种。就图 3-6 看应该使用什么模型呢? 给出一个实用的规则:哪个变量变化快哪个取对数。图 3-6 显然 GDPS 变化快,所以 GDPS 取对数,即使用对数-线性模型。看 GDPS 的自然对数 $\log(GDPS)$ 与 T 的散点图(图 3-7)。

可以看出 $\log(GDPS)$ 与 T 确实是线性关系。建立对数—线性模型 $\log(GDPS) = a + bT$ 进行一元非线性回归(实际上进行的是 $\log(GDPS)$ 对 T 的线性回归)如下:

Dependent Variable：LOG(GDPS)

Method：Least Squares

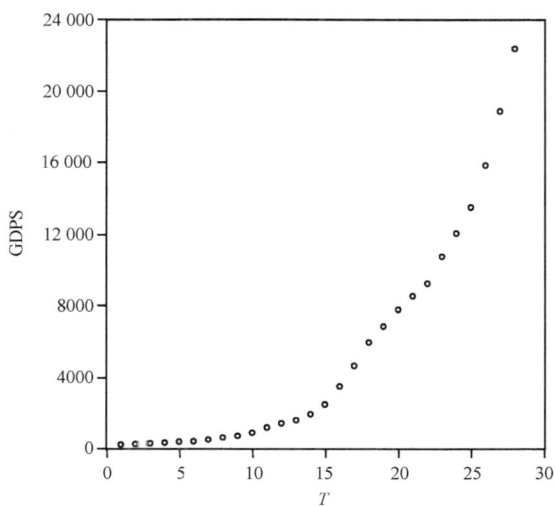

图 3-6

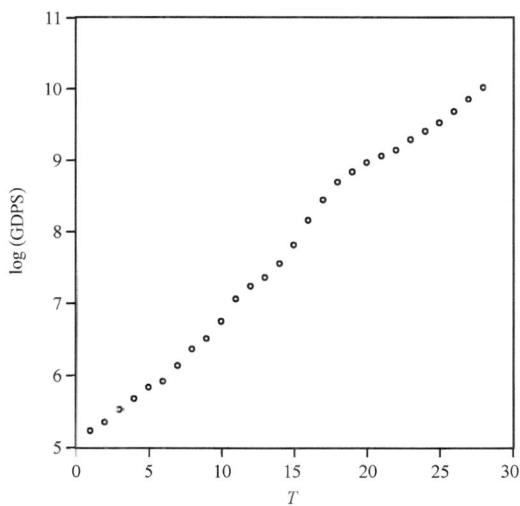

图 3-7

Date：08/19/07　Time：19：09

Sample：1978 2005

Included observations：28

	Coefficient	Std. Error	t-Statistic	Prob.
T	0.188580	0.003709	50.84394	0.0000

C	4.950746	0.061562	80.41821	0.0000
R-squared	0.990043	Mean dependent var		7.685149
Adjusted R-squared	0.989660	S. D. dependent var		1.559032
S. E. of regression	0.158535	Akaike info criterion		−0.776936
Sum squared resid	0.653466	Schwarz criterion		−0.681778
Log likelihood	12.87710	Hannan-Quinn criter.		−0.747845
F-statistic	2585.106	Durbin-Watson stat		0.198218
Prob(F-statistic)	0.000000			

得到回归方程：

$$\log(\mathrm{GDPS}) = 0.1885795351 * T + 4.95074562823$$

显然，比下面的 GDP 对 T 的线性回归有很大的改善。

Dependent Variable：GDPS

Method：Least Squares

Date：08/19/07　Time：03:23

Sample：1978 2005

Included observations：28

	Coefficient	Std. Error	t-Statistic	Prob.
T	690.5532	64.98349	10.62659	0.0000
C	−4570.094	1078.609	−4.237028	0.0003
R-squared	0.812848	Mean dependent var		5442.928
Adjusted R-squared	0.805650	S. D. dependent var		6300.570
S. E. of regression	2777.617	Akaike info criterion		18.76532
Sum squared resid	2.01E+08	Schwarz criterion		18.86048
Log likelihood	−260.7145	Hannan-Quinn criter.		18.79441
F-statistic	112.9245	Durbin-Watson stat		0.113183
Prob(F-statistic)	0.000000			

用这个一元非线性回归方程重新预测 GDPS，预测值放在序列 GDPSFF 中，打开可以看到，也列出原预测值加以比较。

从预测数据（表 3-1）可以看出预测结果也有很大的改善。

表 3-1

obs	GDPSFF	GDPSF
2006	33508.42	15455.95
2007	40462.53	16146.50
2008	48859.85	16837.06
2009	58999.88	17527.61
2010	71244.31	18218.16

二、增长模型的估计

根据广东数据,如果仅知财政收入 CS 的数据,又要预测 CS,可用 CS 对趋势变量 T 进行回归分析。看 CS 和 T 的散点图(图 3-8)。

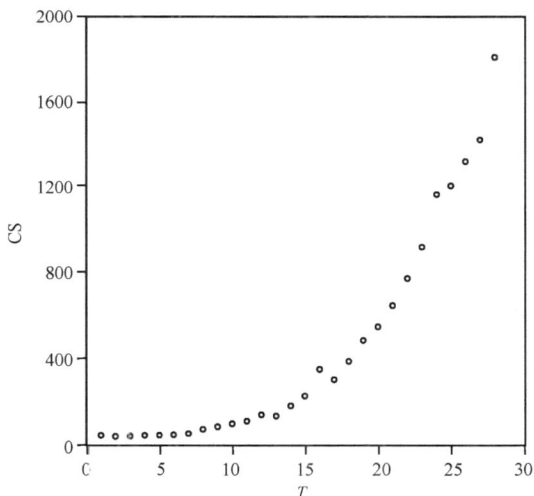

图 3-8

根据上面给出的规则,应该 CS 取对数建立对数-线性模型,为了估计 CS 的增长率,建立增长模型为 $\text{CS}_t = a\,(1+r)^t\,e^{u_t}$,这里的参数 r 就是 CS 的增长率。

令 $b_0 = \ln a$,$b_1 = \ln(1+r)$;模型可表示为:$\ln \text{CS}_t = b_0 + b_1 t + u_t$
对此模型进行非线性回归如下:

Dependent Variable:LOG(CS)

Method:Least Squares

Date:08/19/07　Time:19:33

Sample:1978 2005

Included observations:28

	Coefficient	Std. Error	t-Statistic	Prob.
T	0.159151	0.003886	40.95545	0.0000
C	3.061611	0.064500	47.46694	0.0000
R-squared	0.984736	Mean dependent var		5.369302
Adjusted R-squared	0.984149	S. D. dependent var		1.319281
S. E. of regression	0.166099	Akaike info criterion		−0.683715
Sum squared resid	0.717312	Schwarz criterion		−0.588558
Log likelihood	11.57201	Hannan-Quinn criter.		−0.654625
F-statistic	1677.349	Durbin-Watson stat		0.670889
Prob(F-statistic)	0.000000			

得到回归方程

$$\log(CS) = 0.159151106282 * T + 3.06161080381$$

根据 $b_0 = \ln a = 3.061611, b_1 = \ln(1+r) = 0.159151$ 解出

$a = 21.36, r = 0.1725$。得到估计的增长模型为

$$CS_t = 21.36(1 + 0.1725)^t$$

广东财政收入 CS 的年平均增长率为 17.25 %。

三、科布-道格拉斯生产函数的估计

在实验三的多元线性模型的估计和检验中,建立了广东不变价 GDP(GDPB)的生产函数,但是线性函数。考虑不变价 GDP(GDPB)与不变价资本存量 ZC 和从业人员 RY 的对数线性关系,看 lcg(GDPB)分别与 log(ZC)和 log(RY)的散点图(图 3-9 和图 3-10)。

从散点图看,可以建立对数线性模型,这就是著名的科布-道格拉斯生产函数,

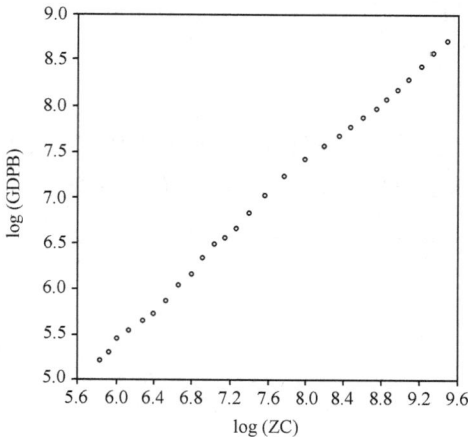

图 3-9

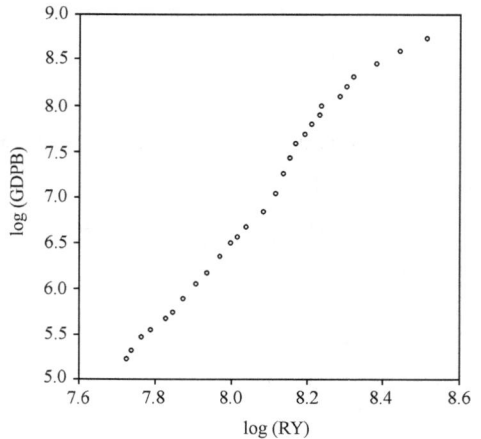

图 3-10

模型如下：

$$GDPB_t = a\ ZC_t^{\alpha}\ RY_t^{\beta}\ e^{u_t}$$

令 $b_0 = \ln a$ ，模型可表示为

$$\ln GDPB_t = b_0 + \alpha \ln ZC_t + \beta \ln RY_t + u_t$$

进行二元非线性回归如下：

Dependent Variable：LOG(GDPB)

Method：Least Squares

Date：08/19/07　Time：21：46

Sample：1978 2005

Included observations：28

	Coefficient	Std. Error	t-Statistic	Prob.
LOG(ZC)	0.776165	0.063001	12.31988	0.0000
LOG(RY)	0.875394	0.331812	2.638224	0.0141
C	−6.034101	2.208813	−2.731829	0.0114
R-squared	0.937801	Mean dependent var		6.951060
Adjusted R-squared	0.937625	S. D. dependent var		1.100552
S. E. of regression	0.053638	Akaike info criterion		−2.912148
Sum squared resid	0.071927	Schwarz criterion		−2.769411
Log likelihood	43.77007	Hannan-Quinn criter.		−2.868512
F-statistic	5670.844	Durbin-Watson stat		0.307516
Prob(F-statistic)	0.000000			

得到回归方程

$$\log(GDPB) = 0.776164551304 \times \log(ZC) + 0.875393769679 \times \log(RY)$$
$$- 6.034109825$$

变换回科布-道格拉斯生产函数为

$$GDPB_t = 0.002396 ZC_t^{0.7762}\ RY_t^{0.8754}$$

第 4 章　自 相 关 性

我们考虑放松古典线性回归模型的假设之一,总体回归函数的扰动项 u_i 无序列相关或自相关。在存在自相关的情况下,普通最小二乘法估计量,尽管是线性的和无偏的,但却不是有效的。也即它们不是最优线性无偏估计量。本章重点讨论自相关问题,在此假设 CLRM 中的其他假定保持不变。

第 1 节　自相关的性质

自相关一词可以定义为,"在时间(如在时间序列数据中)或者空间(如在横截面数据中)按顺序所列观察值序列的各成员间存在着相关"。自相关问题通常是与时间序列数据有关(也即数据按照时间顺序排列)。根据上述定义,在横截面数据中也可能产生自相关问题,这种情况下,称为空间相关。

在古典线性回归模型中假定在扰动项 u_i 中不存在自相关。用符号表示为

$$E(u_i u_j) = 0, i \neq j$$

也就是说,两个不同误差项 u_i 和 u_j 的乘积的期望为零。简单地说,古典模式假定任一观察值的扰动项不受其他观察值的扰动项的影响。

如果存在这种依赖关系,便产生了自相关问题。用符号表示为

$$E(u_i u_j) \neq 0, \quad i \neq j$$

产生自相关有许多原因,其中几个如下。

(1) 惯性。

大多数经济时间序列的一个显著特征就是惯性或者说是迟缓性。众所周知,时间序列,例如国民生产总值、就业、货币供给、价格指数等,都呈现商业循环(在经济活动中重复发生或者自我维持波动)。当经济恢复开始时,由萧条的底部开始,大多数的经济序列向上移动。在向上移动的过程中,序列某一时点的值会大于其前期值。这里有一种"动力"存在,继续向上,直到某些事件发生(例如税收的增加或者利率的提高或者两者同时增加)才使序列移动减慢下来。因此,在涉及时间系列数据的回归方程中,连续的观察值之间很可能是相关的。

(2) 模型设定误差。

有时候自相关的发生并不是因为连续观察值之间相关,而是由于回归模型没有"正确的"设定。模型的不恰当设定意味着或是由于本应包括在模型中的重要变量未包括进模型中(这是过低设定的情形),或是模型选择了错误的函数形式,本应

该使用对数线性模型但却用了线性变量模型。如果发生这样的模型设定误差,则从不正确的模型中得到的残差将会呈现系统模式。一个简单的检验方法是将略去的变量包括到模型中,判定残差是否仍然呈现系统模式。如果它们并不存在着显著模式,那么系列相关可能是由于模型设定的错误。

(3) 蛛网现象。

许多农产品的供给都呈现出所谓的蛛网现象,即供给对价格的反应滞后了一个时期,因为供给决策的实现需要一定的时间。

(4) 数据加工。

在实证分析中,通常原始数据是要经过加工的。例如,在季度数据的时间序列回归中,数据通常是通过月度数据推导而来的,即将 3 个月的数据简单加总并除以 3。这样平均的结果,消除了月度数据的波动性,而这种"平滑"过程本身就可能导致扰动项的系统模式,从而引入自相关。

第 2 节　自相关的后果

自相关模型使用 OLS 法导致的后果:

(1) 最小二乘估计量仍然是线性的和无偏的。

(2) 但却不是有效的。即所用的普通最小二乘估计量并不是最优线性无偏估计量。

(3) OLS 估计量的方差是有偏的。有时候,用来计算方差和 OLS 估计量标准差的公式会严重低估真实的方差和标准差,从而导致 t 值变大。这会使得从表面上看某个系数显著不为零,但是事实却并非如此。

(4) 因此,通常所用的 t 检验和 F 检验一般来说是不可靠的。

(5) 计算得到的误差方差 $\hat{\sigma}$,是真实 σ^2 有偏估计量,在有些情形下,它很可能是低估了真实的 σ^2。

(6) 因此,通常计算的 R^2 不能测度真实 R^2。

(7) 通常计算的预测的方差和标准差可能也是无效的。

自相关产生的后果是严重的,在具体的应用中,我们必须确定我们是否存在自相关问题。

第 3 节　自相关的诊断

我们并不知道误差的 σ^2 的真实值,因为真实的 u_i 是无法观察的。还有就是,我们不但不知道真实的 u_t 是什么,而且如果它们是相关的,我们也不知道其产生机制,我们仅仅有它们的替代物 e_t。因此,我们不得不根据从标准 OLS 法中得到

的 e_t 来"了解"自相关的存在与否。

1. 图形法

通过对 OLS 残差 e 的直观检验判断误差项 u 中是否存在自相关。有几种不同的检验残差方法。我们可以将残差对时间描图,这种图形称为时间序列图。也可将 t 时间的残差与滞后一期的残差值描图。

(1) 如图 4-1(a)图所示,扰动项的估计值呈循环型,并不频繁地改变符号,而是相继若干个正的以后跟着几个负的,表明存在正自相关。

(2) 如图 4-1(b)图所示,扰动项的估计值呈锯齿型,随时间逐次改变符号,表明存在负自相关。

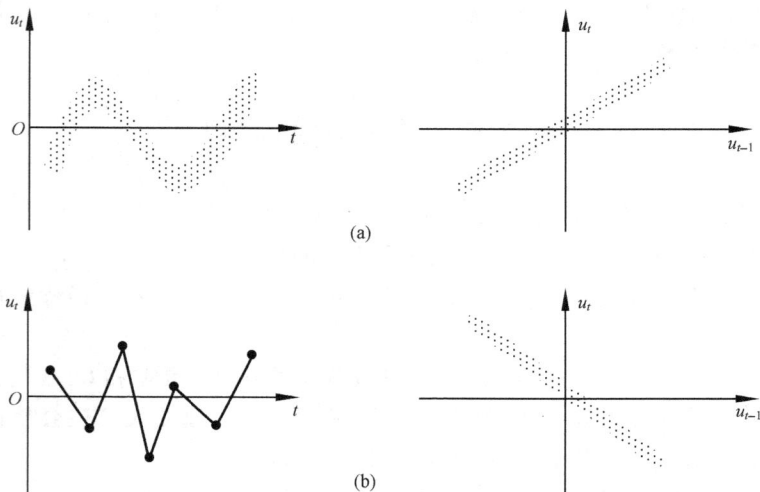

图 4-1

2. Dubin-Watson 检验

杜宾-沃森检验简称 D-W 检验,是诊断自相关最为著名的检验,它是由杜宾和沃森提出的,杜宾-沃森定义 d 统计量为

$$d = \frac{\sum_{t=2}^{n}(e_t - e_{t-1})^2}{\sum_{t=1}^{n}e_t^2}$$

它是逐次残差的平方和对残差平方和的比值。注意在 d 统计量分子的容量为 $(n-1)$,因为在求逐次差时失去一个观察值。

d 统计量的一个最大优点是简单易行,它以 OLS 残差为基础,而许多回归软件包都可以对残差进行计算。通常,统计结果在给出 R^2、调整的 R^2($\bar{R}^2$)、t 比例、F 比例等的同时,也给出杜宾-沃森 d 统计量。

注意作为 d 统计量最基础的一些假设是非常重要的:

(1) 回归模型包括一个截距项。因此,d 统计量无法用来判定那些通过原点的回归模型的自相关问题。

(2) 变量 X 是非随机变量,也就是说,在重复取样中是固定的。

(3) 扰动项 u_t 的产生机制是:$u_t = \rho u_{t-1} + v_t$ 　　$-1 \leqslant \rho \leqslant 1$

这表明在 t 时期内的扰动项或者说误差项依赖于它的第($t-1$)期的值以及一个纯粹的随机项(v_t),依赖过去值的程度是由 ρ 来测度。ρ 称为自相关系数,它介于 -1 和 1 之间。方程所描述的机制,称为马尔可夫一阶自回归或者简称为一阶自回归,通常标记为 AR(1)方案。自回归这一名称是恰当的,因为方程可以解释为 u_t 对其滞后一期值的回归。这里是一阶,因为只涉及 u_t 和它的上一期值,也就是说,最大间隔是一个时期。如果说模型是 $u_t = \rho_1 u_{t-1} + \rho_2 u_{t-2} + v_t$,则它将是 AR(2)或者说二阶自回归过程,如此等等。对于自相关,在实践中,AR(1)假设证明是非常有用的。

(4) 在回归方程中,并没有把应变量的滞后值作为解释变量。换言之,该检验对下面的模型是不适用的:$Y_t = b_0 + b_1 X_t + b_2 Y_{t-1} + u_t$,其中 Y_{t-1} 是应变量 Y 的一期滞后值。

我们可以证明对大样本来说,d 可以近似地表达为:$d \approx 2(1 - \hat{\rho})$
并且

$$\hat{\rho} = \frac{\sum\limits_{t=2}^{n} e_t e_{t-1}}{\sum\limits_{t=1}^{n} e_t^2}$$

即自相关系数的估计量。由于 $-1 \leqslant \rho \leqslant 1$,因此,上式包含如下关系

ρ 值	d 值(近似)
① $\rho = -1$(完全负相关)	$d = 4$
② $\rho = 0$(无自相关)	$d = 2$
③ $\rho = 1$(完全正相关)	$d = 0$

简言之,$0 \leqslant d \leqslant 4$,也就是说,计算的 d 值必然介于 0 与 4 之间。

根据以上讨论我们可以得出:如果计算的 d 值接近于零,则表明存在着正的自相关,如果接近于 4,则表明存在着负的自相关。d 值越接近于 2,则说明越倾向于无自相关。当然,这些只是很宽泛的临界点,当我们把计算的 d 值看作能够明确说明是正的、负的或无自相关的指标时,我们需要更为具体的临界值(图 4-2)。换言之,是否存在一个与 t 分布和 F 分布中那样的临界值,从而对自相关做明确

的判定？

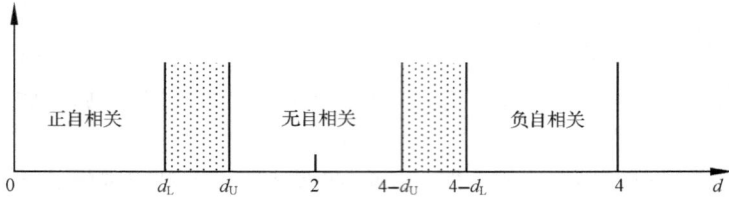

图 4-2

遗憾的是，与 t 分布或 F 分布不同，这里有两个而不是一个临界的 d 值。杜宾和沃森给出了下限 d_L 和上限 d_U，所以，如果根据方程计算出的 d 值位于这些界限之外，我们便可以断定是否存在正的或负的序列相关。这些上限和下限，或者说上临界值和下临界值取决于观察值的个数 n 和解释变量的个数 k。n 可取到从 $6\sim200$；k 最大可达 20，杜宾和沃森已经给出了在 1% 和 5% 的显著水平下的 D-W 表。

D-W 检验的步骤如下：

(1) 进行 OLS 回归并获得残差 e_t。

(2) 根据方程计算 d 值。大多数计算软件已能够实现。

(3) 给定样本容量及解释变量的个数，从 D-W 表中查到临界的 d_L 和 d_U。

(4) 按照规则进行判定，判定规则如下。

零假设	决策	条件
无正的自相关	拒绝	$0 < d < d_L$
无正的自相关	无法决定	$0 \leqslant d \leqslant d_U$
无负的自相关	拒绝	$4 - d_L < d < 4$
无负的自相关	无法决定	$4 - d_U \leqslant d \leqslant 4 - d_L$
无正的或者负的自相关	不拒绝	$d_U < d < 4 - d_U$

从 D-W 表中可以看到，对于 $n = 20, k = 1$，在 5% 的显著水平下：$d_L = 1.201$ 和 $d_U = 1.411$。

尽管 d 检验运用的十分广泛，然而它的一个缺陷是：如果计算得到的 d 值落入非决策区域或者说是盲区，那么我们就无法做出是否存在自相关的结论。为了解决这一问题，一些学者提出了对 d 检验的修正方案。如果 d 检验本身所需条件都不满足的话，那么就无法使用这种检验方法了。

第 4 节 补 救 措 施

由于序列相关可能导致非常严重的后果，因此，如果根据前面讨论的诊断检验发现存在自相关问题,则有必要寻找一些补救措施。补救措施取决于我们对误差项 u_t 相互依赖的性质的了解。为了使讨论尽可能地简单,我们仍以一元模型为例

$$Y_t = b_0 + b_1 X_t + u_t$$

假设误差项服从 AR(1) 过程:

$$u_t = \rho u_{t-1} + v_t, \quad -1 \leqslant \rho \leqslant 1$$

其中,v 满足 OLS 假定,并且是已知的。

现在如果我们能够对模型作变换,使得变换后模型的误差项是序列独立的,然后再用 OLS 法进行估计,则得到最优线性无偏估计量,当然 CLRM 的其他假定也需要满足。

为了弄清楚如何使变换后模型的误差项不具有自相关性,我们将回归方程中的变量滞后一期,写为

$$Y_{t-1} = b_0 + b_1 X_{t-1} + u_{t-1}$$

方程的两边同时乘以 ρ,得到

$$\rho Y_{t-1} = \rho b_0 + \rho b_1 X_{t-1} + \rho u_{t-1}$$

现在将两方程相减,得到

$$(Y_t - \rho Y_{t-1}) = b_0(1-\rho) + b_1(X_t - \rho X_{t-1}) + v_t$$

由于方程中的误差项 v_t 满足标准 OLS 假定,方程就是一种变换形式,使得变换后的模型无序列相关。如果我们将方程写成

$$Y_t^* = b_0^* + b_1 X_t^* + v_t$$

其中,$Y_t^* = (Y_t - \rho Y_{t-1})$,$X_t^* = (X_t - \rho X_{t-1})$,$b_0^* = b_0(1-\rho)$。

对变换后的模型使用 OLS 法,因而获得的估计量具有 BLUE 性质。同时需要指出的是:对变换后的模型使用 OLS 得到的估计量称为广义最小二乘(GLS)估计量。

我们将方程称为是广义差分方程。广义差分方程包括 Y 对 X 的回归,不是用原来的形式,而是以差分的形式。差分形式是通过将变量的当期值减去前期值的一个比例(=ρ)而得到的。在这个差分过程中,由于第一个观察值没有前期值而丢失一个观察值,为了避免丢失这个观察值,可以对 Y 和 X 的第一个观察值作如下变换

$$Y_1^* = \sqrt{1-\rho^2}\, Y_1$$

$$X_1^* = \sqrt{1-\rho^2}\, X_1$$

在实践中,如果样本容量很大,则无需进行这个变换,此时有 $n-1$ 个观察值。

对于广义差分方程有几点需要指出:首先,这里我们考虑的仅仅是一元模型,但是这种差分变换可以推广到多个解释变量的情形。其次,到目前为止,我们仅仅假设了 AR(1),但是差分变换可以很容易地推广到更高阶,例如 AR(2),AR(3),

等等;在变换过程中并不涉及新的问题,只不过计算复杂了一些。

看起来广义差分方程中的自相关问题已经有了"解决方法"。不过我们还有一个问题:要成功的应用差分过程,必须知道真实的自相关参数。当然,它是未知的。为了利用方程,我们必须通过一些方法来估计未知的。

第5节　如何估计

一、$\rho = 1$:一阶差分法

既然 ρ 介于 0 和 ±1 之间,所以在广义差分方程中假设可以取 −1 到 +1 之间的任何值。在应用计量经济学中,广泛采用 $\rho = 1$;也就是说,误差项之间是完全正自相关的,这对一些经济时间序列来说可能是正确的。如果可以接受这个假设,则广义差分方程就变为一阶差分方程:

$$(Y_t - Y_{t-1}) = b_1(X_t - X_{t-1}) + v_t$$

或

$$\Delta Y_t = b_1 \Delta X_t + v_t$$

其中,Δ 是一阶差分算子。在估计方程时,首先需要对被解释变量和解释变量同时求差分,然后再对变换后的模型进行回归。

注意一阶差分方程的一个重要特征:模型中没有截距。因此,为了估计方程,需要用通过原点的模型。很自然,在这种情形下,我们无法直接估计出截距项(但是注意 $\hat{b}_0 = \bar{Y} - \hat{b}_1 \bar{X}$)。

需要牢记的是:一阶差分变换是明确地建立在 $\rho = 1$ 这一假定之上的。如果情况不是这样,则不提倡使用这一变换。

二、从杜宾-沃森 d 统计量中估计

前面已建立了 d 与之间的近似关系:$d = 2(1 - \hat{\rho})$
则有

$$\hat{\rho} = 1 - d/2$$

既然 d 统计量可由大多数回归软件包计算出来,那么,我们可以根据上式很容易地得到 ρ 的近似估计值。

一旦估计出值,我们就可以将其应用于广义差分方程。虽说这种方法很容易使用,但只有当样本容量很大时才能得到较理想的值。对于小样本,有另一种估计方法。

三、从 OLS 残差 e_t 中估计 ρ

回顾一阶自回归:$u_t = \rho u_{t-1} + v_t$,由于 u 是无法直接观察得到,我们可以用相对应的样本误差 e 代替,并进行如下回归:$e_t = \hat{\rho} e_{t-1} + v_t$。其中 $\hat{\rho}$ 是 ρ 的估计量。统计理论表明,尽管对小样本而言,$\hat{\rho}$ 是真实 ρ 的有偏估计量,但是随着样容量的增加,这个偏差会逐渐消失。因此,如果样本容量足够大,可以利用从方程中得到的 $\hat{\rho}$,并用它对数据进行变换。方程的一个优点在于它简单易行,因为我们利用常用的 OLS 法就可以获得残差。顺便提及,Cochrane - Orcutt 迭代法又完善了上述方法。Cochrane - Orcutt 迭代法这个方法是一系列的迭代过程,每一次迭代产生的估计都比前一次迭代的估计更好一些。它用到是相邻时刻误差项间的相关系数这一概念。

实验五　自相关模型的检验和处理

实验目的:掌握自相关模型的检验和处理方法。
实验要求:熟悉图形法检验和掌握 D-W 检验,理解广义差分变换和掌握迭代法。
实验原理:图形法检验和 D-W 检验,广义差分变换、迭代法和广义最小二乘法
　　　　　(GLS)。
实验步骤:

一、图形法检验

在实验二的一元线性回归模型的估计中,根据广东数据把 CS 作为应变量,GDPS 作为解释变量;CZ 作为应变量,CS 作为解释变量;SLC 作为应变量,GDPS 作为解释变量进行了三个一元线性回归,现在对它们进行图形法检验。图形法检验,即可根据残差项 e_t 的趋势图判定,亦可根据 e_t 与 e_{t-1} 的散点图判定。在进行完回归以后,内存中就产生一个序列 RESID,它就是残差项组成的序列,可使用。

1. CS 对 GDPS 回归的残差趋势图和残差散点图(图 4-3)

从图上看 CS 对 GDPS 回归的残差有一定的自相关。

2. CZ 对 CS 回归的残差趋势图和残差散点图(图 4-4)

从图上看 CZ 对 CS 回归的残差应该没有自相关。

3. SLC 对 GDPS 回归的残差趋势图和残差散点图(图 4-5)

从图上看 SLC 对 GDPS 回归的残差有很强的自相关。

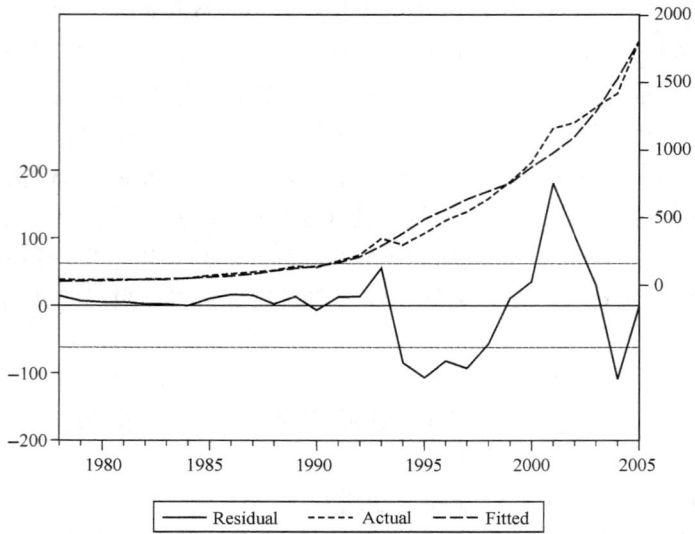

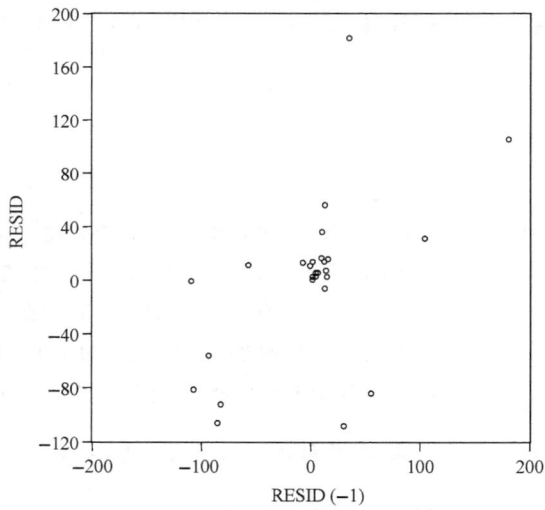

图 4-3

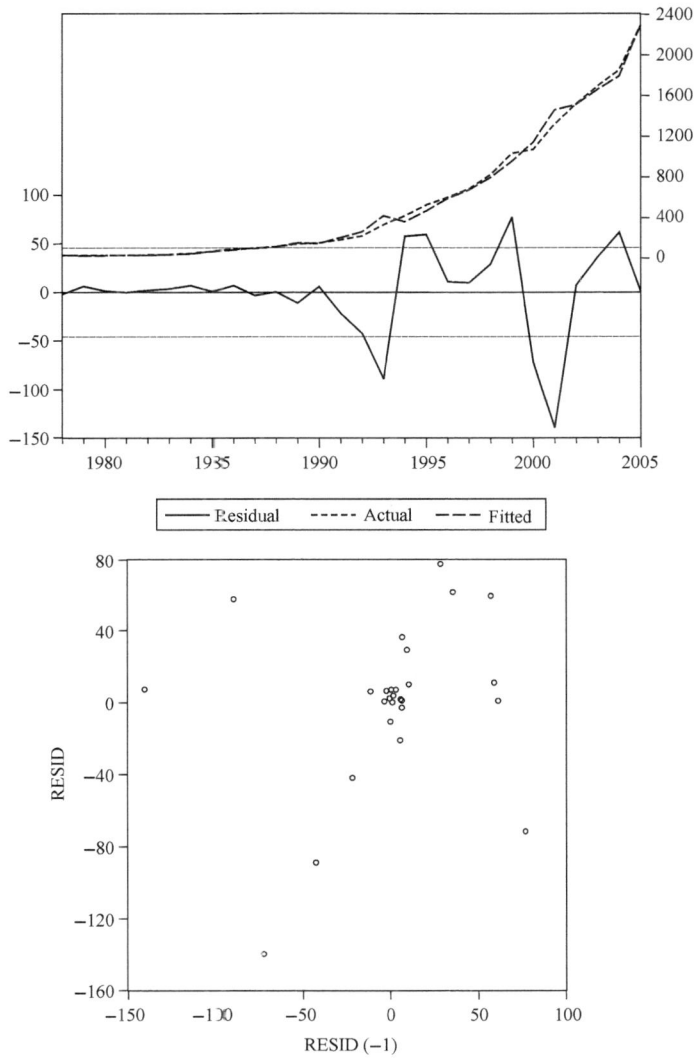

图 4-4

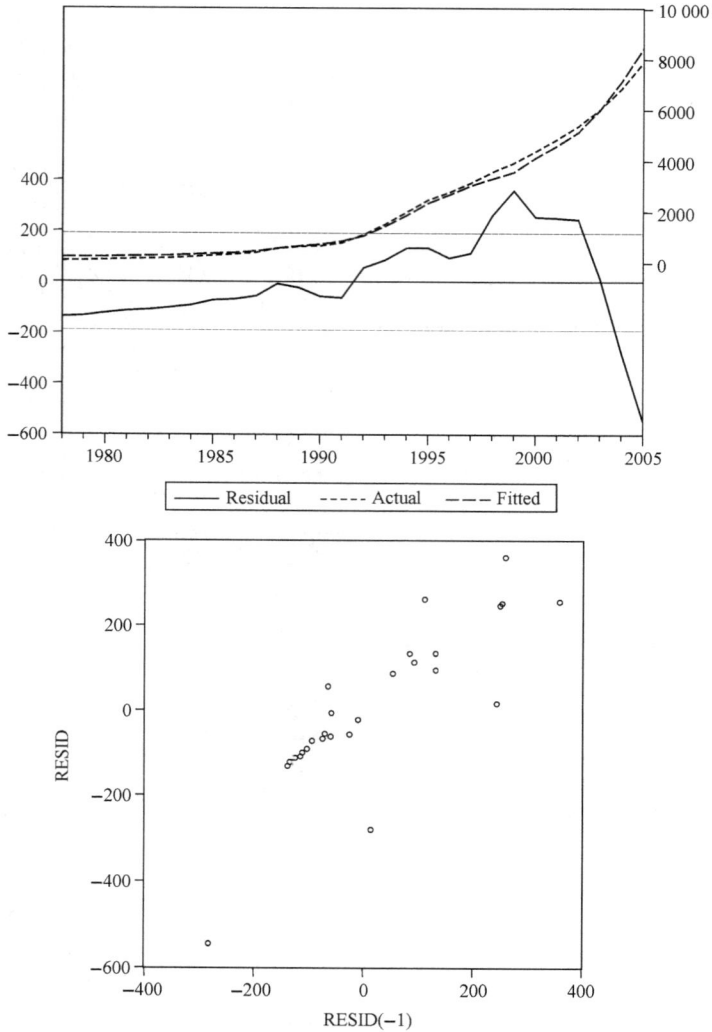

图 4-5

　　在实验四的一元非线性模型的估计中，log(CS)对 T 回归的残差趋势图和残差散点图为图 4-6。

　　从图上看 log(CS)对 T 回归的残差也有较强的自相关。

　　图形法检验的优点是很直观，佢缺点是不易看出，所以检验自相关主要还是用下面的解析的方法。

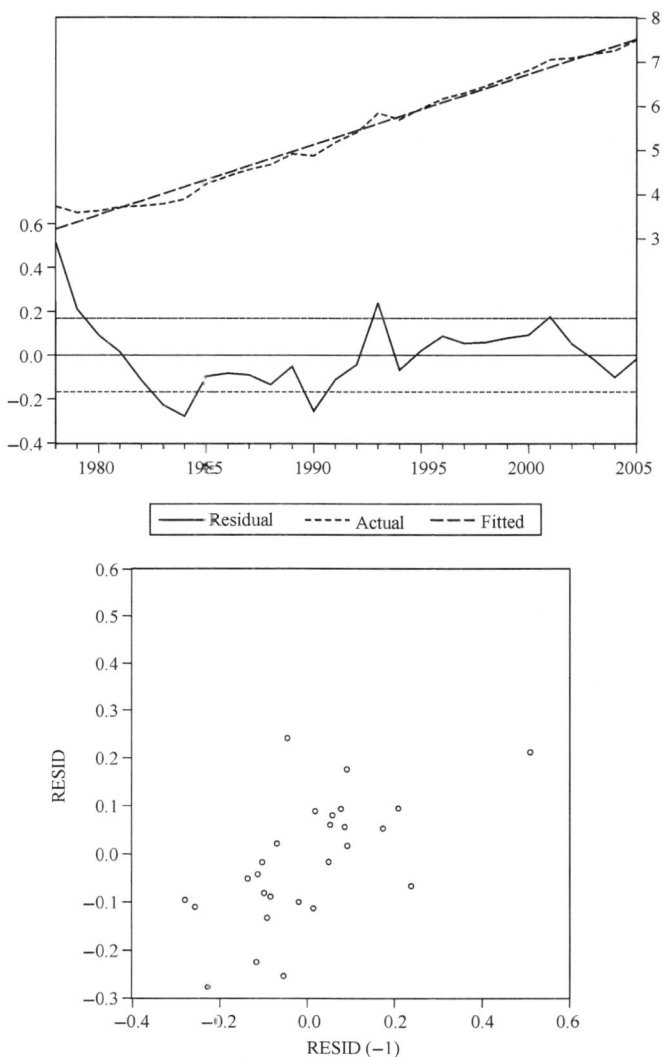

图 4-6

二、D-W 检验

对所有做过的回归方程进行自相关的 D-W 检验。在实验四的一元线性回归模型的估计中,根据广东数据把 CS 作为应变量,GDPS 作为解释变量;CZ 作为应变量,CS 作为解释变量;SLC 作为应变量,GDPS 作为解释变量进行了三个一元线性回归,现在对它们进行 D-W 检验。在实验五的一元线性回归模型的检验和结果报告中,已经把这三个一元线性回归的结果报告出来了,这三个报告为

$$CS = 12.50960 + 0.080296 * GDPS$$

$$(15.58605) \quad (0.001891)$$

$$(0.802615) \quad (42.45297)$$

$$R^2 = 0.985779 \quad SE = 7732.823 \quad DW = 0.942712 \quad F = 1802.255$$

$$CZ = -22.68073 + 1.278874 * CS$$

$$(11.61500) \quad (0.017267)$$

$$(-1.952710) \quad (74.06285)$$

$$R^2 = 0.995282 \quad SE = 45.71859 \quad DW = 1.554922 \quad F = 5485.306$$

$$SLC = 148.6962 + 0.370241 * GDPS$$

$$(48.01944) \quad (0.005827)$$

$$(3.096584) \quad (63.53578)$$

$$R^2 = 0.993600 \quad SE = 190.7780 \quad DW = 0.293156 \quad F = 4036.795$$

从这三个报告可以一目了然地看出,第一个方程的 D-W 值偏近 0,存在自相关;第二个方程的 D-W 值接近 2,不存在自相关;第三个方程的 D-W 值接近 0,存在很强的自相关。

所有做过的其他回归方程根据 D-W 检验有些存在自相关,有些不存在自相关,有些不能确定,还有一些不符合检验的条件。比如,根据广东数据估计的 SE 对 GDPS 的回归方程结果为:

Dependent Variable：SE

Method：Least Squares

Date：08/19/07　Time：01：53

Sample：1978 2005

Included observations：28

	Coefficient	Std. Error	t-Statistic	Prob.
GDPS	0.144370	0.001615	89.37463	0.0000
R-squared	0.994026	Mean dependent var		786.9868
Adjusted R-squared	0.994026	S. D. dependent var		911.2693
S. E. of regression	70.43554	Akaike info criterion		11.38233
Sum squared resid	133951.4	Schwarz criterion		11.42991
Log likelihood	−158.3527	Hannan-Quinn criter.		11.39688
Durbin-Watson stat	0.612449			

其 D-W 值接近于 0,是否能够判定存在自相关,还不能。为什么?因为 D-W 检验要求带常数项。难道对此就不能够进行检验了吗?不是的,要检验很简单,只要带上常数项再检验就行了。带上常数项进行回归结果如下:

Dependent Variable：SE
Method：Least Squares
Date：08/20/07　Time：00:31
Sample：1978 2005
Included observations：28

	Coefficient	Std. Error	t-Statistic	Prob.
GDPS	0.144200	0.002192	65.78934	0.0000
C	2.114675	18.06181	0.117080	0.9077
R-squared	0.994023	Mean dependent var		786.9868
Adjusted R-squared	0.993799	S. D. dependent var		911.2693
S. E. of regression	71.75837	Akaike info criterion		11.45324
Sum squared resid	133380.9	Schwarz criterion		11.54839
Log likelihood	−158.3453	Hannan-Quinn criter.		11.48233
F-statistic	4328.237	urbin-Watson stat		0.611030
Prob(F-statistic)	0.000000			

　　显然可以看出还是存在很严重的自相关。有同学可能会说,我不要带常数项的回归,怎么办? 很简单,再云掉常数项就行了。带上常数项仅仅为了检验和处理自相关。

　　所有做过的其他回归方程根据 D-W 检验存在严重自相关的回归还有一个,即在实验四的一元非线性模型的估计中,根据广东数据 log(GDPS) 对 T 的回归结果。它的结果如下：

Dependent Variable：LOG(GDPS)
Method：Least Squares
Date：08/19/07　Time：19:09
Sample：1978 2005
Included observations：28

	Coefficient	Std. Error	t-Statistic	Prob.
T	0.188580	0.003709	50.84394	0.0000
C	4.950746	0.061562	80.41821	0.0000
R-squared	0.990043	Mean dependent var		7.685149
Adjusted R-squared	0.989660	S. D. dependent var		1.559032
S. E. of regression	0.158535	Akaike info criterion		−0.776936
Sum squared resid	0.653466	Schwarz criterion		−0.681778
Log likelihood	12.87710	Hannan-Quinn criter.		−0.747845
F-statistic	2585.106	Durbin-Watson stat		0.198218

Prob(F-statistic)	0.000000	

通过上面实验的自相关模型的检验,发现根据广东数据 SLC 对 GDPS 的回归和 log(GDPS)对 T 的回归都存在严重的自相关,现在分别对它们进行处理。迭代法已经成为处理自相关模型的标准方法,在 EViews 中使用迭代法就是在解释变量中添入 AR 项,AR(1)是消除一阶自相关,AR(2)是消除二阶自相关,AR(1)和 AR(2)是消除一、二阶自相关,如此等。

三、SLC 对 GDPS 回归自相关的处理

在 SLC 对 GDPS 原回归中添入 AR(1)项,得回归结果如下:

Dependent Variable：SLC
Method：Least Squares
Date：08/20/07　Time：00:54
Sample（adjusted）：1979 2005
Included observations：27 after adjustments
Convergence achieved after 12 iterations

	Coefficient	Std. Error	t-Statistic	Prob.
GDPS	0.240291	0.034631	6.938634	0.0000
C	−712.1776	513.1442	−1.387870	0.1779
AR(1)	1.060777	0.027392	38.72645	0.0000
R-squared	0.999295	Mean dependent var		2241.080
Adjusted R-squared	0.999236	S. D. dependent var		2348.211
S. E. of regression	64.88908	Akaike info criterion		11.28767
Sum squared resid	101054.2	Schwarz criterion		11.43166
Log likelihood	−149.3836	Hannan-Quinn criter.		11.33049
F-statistic	17012.50	Durbin-Watson stat		1.067551
Prob(F-statistic)	0.000000			
Inverted AR Roots	1.06			

Estimated AR process is nonstationary

D-W 检验值由 0.293156 提高到 1.067551,还没有消除了自相关,继续处理:

Dependent Variable：SLC
Method：Least Squares
Date：08/20/07　Time：00:59
Sample（adjusted）：1980 2005
Included observations：26 after adjustments
Convergence achieved after 14 iterations

	Coefficient	Std. Error	t-Statistic	Prob.
GDPS	0.227124	0.042324	5.366357	0.0000
C	−863.1769	929.2543	−0.928892	0.3630
AR(1)	1.535140	0.186539	8.234941	0.0000
AR(2)	−0.503590	0.199972	−2.518301	0.0196
R-squared	0.999440	Mean dependent var		2323.710
Adjusted R-squared	0.999364	S. D. dependent var		2354.344
S. E. of regression	59.39227	Akaike info criterion		11.14684
Sum squared resid	77603.71	Schwarz criterion		11.34040
Log likelihood	−140.9090	Hannan-Quinn criter.		11.20258
F-statistic	13087.46	Durbin-Watson stat		1.717996
Prob(F-statistic)	0.000000			
Inverted AR Roots	1.06	.47		
Estimated AR process is nonstationary				

D-W 检验值达到 1.717996,消除了自相关。

没有消除和消除了自相关的回归方程分别为

SLC = 0.370241380274 * GDPS + 148.696223954

SLC = 0.227124192654 * GDPS − 863.176882154 +(AR(1)=1.5361,

　　　AR(2)=−0.5036)

四、log(GDPS)对 T 回归自相关的处理

在 log(GDPS)对 T 原回归中添入 AR(1)项,得回归结果如下:

Dependent Variable:LOG(GDPS)

Method:Least Squares

Date:08/20/07 Time:01:10

Sample (adjusted):1979 2005

Included observations:27 after adjustments

Convergence achieved after 4 iterations

	Coefficient	Std. Error	t-Statistic	Prob.
T	0.173513	0.035704	4.859801	0.0001
C	5.229131	1.119458	4.671128	0.0001
AR(1)	0.934273	0.091901	10.16609	0.0000
R-squared	0.997952	Mean dependent var		7.776268
Adjusted R-squared	0.997781	S. D. dependent var		1.510844

S. E. of regression	0.071167	Akaike info criterion	-2.343144
Sum squared resid	0.121553	Schwarz criterion	-2.199162
Log likelihood	34.63244	Hannan-Quinn criter.	-2.300330
F-statistic	5847.068	Durbin-Watson stat	0.888169
Prob(F-statistic)	0.000000		
Inverted AR Roots	0.93		

D-W 检验值也由 0.198218 提高到 0.888169,还没有消除自相关,继续处理:

Dependent Variable: LOG(GDPS)

Method: Least Squares

Date: 08/20/07   Time: 01:15

Sample (adjusted): 1980 2005

Included observations: 26 after adjustments

Convergence achieved after 3 iterations

	Coefficient	Std. Error	t-Statistic	Prob.
T	0.183936	0.011690	15.73461	0.0000
C	5.020003	0.214241	23.43160	0.0000
AR(1)	1.470687	0.166912	8.811131	0.0000
AR(2)	-0.613537	0.174363	-3.518737	0.0019
R-squared	0.998601	Mean dependent var		7.869818
Adjusted R-squared	0.998410	S. D. dependent var		1.458838
S. E. of regression	0.058174	Akaike info criterion		-2.710105
Sum squared resid	0.074454	Schwarz criterion		-2.516552
Log likelihood	39.23137	Hannan-Quinn criter.		-2.654369
F-statistic	5233.128	Durbin-Watson stat		1.920812
Prob(F-statistic)	0.000000			
Inverted AR Roots	0.74$-$.27i	0.74$+$0.27i		

D-W 检验值达到 1.920812,消除了自相关。

没有消除和消除了自相关的回归方程分别为

$$\log(GDPS) = 0.1885795351 * T + 4.95074562823$$

$$\log(GDPS) = 0.183935743608 * T + 5.02000286764$$
$$+ [AR(1) = 1.4707 AR(2) = -0.6135]$$

看似消除自相关很容易,有时确实如此,有时却很难。

第 5 章　异 方 差 性

古典线性回归模型的一个重要假设是进入总体回归方程的随机扰动项 u_i 同方差,也就是说,它们具有相同的方差 σ^2。如果不是这样,u_i 的方差为 σ_i^2,也即方差随观察值不同而异,这就是异方差性,或称非同方差。古典线性模型强调同方差假定,但在实际操作中我们无法保证这一假设总能够满足。

第 1 节　异方差的性质

为了更好地解释同方差和异方差的区别,我们来看一个一元线性回归模型,其中,应变量 Y 是个人储蓄,解释变量 X 是个人可支配收入或税后收入(PDI)。随着个人可支配收入的增加,储蓄的平均水平也增加,但是储蓄的方差在所有可支配收入水平上保持不变,这是同方差或者等方差情形。另一方面,尽管随着个人可支配收入的增加,平均储蓄水平也增加,但在各个 PDI 水平上,储蓄的方差并非保持而随着个人可支配收入的上升而增加。这就是异方差或者非同方差情形。换句话说,平均而言,高收入者比低收入者储蓄的多,但高收入者的储蓄变动也较大。这种情况在现实中不仅是可能的,而且我们只要稍稍看一下储蓄与收入统计数据,就很容易证实这一点。毕竟,对低收入者而言,他们能够剩下用作储蓄的收入是非常有限的。因此,在收入对储蓄的回归分析中,预期与高收入家庭有关的误差(也就是 u_i 的方差)的方差比与低收入家庭有关的误差的方差要大一些。

用符号表示异方差为

$$E(u_i^2) = \sigma_i^2$$

提醒注意 σ^2 的下标,表明 u_i 的方差不再是固定的,而是随着观察值的不同而变化。

研究人员发现,异方差问题多存在于横截面数据中而非时间序列数据。在横截面数据中,我们通常处理的是一定时间点上总体单位。

在实际中,我们很少能够观察到 u_i,因此,我们只能够处理 e_i。换句话说,通过对 e_i 进行图形检验,来推得有关 u_i 的图形。

第 2 节　异方差的后果

我们知道在古典线性回归模型的假设下,普通最小二乘法估计量是最优线性无偏估计量,也就是说,在众多线性无偏估计量中,最小二乘估计量具有最小方差性,它是有效估计量。现在假定我们解除同方差假定,允许扰动方差随观察值而异,但其他假定保持不变。下面给出异方差的后果。

(1) OLS 估计量仍然是线性的。

(2) OLS 也是无偏的。

(3) 但它们不再具有最小方差性。也就是说,它们不再是有效的。即使对大样本也如此。简言之,无论是小样本还是大样本,OLS 估计量都不再是最优线性无偏估计量。

(4) 根据常用估计 OLS 估计量方差的公式得到的方差通常是有偏的。先验地,我们无法辨别是正的偏差还是负的偏差。如果 OLS 高估了估计量的真实方差,则会产生正的偏差,而如果 OLS 低估了估计量的真实方差,则会产生负的偏差。

(5) 偏差的产生是由于 $\hat{\sigma}^2$,也即 $\hat{\sigma}^2$ 不再是真实 σ^2 的无偏估计量。

(6) 因此,建立在 t 分布和 F 分布之上的假设检验是不可靠的。如果仍用传统的假设检验方法,则有可能得出错误的结论。

异方差是一个潜在的严重问题,因为它可能破坏常用的 OLS 估计以及假设检验过程。因此,在具体的研究中,尤其是涉及横截面数据时,很重要的一点是首先要判断是否存在异方差问题。

第 3 节　如何知道存在异方差问题

尽管理论上容易列举异方差的后果,但对具体情况检验异方差问题却绝非易事。这一点容易理解,因为只有当我们有了与所选 X 相对应的整个 Y 总体时,才能知道 σ_i^2。然而,不幸的是,我们很少能够得知整个总体。更一般地,我们仅仅知道一个样本。典型地,我们仅有与给定变量 X 值相对应的单独的一个 Y 值。而根据单独的这个 Y 值无法确定对应于给定 X 值的 Y 的条件分布的方差。并没有严格的规则用来检验异方差,我们所有的只是一些检测工具,这些检测工具可以帮助我们检验异方差。下面介绍其中的一些检测工具。

一、残差的图形检验

在回归分析中,常常对拟合回归方程中的残差进行分析。将残差对其相应的观察值描图,或是对一个或多个解释变量描图,或是对估计的 Y_i 的均值 $\hat{Y}_i$ 描图。根据这样的残差图可以为我们判断古典线性回归模型中的一个或者多个假定是否满足提供线索,我们将简要地加以说明。

有时我们不是将残差对解释变量描图,而是将残差的平方 e_i^2 对解释变量描图。尽管 e_i^2 与 u_i^2 不同,它经常可以用它来替代后者,尤其对大样本。

　　假设现有一个包括多个变量的多元回归方程。那么我们该如何继续下去呢？最直观的方法是对每个变量描图，可能只有一个变量表现出某个模式。有时将 e_i^2 对 Y 的估计均值 $\hat{Y}_i$ 描图，而不是将与每个变量描图。

二、帕克(Park)检验

　　上面给出的图形检验比较直观，我们可以加以规范。如果存在着异方差，异方差方差 σ_i^2 能与一个或者多个解释变量系统相关。为了弄清楚情况是否果真如此，可以作 σ_i^2 对一个或者多个解释变量的回归。例如，在一元模型中，我们可以运行下面的回归方程：

$$\ln \sigma_i^2 = b_0 + b_1 \ln X_i + v_i$$

其中，v_i 是误差项。这就是帕克检验。这里所选择的特殊函数形式是为了方便起见。

　　回归方程是不可操作的，因为我们并不知道异方差方差 σ_i^2。如果知道的话，可以很容易解决异方差的问题。帕克建议用 e_i 来代替 u_i，运行如下回归方程

$$\ln e_i^2 = b_0 + b_1 \ln X_i + v_i$$

　　如何来获得 e_i^2 呢？我们可以从原始的回归方程中获得 e_i^2 的值。

　　帕克检验的步骤如下：

　　(1) 作普通最小二乘回归，不考虑异方差问题。

　　(2) 从原始回归方程中得残差 e_i，并求其平方，再取对数形式。

　　(3) 利用原始模型中的一个解释变量作形如上式的回归；如果有多个解释变量，则对每个解释变量都做形如上式的回归。或者 e_i^2 作对 Y 的估计值 $\hat{Y}_i$ 的回归。

　　(4) 检验零假设 $b_1 = 0$；也即不存在异方差。如果 $\ln e_i^2$ 和 $\ln X_i$ 之间是统计显著的，则拒绝零假设；存在异方差，在这种情况下需要采取一些补救措施。

　　(5) 如果接受零假设，则回归方程中的 b_0 可以解释为同方差 σ^2。

三、戈里瑟检验

　　戈里瑟(Glejser)检验实质上与帕克检验很相似。从原始模型中获得残差 e_i 之后，戈里瑟建议作 e_i 的绝对值 $|e_i|$ 对 X 的回归。戈里瑟建议的一些函数形式如下

$$|e_i| = b_0 + b_1 X_i + v_i$$

$$|e_i| = b_0 + b_1 X_i^2 + v_i$$

$$|e_i| = b_0 + b_1 \sqrt{X_i} + v_i$$

$$|e_i| = b_0 + b_1 \frac{1}{X_i} + v_i$$

　　每种情形的零假设都是不存在异方差，也即 $b_1 = 0$。如果零假设被拒绝，则表明可能存在着异方差。

第 4 节　补 救 措 施

在前面已经看到,异方差的存在并不破坏普通最小二乘法估计量的无偏性,但是估计量却不再是有效的,即使对大样本也是如此。缺乏有效性,就使通常假设检验程序的值不可靠。因此,如果怀疑存在异方差或者已经检测到了异方差的存在,则寻求补救的措施就很重要。

一、加权最小二乘法

我们考虑一元总体回归函数

$$Y_i = b_0 + b_1 X_i + u_i$$

假设误差 σ_i^2 是已知的,也就是说,每个观察值的误差是已知的。对模型作如下"变换":

$$Y_i/\sigma_i = b_0/\sigma_i + b_1 X_i/\sigma_i + u_i/\sigma_i$$

这里将回归等式的两边都除以"已知"的 σ_i。σ_i 是方差 σ_i^2 的平方根。
令

$$v_i = u_i/\sigma_i$$

我们将 v_i 称作是"变换"后的误差项。v_i 满足同方差吗? 如果是,则变换后的回归方程就不存在异方差问题了。假设古典线性回归模型中的其他假设均能满足,则方程中各参数的 OLS 估计量将是最优线性无偏估计量,我们就可以按常规的方法进行统计分析了。

证明误差项 v_i 同方差性并不困难。根据方程有

$$E(v_i^2) = E(u_i^2/\sigma_i^2) = E(u_i^2)/\sigma_i^2 = \sigma_i^2/\sigma_i^2 = 1$$

显然它是一个常量。简言之,变换后的误差项 v_i 是同方差的。因此,变换后的模型不存在异方差问题,我们可以用常规的 OLS 方法加以估计。

在实际估计回归方程中,你需要给计算机一个指令,将 Y 和 X 的每个观察值都除以"已知"的 σ_i,然后再对这些变换后的数据进行 OLS 回归(现在大多数计算机软件包都能够实现这一点)。由此获得的 b_0,b_1 的 OLS 估计量就称为加权最小二乘估计量;Y 和 X 的每个观察值都以其(异方差)标准差 σ_i 为权数(也就是说,除以 σ_i)。这种加权的过程就称为加权最小二乘法(WLS)。

二、σ_i^2 为未知时的情况

尽管从直观上看加权二乘法很简单,但有一个重要的问题:如何知道或者如何找出真实的误差方差 σ_i^2? 在计量经济学的研究中,有关误差方差的信息是极少的。因此,如果想要使用 WLS 方法,常借助于似乎可靠的关于 σ_i^2 的假设,把原来的回归模型变换为能够满足同方差假定的模型。然后才可以对变换后的模型运用

OLS 法,因为 WLS 只不过是对变换过的数据用 OLS 法。

当 σ_i^2 未知时,紧接着的一个实际问题就是,对于这个未知的误差方差我们要做何假设? 怎样才能应用 WLS 法? 在此,我们考虑一元模型所出现的几种可能情况;我们也很容易将其推广到多元回归的情形。

情形 1 :误差与 X_i 成比例:平方根变换。在用常规的 OLS 法估计之后,我们将回归所得的残差对解释变量 X 描图,如果观察到图案表明误差与解释变量 X 线性相关,或者说与 X 成比例。

也就是 $E(u_i^2)=c^2\,X_i$ 这表明误差方差与 X 成比例,或者说与 X_i 线性相关;常数(注意没有下标)是比例医子。在此假定下,将模型作如下变换:

$$\frac{Y_i}{\sqrt{X_i}}=b_0\,\frac{1}{\sqrt{X_i}}+b_1\,\frac{X_i}{\sqrt{X_i}}+\frac{u_i}{\sqrt{X_i}}$$
$$=b_0\,\frac{1}{\sqrt{X_i}}+b_1\,\sqrt{X_i}+v_i$$

其中 $v_i=u_i/\sqrt{X_i}$ 。也就是说,将模型的两边同时除以 X_i 的平方根。该方程就是平方根变换的一个例子。

很容易证明变形后的回归方程的误差方差 v_i 是同方差的,因此,我们可以应用 OLS 法来估计方程。事实上,这里我们正在使用 WLS 法。有一点需要特别指出,为了估计方程,我们必须使用过原点的回归进行估计。大多数标准回归软件包都能够做到这一点。

问题是如果模型中包括多个解释变量,情况又会怎样? 在这种情况下,我们可以使用任何一个解释变量将模型变换。比方说,我们可以根据图形找出合适的解释变量。但是如果有多个解释变量都可以的话,又会怎样呢? 在这种情况下,我们就不使用任何解释变量,而是利用估计的 Y_i 的均值 $\hat{Y}_i$ 作为变换变量,因为 $\hat{Y}_i$ 是解释变量 X 的线性组合。

情形 2:误差方差与 X_i^2 成比例。如果所估计的残差表明误差方差并不是与 X 线性相关,而是随着 X 的平方成比例增加。用符号表示 $E(u_i^2)=\sigma^2\,X_i^2$,在这种情况下,我们需将方程的两边都除以 X_i,而不是 X_i 的平方根,变换如下:

$$\frac{Y_i}{X_i}=b_0\,\frac{1}{X_i}+b_1+\frac{u_i}{X_i}$$
$$=b_0\,\frac{1}{X_i}+b_1+v_i$$

其中 $v_i=u_i/X_i$ 。按照前面的方法,很容易地验证方程中的误差项 v 是同方差的。因此,用 OLS 法估计方程,可以得到最优线性无偏估计量。

注意方程中的一个值得关注的特性:原始方程中的斜率系数现在变成了“截距”,而原始方程中的截距现在则变成了“斜率”系数。但这一变化仅仅只是为了估计,一旦我们估计出方程,将方程的两边同时乘以 X_i,则又回到了原始模型。

三、重新设定模型

除了"推测"σ_i^2 以外,有时我们重新设定总体回归函数,即选择一个不同的函数形式,这样也能够消除异方差。举例来说,如果我们不选择变量线性回归函数的形式,而是用对数形式来估计模型,这样也常常能够消除异方差。即如果我们估计:

$$\ln Y_i = b_0 + b_1 \ln X_i + u_i$$

在这个变换形式中的异方差问题也许就没那么严重,因为对数变换压缩了测定变量的尺度,从而把两个变量值间的 10 倍差异缩小为 2 倍差异。

实验六　异方差模型的检验和处理

实验目的:掌握异方差模型的检验和处理方法。

实验要求:熟悉图形法检验和掌握 Park 或 Glejser 检验,理解同方差性变换和掌握加权最小二乘法。

实验原理:图形法检验、Park 检验和 Glejser 检验,加权最小二乘法、同方差性变换和广义最小二乘法。

实验步骤:

一、图形法检验

广东数据是时间序列数据,在时间序列中异方差不是一个严重的问题。收集广东省 2005 年各市城镇居民人均可支配收入 X 和消费支出 Y 统计数据(以下简称收入消费数据)如表 5-1,把这些收入消费数据制成工作文件命名为 SRXF 存在盘中。这些收入消费数据是横断面数据,在横断面数据中异方差是一个严重的问题。在实验二的一元线性回归模型的估计中,根据广东数据把 CZ 作为应变量,CS作为解释变量进行了一元线性回归;在实验三的多元线性回归模型的估计和检验中,根据广东数据把固定资产折旧 ZJ 作为应变量,国内生产总值 GDPS 和时间 T 作

表 5-1　广东省 2005 年各市城镇居民人均可支配收入 X 和消费支出 Y 统计数据

市别	可支配收入 X/元	消费支出 Y/元	市别	可支配收入 X/元	消费支出 Y/元
广州	18287.24	14468.24	梅州	8842.84	6757.02
韶关	10908.36	8113.64	东莞	22881.80	21767.78
深圳	28665.25	21188.84	顺德	21015.03	18550.56
珠海	18907.73	14323.66	鹤山	11944.08	8296.43
汕头	12229.17	9505.66	廉江	7021.94	4632.69
佛山	17680.10	14485.61	电白	8241.21	6350.38
湛江	9867.36	7669.84	兴宁	7299.25	6463.37
肇庆	10097.20	7476.65	连州	9214.60	7294.93
惠州	15762.77	12651.95	普宁	7220.44	6317.03

为解释变量进行了二元线性回归;根据收入消费数据把消费支出 Y 作为应变量,

可支配收入 X 作为解释变量可以进行一元线性回归;现在对它们进行图形法检验。图形法检验,即可根据残差项 e_t 的趋势图判定,亦可根据 e_t^2 与解释变量的散点图判定。

对固定资产折旧与收入法国内生产总值和时间回归的 Glejser 检验、消费支出与可支配收入回归的 Glejser 检验可以类似进行检验。

1. CZ 对 CS 回归的残差趋势图和残差散点图

从图 5-1 看,CZ 对 CS 回归的残差存在异方差。

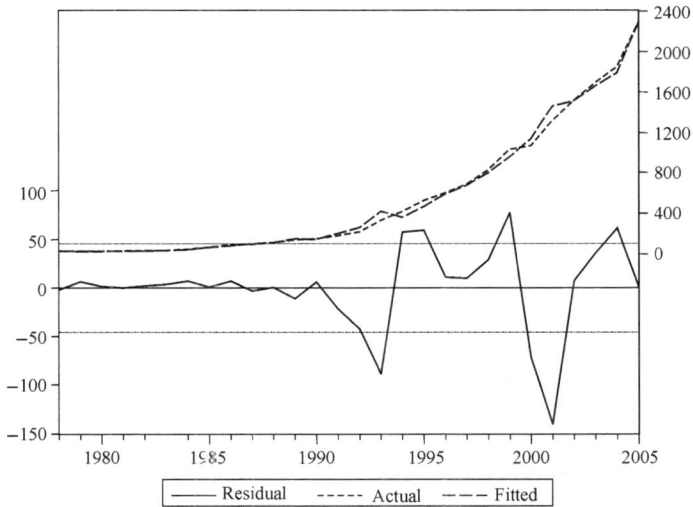

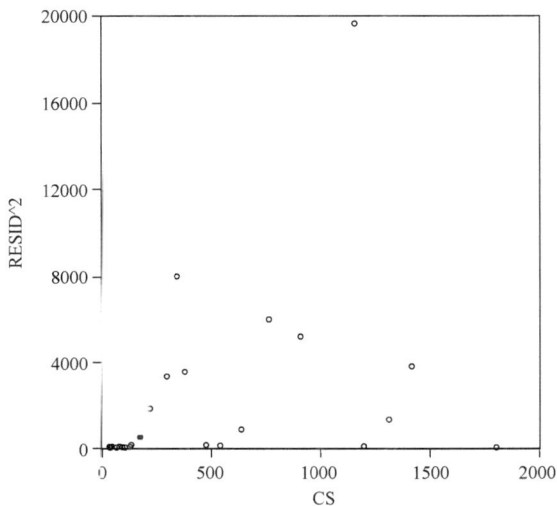

图 5-1

2. ZJ 对 GDPS 和 T 回归的残差趋势图和残差散点图

从图 5-2 看,ZJ 对 GDPS 和 T 回归的残差也存在异方差。

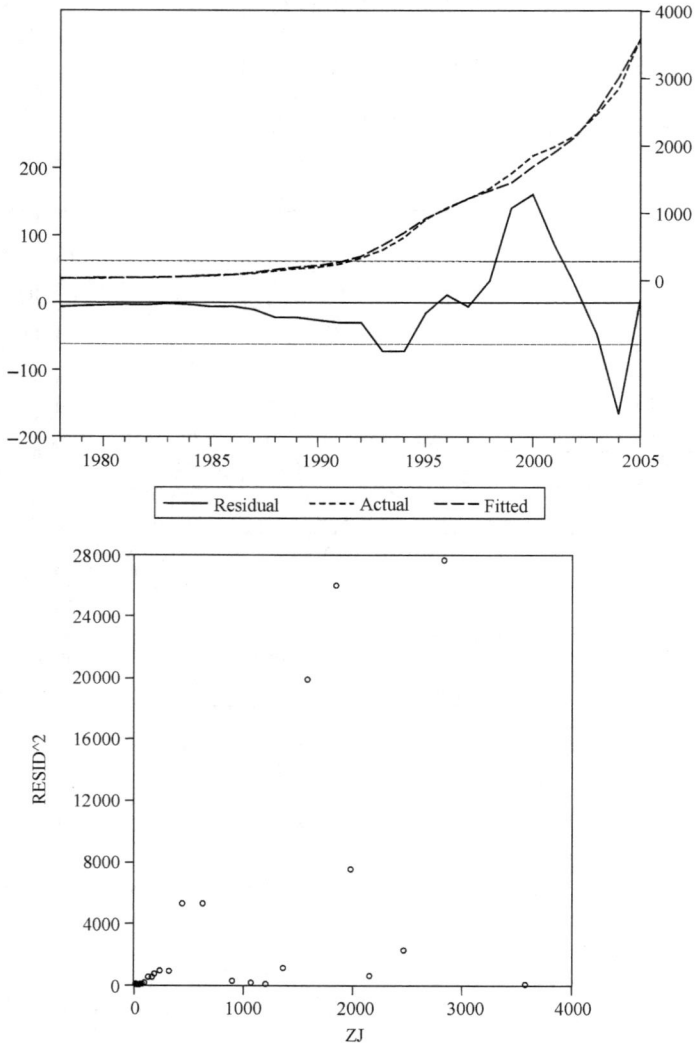

图 5-2

3. 消费支出 Y 对可支配收入 X 回归的残差趋势图和残差散点图

① 消费支出对可支配收入的回归。

原数据:

obs	Y	X
1	14468.24	18287.24
2	8113.64	10908.36
3	21188.84	28665.25
4	14323.66	18907.73
5	9505.66	12229.17
6	14485.61	17680.1
7	7669.84	9867.36
8	7476.65	10097.2
9	12651.95	15762.77
10	6757.02	8842.84
11	21767.78	22881.8
12	18550.56	21015.03
13	8296.43	11944.08
14	4632.69	7021.94
15	6350.38	8241.21
16	6463.37	7299.25
17	7294.93	9214.6
18	6317.03	7220.44

用 SORT 命令按 X 从小到大重排数据:

obs	Y	X
14	4632.69	7021.94
18	6317.03	7220.44
16	6463.37	7299.25
15	6350.38	8241.21
10	6757.02	8842.84
17	7294.93	9214.6
7	7669.84	9867.36
8	7476.65	10097.2
2	8113.64	10908.36
13	8296.43	11944.08
5	9505.66	12229.17
9	12651.95	15762.77
6	14485.61	17680.1
1	14468.24	18287.24

4	14323.66	18907.73
12	18550.56	21015.03
11	21767.78	22881.8
3	21188.84	28665.25

消费支出对可支配收入进行回归：

Dependent Variable：Y

Method：Least Squares

Date：08/27/07　Time：22：34

Sample：1 18

Included observations：18

	Coefficient	Std. Error	t-Statistic	Prob.
X	0.804208	0.018322	43.89382	0.0000
R-squared	0.953218	Mean dependent var		10906.35
Adjusted R-squared	0.953218	S. D. dependent var		5381.587
S. E. of regression	1163.989	Akaike info criterion		17.01105
Sum squared resid	23032792	Schwarz criterion		17.06051
Log likelihood	−152.0994	Hannan-Quinn criter.		17.01787
Durbin-Watson stat	1.389259			

② 回归的残差散点图。

由于数据不是按 X 从小到大排列,所以回归的残差趋势图检验无意义。回归的残差散点图为图 5-3。

从图 5-3 看消费支出对可支配收入回归的残差存在异方差。

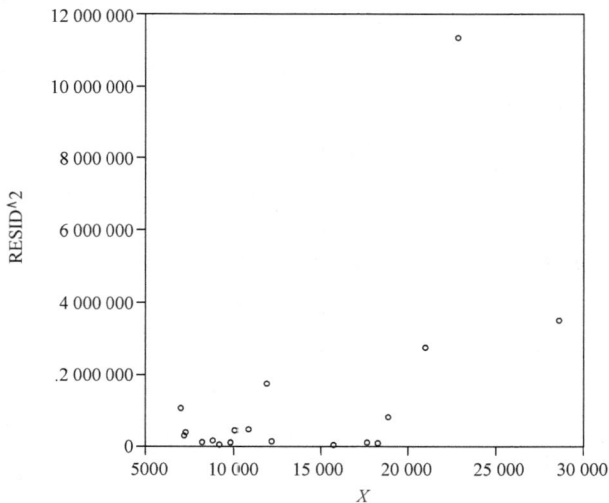

图 5-3

二、Park 检验

对 CZ 与 CS 回归的 Park 检验，实际上就是做形如如下的回归观察其显著性

$$\ln e_t^2 = b_0 + b_1 \ln CS_i + v_i$$

进行回归，得结果为：

Dependent Variable：LOG(RESID2)
Method：Least Squares
Date：08/27/07　Time：23:11
Sample：1978 2005
Included observations：28

	Coefficient	Std. Error	t-Statistic	Prob.
LOG(CS)	1.609154	0.440681	3.651514	0.0012
C	−4.279144	2.434051	−1.758034	0.0905
R-squared	0.338987	Mean dependent var		4.360889
Adjusted R-squared	0.313563	S. D. dependent var		3.646224
S. E. of regression	3.020951	Akaike info criterion		5.117770
Sum squared resid	237.2798	Schwarz criterion		5.212927
Log likelihood	−69.64877	Hannan-Quinn criter.		5.146860
F-statistic	13.33355	Durbin-Watson stat		1.452181
Prob(F-statistic)	0.001152			

常数项不显著，去掉常数项再进行回归，得结果为：

Dependent Variable：LOG(RESID2)
Method：Least Squares
Date：08/27/07　Time：23:13
Sample：1978 2005
Included observations：28

	Coefficient	Std. Error	t-Statistic	Prob.
LOG(CS)	0.856033	0.107289	7.978769	0.0000
R-squared	0.260411	Mean dependent var		4.360889
Adjusted R-squared	0.260411	S. D. dependent var		3.646224
S. E. of regression	3.135731	Akaike info criterion		5.158662
Sum squared resid	265.4858	Schwarz criterion		5.206241
Log likelihood	−71.22127	Hannan-Quinn criter.		5.173208
Durbin-Watson stat	1.290332			

从结果可以看到，方程是显著的，即存在异方差。方程为

$$LOG(RESID^2) = 0.85603316981 * LOG(CS)$$

即异方差的形式为

$$\sigma_i^2 = CS_i^{0.856033}$$

注意:上面的回归中直接用了残差序列 RESID,但 RESID 的值随时都可能改变,建议没有经验的同学最好用 GENR 命令把 RESID 转换为其他变量再调用。

对 ZJ 与 GDPS 和 T 回归的 Park 检验,进行回归,得结果为:

Dependent Variable:LOG(RESID^2)

Method:Least Squares

Date:08/27/07　Time:23:24

Sample:1978 2005

Included observations:28

	Coefficient	Std. Error	t-Statistic	Prob.
LOG(GDPS)	0.743984	0.049267	15.10118	0.0000
R-squared	0.415276	Mean dependent var		5.579481
Adjusted R-squared	0.415276	S. D. dependent var		2.671525
S. E. of regression	2.042842	Akaike info criterion		4.301622
Sum squared resid	112.6765	Schwarz criterion		4.349201
Log likelihood	−59.22271	Hannan-Quinn criter.		4.316167
Durbin-Watson stat	1.000847			

从结果可以看到,方程是显著的,即存在异方差。方程为

$$LOG(RESID^2) = 0.743984233955 * LOG(GDPS)$$

即异方差的形式为

$$\sigma_i^2 = GDPS_i^{0.743984}$$

近似的异方差形式为

$$\sigma_i^2 = \sigma^2 (GDP1_i)^{\frac{3}{4}}$$

对消费支出与可支配收入回归的 Park 检验,进行回归,得结果为:

Dependent Variable:LOG(RESID^2)

Method:Least Squares

Date:08/27/07　Time:23:32

Sample:1 18

Included observations:18

	Coefficient	Std. Error	t-Statistic	Prob.
LOG(X)	1.312779	0.054673	24.01125	0.0000
R-squared	0.039522	Mean dependent var		12.37876
Adjusted R-squared	0.039522	S. D. dependent var		2.269993
S. E. of regression	2.139665	Akaike info criterion		4.459327
Sum squared resid	81.50876	Schwarz criterion		4.508792
Log likelihood	−39.13394	Hannan-Quinn criter.		4.466147
Durbin-Watson stat	1.837388			

从结果可以看到,方程是显著的,即存在异方差。方程为

$$LOG(RESID^2) = 1.312779 * LOG(X)$$

即异方差的形式为

$$\sigma_i^2 = X_i^{1.312779}$$

三、Glejser 检验

对 CZ 与 CS 回归的 Glejser 检验,实际上就是做如下的回归观察其显著性:

$$|e_i| = b_0 + b_1 \, CS_i + v_i$$
$$|e_i| = b_0 + b_1 \, CS_i^2 + v_i$$
$$|e_i| = b_0 + b_1 \, \sqrt{CS_i} + v_i$$
$$|e_i| = b_0 + b_1 \, \frac{1}{CS_i} + v_i$$

分别进行回归。对 CS 回归,得结果为:

Dependent Variable: ABS(RESID)
Method: Least Squares
Date: 08/27/07　Time: 23:47
Sample: 1978 2005
Included observations: 28

	Coefficient	Std. Error	t-Statistic	Prob.
CS	0.029236	0.012279	2.380947	0.0249
C	14.15991	8.259492	1.714380	0.0984
R-squared	0.179006	Mean dependent var		27.30288
Adjusted R-squared	0.147429	S. D. dependent var		35.20964
S. E. of regression	32.51074	Akaike info criterion		9.869767
Sum squared resid	27480.66	Schwarz criterion		9.964925
Log likelihood	−136.1767	Hannan-Quinn criter.		9.898858

F-statistic	5.668911	Durbin-Watson stat	1.339465
Prob(F-statistic)	0.024881		

常数项不显著,去掉常数项再进行回归,得结果为:

Dependent Variable:ABS(RESID)

Method:Least Squares

Date:08/27/07　Time:23:49

Sample:1978 2005

Included observations:28

	Coefficient	Std. Error	t-Statistic	Prob.
CS	0.043304	0.009456	4.579473	0.0001
R-squared	0.086198	Mean dependent var		27.30288
Adjusted R-squared	0.086198	S. D. dependent var		35.20964
S. E. of regression	33.65794	Akaike info criterion		9.905436
Sum squared resid	30587.14	Schwarz criterion		9.953015
Log likelihood	−137.6761	Hannan-Quinn criter.		9.919981
Durbin-Watson stat	1.209310			

对 CS^2 回归,得结果为:

Dependent Variable:ABS(RESID)

Method:Least Squares

Date:08/27/07　Time:23:58

Sample:1978 2005

Included observations:28

	Coefficient	Std. Error	t-Statistic	Prob.
CS^2	1.11E-05	8.36E-06	1.322207	0.1976
C	22.30236	7.575286	2.944094	0.0067
R-squared	0.063003	Mean dependent var		27.30288
Adjusted R-squared	0.026965	S. D. dependent var		35.20964
S. E. of regression	34.73168	Akaike info criterion		10.00193
Sum squared resid	31363.53	Schwarz criterion		10.09709
Log likelihood	−138.0270	Hannan-Quinn criter.		10.03102
F-statistic	1.748231	Durbin-Watson stat		1.203183
Prob(F-statistic)	0.197614			

对 $\sqrt{CS}$ 回归,得结果为:

Dependent Variable：ABS(RESID)

Method：Least Squares

Date：08/27/07   Time：23：54

Sample：1978 2005

Included observations：28

	Coefficient	Std. Error	t-Statistic	Prob.
CS^(1/2)	1.537233	0.269036	5.713848	0.0000
R-squared	0.265081	Mean dependent var		27.30288
Adjusted R-squared	0.265081	S. D. dependent var		35.20964
S. E. of regression	30.13432	Akaike info criterion		9.687583
Sum squared resid	24599.52	Schwarz criterion		9.735162
Log likelihood	−134.3262	Hannan-Quinn criter.		9.702128
Durbin-Watson stat	1.471849			

对 $\dfrac{1}{CS}$ 回归，得结果为：

Dependent Variable：ABS(RESID)

Method：Least Squares

Date：08/27/07   Time：23：57

Sample：1978 2005

Included observations：28

	Coefficient	Std. Error	t-Statistic	Prob.
CS^(-1)	−2029.779	607.7392	−3.339884	0.0025
C	46.20229	8.012211	5.766484	0.0000
R-squared	0.300226	Mean dependent var		27.30288
Adjusted R-squared	0.273311	S. D. dependent var		35.20964
S. E. of regression	30.01483	Akaike info criterion		9.710009
Sum squared resid	23433.14	Schwarz criterion		9.805167
Log likelihood	−133.9401	Hannan-Quinn criter.		9.739100
F-statistic	11.15483	Durbin-Watson stat		1.566457
Prob(F-statistic)	0.002542			

从四个回归的结果看，第二个不显著，其他三个显著，比较这三个回归，还是选择第三个，方程为

$$ABS(RESID) = 1.53723330222 * CS^{(1/2)}$$

即异方差的形式为

$$\sigma_i^2 = (1.537233 * (CS_i^{(1/2)}))^2 = 2.363085 CS_i$$

也即异方差的形式为

$$\sigma_i^2 = \sigma^2\,\mathrm{CS}_i$$

就把这个形式确定为异方差的形式。

对 ZJ 与 GDPS 和 T 回归的 Glejser 检验可以类似进行检验、消费支出与可支配收入回归的 Glejser 检验可以类似进行检验。

通过前面实验的异方差模型的检验,发现根据广东数据 CZ 对 CS 的回归、ZJ 对 GDPS 和 T 的回归、消费支出与可支配收入回归都存在异方差,现在分别对它们进行处理。加权最小二乘法已经成为处理异方差模型的标准方法,在 EViews 中使用 WLS 来消除异方差,关键是权数的选取。

四、CZ 对 CS 回归异方差的处理

已知 CZ 对 CS 回归异方差的形式为

$$\sigma_i^2 = \sigma^2\,\mathrm{CS}_i$$

把 $W_i = \dfrac{1}{\sqrt{\mathrm{CS}_i}}$ 作为权数来进行加权最小二乘法。在 EViews 中进入最小二乘估计,选择 Options。

进入参数选项对话框(图 5-4),选择 WLS 填入 1 / (CS^(1 / 2)),选择确定(图 5-5)。

得到回归结果为:

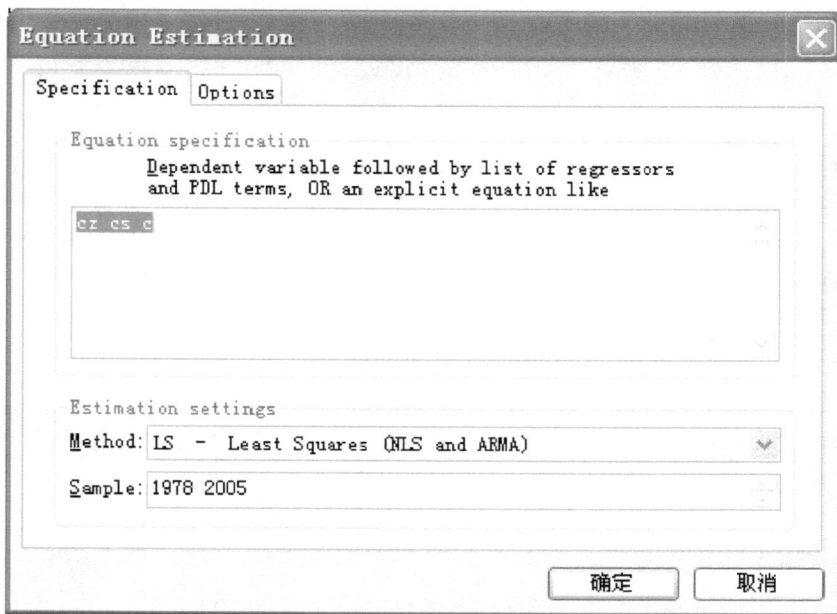

图 5-4

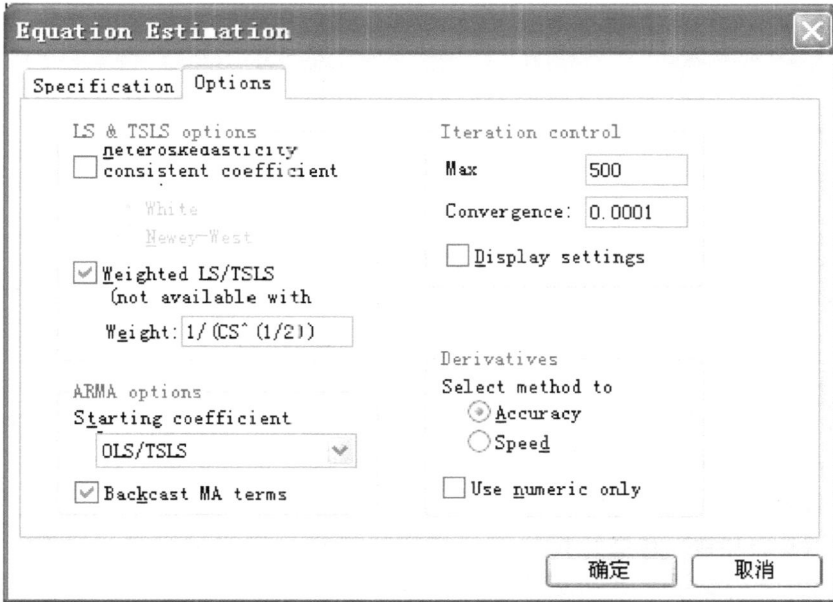

Equation Estimation

Specification | Options

LS & TSLS options
□ heteroskedasticity consistent coefficient

　　White
　　Newey-West

☑ Weighted LS/TSLS
　(not available with

Weight: 1/(CS^(1/2))

ARMA options
Starting coefficient

OLS/TSLS ▾

☑ Backcast MA terms

Iteration control

Max　500

Convergence: 0.0001

□ Display settings

Derivatives
Select method to
　◉ Accuracy
　○ Speed

□ Use numeric only

确定　　取消

图 5-5

Dependent Variable: CZ

Method: Least Squares

Date: 08/28/07　Time: 00:56

Sample: 1978 2005

Included observations: 28

Weighting series: 1/(CS^(1/2))

	Coefficient	Std. Error	t-Statistic	Prob.
CS	1.275677	0.019406	65.73628	0.0000
C	−21.24365	4.264097	−4.981980	0.0000

Weighted Statistics

R-squared	0.994019	Mean dependent var	254.4606
Adjusted R-squared	0.993789	S. D. dependent var	189.1988
S. E. of regression	22.86683	Akaike info criterion	9.166001
Sum squared resid	13595.19	Schwarz criterion	9.261159
Log likelihood	−126.3240	Hannan-Quinn criter.	9.195092
F-statistic	4321.259	Durbin-Watson stat	1.550317
Prob(F-statistic)	0.000000		

Unweighted Statistics

R-squared	0.995276	Mean dependent var	552.2429
Adjusted R-squared	0.995095	S.D. dependent var	653.1881
S.E. of regression	45.74872	Sum squared resid	54416.57
Durbin-Watson stat	1.545575		

回归方程为

$$CZ = 1.2756769685 * CS - 21.2436468305$$

它与存在异方差时的如下方程估计有所不同。

$$CZ = 1.27887365026 * CS - 22.6807299594$$

至于经过加权最小二乘法估计的残差项是否存在异方差,同样可以用本实验的异方差模型的检验去检验。但是若在 EViews 中使用 WLS 命令估计的序列 RESID 不能用来检验,因为产生的序列 RESID 是非加权方式的残差。要想检验只能自己进行同方差性变换,然后回归以后再检验了。

进行同方差性变换,然后回归实际上就是 $CZ/(CS^{\wedge}(1/2))$ 对 $1/(CS^{\wedge}(1/2))$ 和 $CS/(CS^{\wedge}(1/2))$ 回归,结果如下:

Dependent Variable: $CZ/(CS^{\wedge}(1/2))$
Method: Least Squares
Date: 08/28/07   Time: 01:04
Sample: 1978 2005
Included observations: 28

	Coefficient	Std. Error	t-Statistic	Prob.
$CS/(CS^{\wedge}(1/2))$	1.275677	0.019406	65.73628	0.0000
$1/(CS^{\wedge}(1/2))$	−21.24365	4.264097	−4.981980	0.0000
R-squared	0.985934	Mean dependent var		21.13688
Adjusted R-squared	0.985393	S.D. dependent var		15.71588
S.E. of regression	1.899444	Akaike info criterion		4.189748
Sum squared resid	93.80503	Schwarz criterion		4.284906
Log likelihood	−56.65647	Hannan-Quinn criter.		4.218839
Durbin-Watson stat	1.550317			

观察其残差趋势图(图 5-6)。

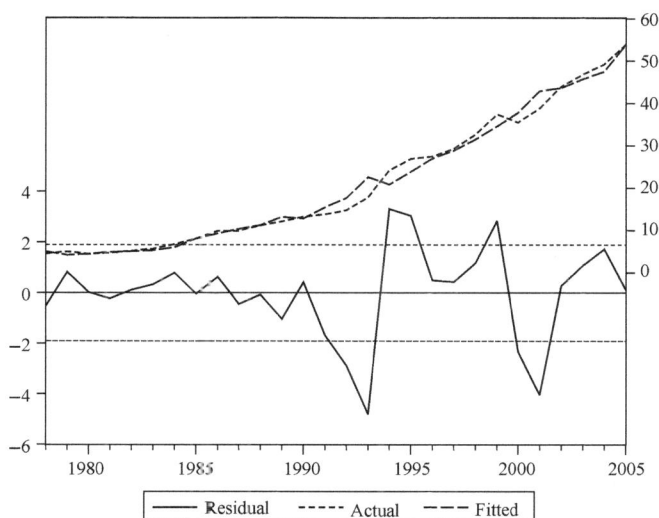

图 5-6

还是存在异方差,再改为 CZ/CS 对 1/CS 和 C 回归,结果如下:

Dependent Variable：CZ/CS

Method：Least Squares

Date：08/28/07　Time：01:07

Sample：1978 2005

Included observations：28

	Coefficient	Std. Error	t-Statistic	Prob.
1/CS	−19.82860	2.064540	−9.604368	0.0000
C	1.262501	0.027218	46.38456	0.0000
R-squared	0.780115	Mean dependent var		1.077876
Adjusted R-squared	0.771658	S. D. dependent var		0.213378
S. E. of regression	0.101963	Akaike info criterion		−1.659667
Sum squared resid	0.270307	Schwarz criterion		−1.564510
Log likelihood	25.23534	Hannan-Quinn criter.		−1.630577
F-statistic	92.24388	Durbin-Watson stat		1.613436
Prob(F-statistic)	0.000000			

观察其残差趋势图(图 5-7)。

应该不存在异方差了,其方程为

$$CZ/CS = -19.8286033657 * 1/CS + 1.26250140483$$

变换为原方程为

$$CZ = -19.8286033657 + 1.26250140483 * CS$$

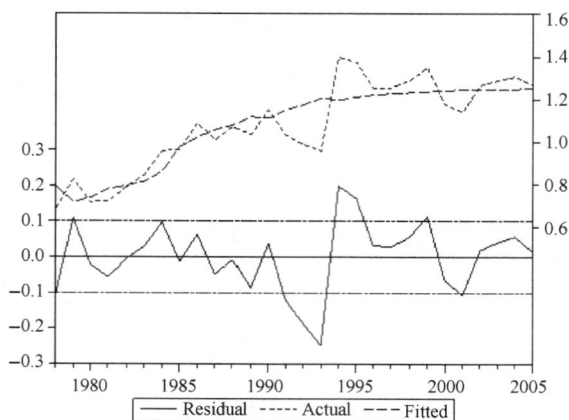

图 5-7

五、ZJ 对 GDPS 和 *T* 回归异方差的处理

已知 ZJ 对 GDPS 和 *T* 回归异方差的形式为

$$\sigma_i^2 = \sigma^2 (\text{GDPS}_i)^{\frac{3}{4}}$$

把 $W_i = \dfrac{1}{(\text{GDPS}_i)^{\frac{3}{8}}}$ 作为权数来进行加权最小二乘法。得到回归结果为：

Dependent Variable：ZJ

Method：Least Squares

Date：08/28/07　Time：01:16

Sample：1978 2005

Included observations：28

Weighting series：1/(GDPS^(3/8))

	Coefficient	Std. Error	t-Statistic	Prob.
GDPS	0.166995	0.002565	65.10068	0.0000
T	−4.353685	0.881296	−4.940093	0.0000
Weighted Statistics				
R-squared	0.997009	Mean dependent var		418.9342
Adjusted R-squared	0.996894	S. D. dependent var		382.1762
S. E. of regression	29.59878	Akaike info criterion		9.682092
Sum squared resid	22778.28	Schwarz criterion		9.777250
Log likelihood	−133.5493	Hannan-Quinn criter.		9.711183
Durbin-Watson stat	0.668750			
Unweighted Statistics				
R-squared	0.996289	Mean dependent var		846.0661
Adjusted R-squared	0.996146	S. D. dependent var		1014.824
S. E. of regression	63.00261	Sum squared resid		103202.6

Durbin-Watson stat	0.754208

回归方程为

$$ZJ = 0.166994775375 * GDPS - 4.35368534692 * T$$

它与存在异方差时的如下方程估计也有所不同。

$$ZJ = 0.163625595483 * GDPS - 2.83149724876 * T$$

进行同方差性变换,然后回归实际上就是 ZJ/(GDPS^(1/3)) 对 GDPS/(GDPS^(1/3)) 和 T/(GDPS^(1/3)) 回归,结果如下:

Dependent Variable: ZJ/(GDPS^(3/8))
Method: Least Squares
Date: 08/28/07　Time: 01:20
Sample: 1978 2005
Included observations: 28

	Coefficient	Std. Error	t-Statistic	Prob.
GDPS/(GDPS^(3/8))	0.166995	0.002565	65.10068	0.0000
T/(GDPS^(3/8))	−4.353685	0.881296	−4.940093	0.0000
R-squared	0.994224	Mean dependent var		27.59529
Adjusted R-squared	0.994002	S.D. dependent var		25.17403
S.E. of regression	1.949678	Akaike info criterion		4.241955
Sum squared resid	98.83235	Schwarz criterion		4.337112
Log likelihood	−57.38737	Hannan-Quinn criter.		4.271045
Durbin-Watson stat	0.668750			

观察其残差趋势图(图 5-8)。

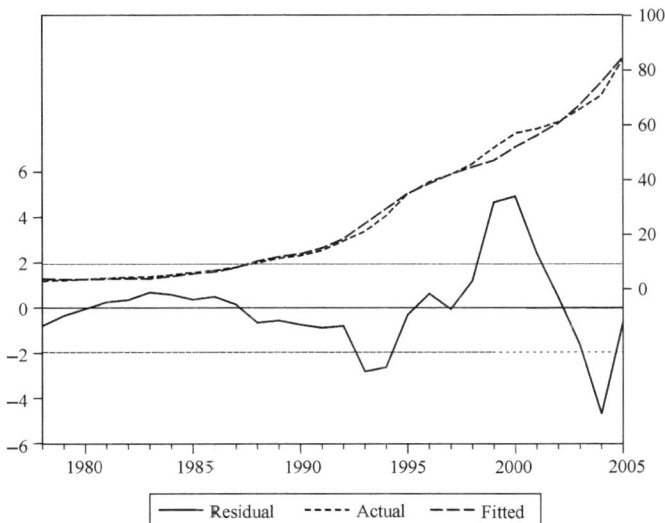

图 5-8

可能还存在异方差,再改为 ZJ/GDPS 对 C 和 T/GDPS 回归,结果如下:

Dependent Variable:ZJ/GDPS
Method:Least Squares
Date:08/28/07 Time:01:22
Sample:1978 2005
Included observations:28

	Coefficient	Std. Error	t-Statistic	Prob.
C	0.161950	0.003461	46.79358	0.0000
T/GDPS	−3.726504	0.399838	−9.320044	0.0000
R-squared	0.769633	Mean dependent var		0.135596
Adjusted R-squared	0.760772	S. D. dependent var		0.021590
S. E. of regression	0.010560	Akaike info criterion		−6.194729
Sum squared resid	0.002899	Schwarz criterion		−6.099572
Log likelihood	88.72621	Hannan-Quinn criter.		−6.165638
F-statistic	86.86322	Durbin-Watson stat		0.439676
Prob(F-statistic)	0.000000			

再观察其残差趋势图(图 5-9)。

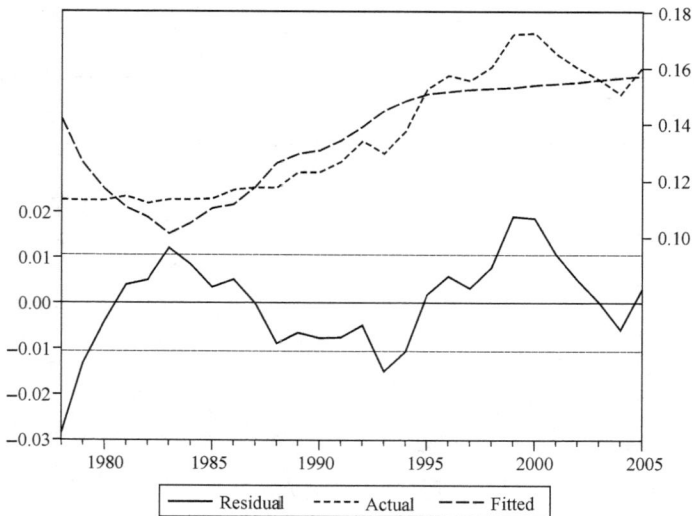

图 5-9

应该不存在异方差了,其方程为

$$ZJ/GDPS = 0.161949825215 - 3.72650431798 * T/GDPS$$

变换为原方程为

$$ZJ = 0.161949825215 * GDPS - 3.72650431798$$

六、消费支出 Y 对可支配收入 X 回归异方差的处理

已知 Y 对 X 回归异方差的形式为

$$\sigma_i^2 = \sigma^2 (X_i)^{4/3}$$

把 $W_i = \dfrac{1}{(X_i)^{2/3}}$ 作为权数来进行加权最小二乘法。得到回归结果为

Dependent Variable: Y
Method: Least Squares
Date: 08/28/07 Time: 01:32
Sample: 1 18
Included observations: 18
Weighting series: 1/X^(2/3)

	Coefficient	Std. Error	t-Statistic	Prob.
X	0.795157	0.017252	46.09012	0.0000
Weighted Statistics				
R-squared	0.954867	Mean dependent var		9599.510
Adjusted R-squared	0.954867	S. D. dependent var		1867.615
S. E. of regression	395.7229	Akaike info criterion		16.48709
Sum squared resid	1363932	Schwarz criterion		16.53656
Log likelihood	−147.3838	Hannan-Quinn criter.		16.49391
Durbin-Watson stat	1.472431			
Unweighted Statistics				
R-squared	0.952547	Mean dependent var		10906.35
Adjusted R-squared	0.952547	S. D. dependent var		5381.587
S. E. of regression	1172.315	Sum squared resid		23363462
Durbin-Watson stat	1.413465			

回归方程为

$$Y = 0.795157087463 * X$$

它与存在异方差时的如下方程估计明显不同。

$$Y = 0.804208453455 * X$$

进行同方差性变换，然后回归实际上就是 Y/(X^(2/3)) 对 1/(X^(2/3)) 和 X/(X^(2/3))回归,结果如下：

Dependent Variable: Y/(X^(2/3))

Method：Least Squares

Date：08/28/07　Time：01：35

Sample：1 18

Included observations：18

	Coefficient	Std. Error	t-Statistic	Prob.
1/(X^(2/3))	−495. 5562	520. 4173	−0. 952228	0. 3551
X/(X^(2/3))	0. 833708	0. 044026	18. 93673	0. 0000
R-squared	0. 782313	Mean dependent var		18. 56257
Adjusted R-squared	0. 768707	S. D. dependent var		3. 611408
S. E. of regression	1. 736830	Akaike info criterion		4. 046440
Sum squared resid	48. 26526	Schwarz criterion		4. 145370
Log likelihood	−34. 41796	Hannan-Quinn criter.		4. 060081
Durbin-Watson stat	1. 317425			

观察其残差趋势图(图 5-10)。

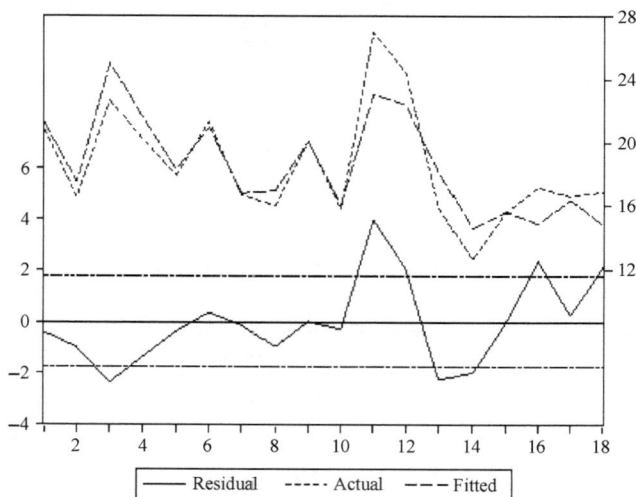

图 5-10

虽然不能够准确判断,但大致还是存在异方差,再改为 Y/(X^(1/3)) 对 1/(X^(1/3))和 X/(X^(1/3))回归,结果如下:

Dependent Variable：Y/(X^(1/3))

Method：Least Squares

Date：08/28/07　Time：01：37

Sample：1 18

Included observations：18

	Coefficient	Std. Error	t-Statistic	Prob.
$1/(X^{(1/3)})$	−550.3539	577.6243	−0.952789	0.3549
$X/(X^{(1/3)})$	0.838039	0.043516	19.25836	0.0000
R-squared	0.920470	Mean dependent var		445.2623
Adjusted R-squared	0.915499	S. D. dependent var		151.7182
S. E. of regression	44.10293	Akaike info criterion		10.51537
Sum squared resid	31121.10	Schwarz criterion		10.61430
Log likelihood	−92.63832	Hannan-Quinn criter.		10.52901
Durbin-Watson stat	1.301899			

观察其残差趋势图(图 5-11)。

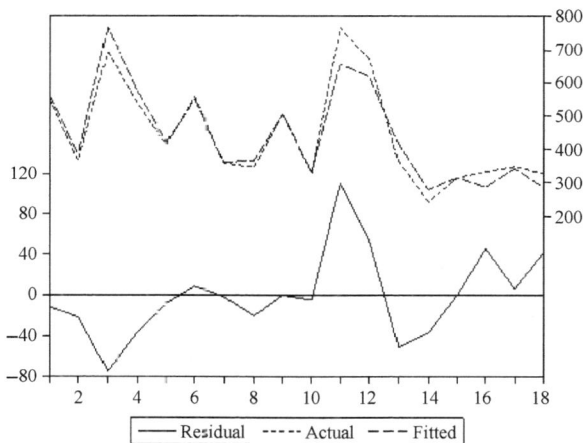

图 5-11

显然,有所改善,取其方程为

$$Y/(X^{(1/3)}) = -550.3539213 * 1/(X^{(1/3)})$$
$$+0.8380392741 * X/(X^{(1/3)})$$

变换为原方程为

$$Y = -550.3539213 + 0.8380392741 * X$$

第6章 多重共线性

古典线性回归模型的假设之一,不存在完全的多重共线性,也即多元回归中的各个解释变量 X_S 之间不存在完全的线性关系。实际上,在实际中很少遇到完全多重共线性的情况,常常是接近或高度多重共线性的情况,在这些情况下,解释变量是接近线性相关的。要弄清楚这些相关的变量会对普通最小二乘估计带来什么问题。

第1节 多重共线性的性质

多重共线性分为完全多重共线性和接近或者不完全多重共线性。当解释变量之间存在完全线性相关或者完全多重共线性时,我们不可能获得所有参数的唯一估计值。既然我们不能获得它们的唯一估计值,也就不能根据某一样本做任何假设检验。完全多重共线性是一个极端情形。在用经济数据进行分析时,两个或多个解释变量之间并不完全线性相关,但却接近完全线性相关。也就是说,共线性的程度可能很高,但并不是完全的共线性。这就是接近,或不完全,或者高度多重共线性的情形。我们所说的多重共线性常指不完全多重共线性。

需要指出的是:在只有两个解释变量的情形下,相关系数 r 可用作共线性程度的测度。但当解释变量多于两个时,相关系数则不能充分测度共线性。

第2节 多重共线性的后果

到目前为止,我们已经讨论了完全和不完全多重共线性的性质。下面我们讨论多重共线性引起的后果。但需记住:从现在起我们仅考虑不完全多重共线性的情形,因为讨论完全多重共线性有些不切实际。

我们知道,在古典线性回归模型的假定下,普通最小二乘估计量是最优线性无偏估计量:在所有线性无偏估计量中,普通最小二乘估计量具有最小方差性。引人注意的是,即使共线性是不完全的,普通最小二乘估计量仍然是最优线性无偏估计量,即使多元回归方程的一个或多个偏回归系数是统计不显著的。既然如此,我们为什么还要讨论多重共线性呢?这主要有如下几个原因:

(1)即使是在接近共线性的情形下,普通最小二乘法估计量仍然是无偏的。但要记住的是,无偏性是一个重复抽样的性质。也就是说,保持 X 不变,如果得到一些样本并用普通最小二乘法计算这些样本估计量,则其平均值收敛于估计量的真实值。但这并不是某个样本估计值的性质。在现实中,我们无法得到大量的重复样本。

（2）接近共线性也并未破坏普通最小二乘估计量的最小方差性:在所有线性无偏估计量中,普通最小二乘法估计量的方差最小。然而这并不意味着在任何给定的样本中普通最小二乘法估计量的方差会很小（与估计量的值本身相比而言）。简言之,最小方差并不意味着方差值也较小。

（3）即使变量 X 与总体不线性相关,但却可能与某一样本线性相关。从这个意义上说,多重共线性本质上是一个样本（回归）现象。在假定概率分布函数时,我们认为模型中所有变量 X_S 都对应变量 Y 有独立的或单独的影响。但也有可能出现这种情形,即在用某个样本估计总体时,部分或者所有变量 X_S 高度共线以至于无法区分它们各自对应变量 Y 的影响。也就是说,虽然理论表明所有的 X_S 都是重要的,但是样本却令人失望。之所以会这样是因为大多数经济数据都不是通过试验获得。有些数据,比如国民生产总值、价格、失业率、利润、红利等,是以其实际发生值为依据,而并非试验得到。如果这些数据能够通过试验获得,那么从一开始我们就不允许共线性的存在。既然如此,如果两个或者多个解释变量之间存在接近共线性,那么我们也没有办法。

在接近或者高度多重共线性的情形下,我们可能遇到如下一个或者多个后果:

（1）普通最小二乘法估计量的方差和标准差较大。如果估计量的标准差增加了,则对估计量真实值的估计就变难了。也就是,普通最小二乘法估计量的精确度就下降了。

（2）置信区间变宽。由于标准差较大,所以总体参数的置信区间也就变大了。

（3）t 值不显著。在检验假设:真实的 $b_2=0$,我们计算出 t 值为 $\hat{b}_2/S(\hat{b}_2)$,并与 t 临界值作比较。但是,如前所述,当存在高度共线时,由于估计的标准差急剧地增加,因而使得 t 值变小。因此,在这种情况下,我们会很自然地接受零假设,即真实的总体系数为零。

（4）R^2 值较高,但 t 值则并不都显著。

（5）普通最小二乘估计量及其标准差对数据的微小变化非常敏感;也就是说,它们趋于不稳定。

（6）回归系数符号有误。

（7）难以衡量各个解释变量对回归平方和或者 R^2 的贡献。

第 3 节　多重共线性的测定

如前节所述,当多重共线性程度较高时,利用普通最小二乘法求参数估计值会产生一系列的严重后果。那么,如何解决多重共线性问题呢? 在解决这一问题之前,我们首先需要确定是否存在共线性问题。简言之,我们关心的是多重共线性存在与否以及多重共线性的程度。我们知道多重共线性是一个样本特性,它是一个样本现象。因此,下面的一些警告是必要的:

(1) 多重共线性是一个程度问题而不是存在与否的问题。

(2) 由于多重共线性是在假定解释变量是非随机的条件下出现的问题,因而它是样本的特征,而不是总体的特征。

因此,我们不仅可以"检测多重共线性",而且可以测度任何给定样本的多重共线性程度。

需要补充的是:我们并没有多重共线性的单一测度方法,因为对于非试验数据,我们无法确定其共线性的性质与程度。我们所具有是一些经验法则,或者说是在具体应用中能够给我们提供一些有关多重共线性存在与否的线索。比如:

(1) R^2 较高但 t 值显著的不多。这是多重共线性的"经典"特征。如果 R^2 较高,比如说超过了 0.8,在大多数情况下 F 检验将会拒绝零假设,即部分斜率系数联合或同时为零。但各自的 t 检验表明,没有或几乎没有部分斜率系数是统计显著不为零的。

(2) 解释变量两两高度相关。例如,如果在多元回归方程包括 3 个解释变量,计算这些变量两两之间的相关系数,如果有些相关系数很高,比方说超过 0.8,则可能存在较为严重的共线性。遗憾的是,这一标准并不十分可靠,因为解释变量两两相关系数可能较低(表明无高度共线性),但是却有可能存在共线性,因为 t 值中很少是统计显著的。

(3) 从属或者辅助回归。既然多重共线性是由于一个或多个解释变量是其他解释变量的线性(或接近线性)组合,那么检验模型中哪个变量与其他变量高度共线性的方法就是作每个变量对其他剩余变量的回归并计算相应的 R^2 值。其中的每一个回归都被称作是从属或者辅助回归,从属于 Y 对所有变量的回归。

例如,考虑 Y 对 $X_1, X_2, X_3, X_4, X_5, X_6$ 这 6 个解释变量的回归。如果回归结果表明存在多重共线性,比方说,R^2 值很高,但解释变量的系数很少是统计显著的,那么,究其根源,即找出哪些变量可能是其他变量的线性(或接近线性)组合。具体步骤如下:作 X_k 对其他剩余解释变量的回归,并求样本决定系数,记为 R_k^2,估计的 R_k^2 值介于 0 和 1 之间。如果某个解释变量不是其他变量的线性组合,则该回归方程的 R_k^2 值不会显著不为零。如果某个回归方程的 R_k^2 值显著不为零,则该解释变量是其他变量的线性组合,表明存在多重共线性。

辅助回归技术的一个缺陷是它的计算较繁琐。如果一个回归方程包含若干个解释变量,则我们不得不计算好几个辅助回归方程,因此,这种方法没有实用价值。但需要指出的是:现在已有许多统计软件可以用来计算辅助回归方程。

检验多重共线性有许多种不同的方法,但却没有一种检验方法能够使我们彻底解决多重共线性问题。记住一点:多重共线性是一个程度的问题,它是与样本相关的一种现象。有些时候,可以"容易"地检验出多重共线性,但有些时候,我们却必须综合运用上面讨论的各种手段来诊断这一问题的严重程度。总之,没有一个简单的方法解决这个问题。

第 4 节　补 救 措 施

假定发现存在着多重共线性,我们采取什么方法减少共线性的严重程度而不是彻底地消除它? 不幸的是,与共线性检验一样,并不存在万无一失的补救措施,只有一些经验的法则。之所以如此是因为多重共线性是某一特定样本的特征而并不是总体的特征。此外,尽管存在着接近共线性,普通最小二乘估计量仍然保持最优线性无偏估计量的性质。的确也存在这样的情况:一个或者多个回归系数是统计不显著的,或者它们中的一些系数的符号是错误的。如果研究人员专心于削弱共线性的严重程度,则可尝试用以下的一种或者多种方法。

一、从模型中删掉不重要的解释变量

对待严重的多重共线性问题,最简单的解决方法似乎就是删掉一个或者多个共线性变量。

但是这一补救措施也许比多重共线性本身还糟糕。当我们构建一个经济模型,总是以一定的经济理论为基础。但是从模型中删掉这些变量将会导致所谓的"模型设定误差",如果为了消除共线性问题而从模型中删除一个解释变量,并对缺少这一变量的模型估计,则所估计的参数可能是有偏的。

存在着一个两难的问题:为了削弱共线性的严重程度,我们得到的系数估计值可能是有偏的。建议不要仅仅因为共线性很严重就从一个经济上可行的模型中删除变量。所选的模型是否符合经济理论当然是一个重要的问题。

二、获取额外的数据或者新的样本

既然多重共线性是一个样本特征,那么在包括同样变量的另一样本中,共线性也许不像第一个样本那样高。关键是我们是否能够得到另一个样本,因为收集数据的费用很高。

有的时候仅仅通过获得额外的数据,增加样本的容量,就能够削减共线性的程度。例如,在二元中有公式

$$\text{var}(\hat{b}_1) = \frac{\sum x_{2t}^2}{\sum x_{1t}^2 \sum x_{2t}^2 - (\sum x_{1t} x_{2t})^2} \sigma^2$$

$$= \frac{1}{\sum x_{1t}^2 (1-r^2)} \sigma^2$$

其中，r 为 X_1 和 X_2 的相关系数。对于给定的 σ^2 和 r，如果 X_1 样本容量增加了，则 $\sum x_{1t}^2$ 通常将会增加，结果 $\hat{b}_1$ 的方差将会减小，标准差也随之减小。

三、先验信息

有些时候，某一个特定的现象，如需求函数，需要反复地调查。根据以往的研究，我们或许知道有关参数值的某些信息。而这些信息可以用于当前的样本。

四、变量变换

偶尔地，通过对模型中变量的变换能够降低共线性程度。

实验七　多重共线性模型的检验和处理

实验目的：掌握多重共线性模型的检验和处理方法。
实验要求：了解辅助回归检验和掌握 R^2 值和 t 值检验及解释变量相关系数检验，了解变量变换法和掌握先验信息法。
实验原理：R^2 值和 t 值检验、解释变量相关系数检验和辅助回归检验，先验信息法和变量变换法。
实验步骤：

一、R^2 值和 t 值检验

在实验二的一元线性回归模型的估计中，根据广东数据把 CS 作为应变量，GDPS 作为解释变量，进行了一元线性回归，得到结果为

$$CS = 0.0802959511276 * GDPS + 12.5096023259$$

其含义是国内生产总值 GDPS 每增加 1 个单位，财政收入 CS 将增加 0.0830 个单位。实际上三个产业对财政收入的贡献是不同的，那么就应该把把上述回归改为财政收入 CS 对三个产业增加值 GDP1、GDP2 和 GDP3 进行回归。进行这个三元回归，得结果为：

Dependent Variable：CS
Method：Least Squares
Date：08/28/07　Time：11：57
Sample：1978 2005
Included observations：28

	Coefficient	Std. Error	t-Statistic	Prob.
GDP1	0.028480	0.052746	0.539950	0.5942
GDP2	−0.048129	0.029830	−1.613485	0.1197
GDP3	0.228207	0.030529	7.475130	0.0000
C	35.11563	16.65440	2.108489	0.0456
R-squared	0.993321	Mean dependent var		449.5546
Adjusted R-squared	0.992486	S.D. dependent var		509.5465
S.E. of regression	44.17004	Akaike info criterion		10.54553
Sum squared resid	46823.81	Schwarz criterion		10.73585
Log likelihood	−143.6375	Hannan-Quinn criter.		10.60372
F-statistic	1189.718	Durbin-Watson stat		2.063433
Prob(F-statistic)	0.000000			

从结果看判定系数 R^2 很高,方程很显著,但三个参数 t 检验值两个不显著,有一个较显著,其中一个参数估计值还是负的,不符合经济理论。显然,出现了严重的多重共线性。

在实验三的多元线性回归模型的估计和检验中,根据广东数据,建立了固定资产投资模型,固定资产投资 TZG 取决于固定资产折旧 ZJ、营业盈余 YY 和财政支出 CZ,进行三元线性回归如下:

Dependent Variable:TZG
Method:Least Squares
Date:08/19/07 Time:16:48
Sample:1978 2005
Included observations:28

	Coefficient	Std. Error	t-Statistic	Prob.
ZJ	1.111864	0.243152	4.572716	0.0001
YY	0.431692	0.052566	8.212352	0.0000
CZ	0.143210	0.405308	0.353338	0.7269
C	31.27625	27.82517	1.124027	0.2721
R-squared	0.997573	Mean dependent var		1628.997
Adjusted R-squared	0.997270	S.D. dependent var		2003.852
S.E. of regression	104.7010	Akaike info criterion		12.27166
Sum squared resid	263095.1	Schwarz criterion		12.46197
Log likelihood	−167.8032	Hannan-Quinn criter.		12.32984
F-statistic	3238.646	Durbin-Watson stat		1.298515

Prob(F-statistic)　　　　　0.000000

　　估计方程的判定系数 R^2 很高,方程显著性 F 检验也显著,但只有两个参数显著性 t 检验比较显著,这与很高的判定系数不相称,出现了严重的多重共线性。

二、解释变量相关系数检验

　　根据广东数据,CS 对 GDP1、GDP2 和 GDP3 的回归中,解释变量 GDP1、GDP2 和 GDP3 之间的相关系数为

	GDP1	GDP2	GDP3
GDP1	1	0.922203	0.910507
GDP2	0.922203	1	0.994964
GDP3	0.910507	0.994964	1

　　可以看出三个解释变量 GDP1、GDP2 和 GDP3 之间高度相关,必然存在严重的多重共线性。

　　根据广东数据,TZG 对 ZJ 、YY 和 CZ 的回归中,解释变量 ZJ 、YY 和 CZ 之间的相关系数为

	ZJ	YY	CZ
ZJ	1	0.974541	0.99666
YY	0.974541	1	0.97792
CZ	0.99666	0.97792	1

　　可以看出三个解释变量 ZJ 、YY 和 CZ 之间也高度相关,特别是 ZJ 和 CZ 之间高度相关,必然也存在严重的多重共线性。

三、辅助回归检验

　　根据广东数据,CS 对 GDP1、GDP2 和 GDP3 的回归中,解释变量 GDP1、GDP2 和 GDP3 之间的辅助回归分别为:

Dependent Variable：GDP1
Method：Least Squares
Date：08/28/07　Time：12:34
Sample：1978 2005
Included observations：28

	Coefficient	Std. Error	t-Statistic	Prob.
GDP2	0.222160	0.104014	2.135858	0.0427

	Coefficient	Std. Error	t-Statistic	Prob.
GDP3	−0.105300	0.113827	−0.925091	0.3638
C	235.2747	42.11571	5.586388	0.0000

R-squared	0.855407	Mean dependent var	568.2739
Adjusted R-squared	0.843840	S. D. dependent var	423.8240
S. E. of regression	167.4830	Akaike info criterion	13.18060
Sum squared resid	701264.2	Schwarz criterion	13.32333
Log likelihood	−181.5284	Hannan-Quinn criter.	13.22423
F-statistic	73.34965	Durbin-Watson stat	0.129457
Prob(F-statistic)	0.000000		

Dependent Variable: GDP2

Method: Least Squares

Date: 08/28/07　Time: 12:35

Sample: 1978 2005

Included observations: 28

	Coefficient	Std. Error	t-Statistic	Prob.
GDP1	0.694619	0.325218	2.135858	0.0427
GDP3	0.993946	0.048789	20.37239	0.0000
C	−86.63985	110.3112	−0.785413	0.4396

R-squared	0.991504	Mean dependent var	2584.440
Adjusted R-squared	0.990824	S. D. dependent var	3091.650
S. E. of regression	296.1498	Akaike info criterion	14.32056
Sum squared resid	2192617.	Schwarz criterion	14.46330
Log likelihood	−197.4879	Hannan-Quinn criter.	14.36420
F-statistic	1458.768	Durbin-Watson stat	0.554982
Prob(F-statistic)	0.000000		

Dependent Variable: GDP3

Method: Least Squares

Date: 08/28/07　Time: 12:36

Sample: 1978 2005

Included observations: 28

	Coefficient	Std. Error	t-Statistic	Prob.
GDP1	−0.314327	0.339780	−0.925091	0.3638
GDP2	0.948931	0.046579	20.37239	0.0000
C	16.37946	109.0569	0.150192	0.8818
R-squared	0.990286	Mean dependent var		2290.211
Adjusted R-squared	0.989509	S. D. dependent var		2825.136
S. E. of regression	289.3660	Akaike info criterion		14.27422
Sum squared resid	2093317.	Schwarz criterion		14.41695
Log likelihood	−196.8391	Hannan-Quinn criter.		14.31785
F-statistic	1274.319	Durbin-Watson stat		0.535525
Prob(F-statistic)	0.000000			

　　三个回归方程均高度显著,特别是第二、三个方程,显示存在严重的多重共线性,特别是 GDP2 和 GDP3 之间存在严重的多重共线性,解释变量之间的相关系数检验也证实了这一点。

　　根据广东数据,TZG 对 ZJ 、YY 和 CZ 的回归中,解释变量 ZJ 、YY 和 CZ 之间的辅助回归分别为:

Dependent Variable：ZJ

Method：Least Squares

Date：08/28/07　Time：12:37

Sample：1978 2005

Included observations：28

	Coefficient	Std. Error	t-Statistic	Prob.
YY	−0.001438	0.043236	−0.033268	0.9737
CZ	1.552409	0.121417	12.78574	0.0000
C	−9.315280	22.81113	−0.408366	0.6865
R-squared	0.993332	Mean dependent var		846.0661
Adjusted R-squared	0.992798	S. D. dependent var		1014.824
S. E. of regression	86.11988	Akaike info criterion		11.85031
Sum squared resid	185415.8	Schwarz criterion		11.99305
Log likelihood	−162.9044	Hannan-Quinn criter.		11.89395
F-statistic	1862.101	Durbin-Watson stat		0.991139
Prob(F-statistic)	0.000000			

Dependent Variable：YY

Method：Least Squares

Date：08/28/07　Time：12：39

Sample：1978 2005

Included observations：28

	Coefficient	Std. Error	t-Statistic	Prob.
ZJ	−0.030777	0.925106	−0.033268	0.9737
CZ	2.793870	1.437289	1.943847	0.0633
C	−173.1136	99.69398	−1.786604	0.0861
R-squared	0.956330	Mean dependent var		1338.742
Adjusted R-squared	0.952836	S. D. dependent var		1834.295
S. E. of regression	398.3588	Akaike info criterion		14.91354
Sum squared resid	3967244.	Schwarz criterion		15.05628
Log likelihood	−205.7896	Hannan-Quinn criter.		14.95718
F-statistic	273.7354	Durbin-Watson stat		0.547674
Prob(F-statistic)	0.000000			

Dependent Variable：CZ

Method：Least Squares

Date：08/28/07　Time：12：40

Sample：1978 2005

Included observations：28

	Coefficient	Std. Error	t-Statistic	Prob.
ZJ	0.558716	0.043698	12.78574	0.0000
YY	0.046995	0.024176	1.943847	0.0633
C	16.31804	13.32206	1.247407	0.2238
R-squared	0.994207	Mean dependent var		552.2429
Adjusted R-squared	0.993744	S. D. dependent var		653.1881
S. E. of regression	51.66495	Akaike info criterion		10.82839
Sum squared resid	66731.67	Schwarz criterion		10.97113
Log likelihood	−143.5975	Hannan-Quinn criter.		10.87203
F-statistic	2145.335	Durbin-Watson stat		1.188416
Prob(F-statistic)	0.000000			

　　三个回归方程均高度显著,特别是第一、三个方程,显示存在严重的多重共线性,特别是 ZJ 和 CZ 之间存在严重的多重共线性,解释变量之间的相关系数检验也证实了这一点。

　　通过多重共线性模型的检验实验,发现根据广东数据 CS 对 GDP1、GDP2 和 GDP3 的回归以及根据广东数据 TZG 对 ZJ、YY 和 CZ 的回归都存在严重的多重共线性,现在分别对它们进行处理。处理方法有多种,但没有一种万无一失的补救措施,只有一些经验的法则。

四、CS 对 GDP1、GDP2 和 GDP3 回归多重共线性的处理

根据广东数据,CS 对 GDP1、GDP2 和 GDP3 的回归中,发现存在严重的多重共线性,特别是 GDP2 和 GDP3 之间存在严重的多重共线性。假设知道已知信息,GDP3 对 CS 的贡献是 GDP1 贡献的 3 倍,并结合变量变换法,进行如下回归:

Dependent Variable：LOG(CS)

Method：Least Squares

Date：08/28/07　Time：13：18

Sample：1978 2005

Included observations：28

	Coefficient	Std. Error	t-Statistic	Prob.
LOG(GDP2)	0.693221	0.030250	22.91645	0.0000
GDP1＋3 * GDP3	2.37E-05	5.55E-06	4.277632	0.0002
C	0.432021	0.174578	2.474654	0.0205
R-squared	0.991667	Mean dependent var		5.369302
Adjusted R-squared	0.991000	S. D. dependent var		1.319281
S. E. of regression	0.125159	Akaike info criterion		−1.217510
Sum squared resid	0.391618	Schwarz criterion		−1.074774
Log likelihood	20.04514	Hannan-Quinn criter.		−1.173874
F-statistic	1487.480	Durbin-Watson stat		1.001414
Prob(F-statistic)	0.000000			

得回归方程为

$$LOG(CS) = 0.693221 * LOG(GDP2) + 2.372361e\text{-}05 * (GDP1 + 3 * GDP3) + 0.432021$$

基本消除了多重共线性,当然,假设是否正确有待探讨,上述方程也是试了很多次得到的,同学们也可以试其他形式。

五、TZG 对 ZJ 、YY 和 CZ 回归多重共线性的处理

根据广东数据,TZG 对 ZJ 、YY 和 CZ 的回归中,发现存在严重的多重共线性,特别是 ZJ 和 CZ 之间存在严重的多重共线性。实际上,在企业折旧资金和营业盈余资金主要是会计账面的区别,资金常常是混在一起用的,不区分折旧资金和营业盈余资金的使用。据此,把 ZJ 和 YY 加在一起,进行如下回归:

Dependent Variable：TZG

Method：Least Squares

Date：08/28/07　Time：13：26

Sample：1978 2005

Included observations：28

	Coefficient	Std. Error	t-Statistic	Prob.
ZJ＋YY	0.461208	0.057748	7.986604	0.0000
CZ	1.069667	0.250413	4.271616	0.0002
C	30.63063	31.23066	0.980787	0.3361
R-squared	0.996815	Mean dependent var		1628.997
Adjusted R-squared	0.996561	S. D. dependent var		2003.852
S. E. of regression	117.5195	Akaike info criterion		12.47204
Sum squared resid	345270.5	Schwarz criterion		12.61478
Log likelihood	−171.6086	Hannan-Quinn criter.		12.51568
F-statistic	3912.555	Durbin-Watson stat		0.908575
Prob(F-statistic)	0.000000			

得回归方程为

$$TZG = 0.461207865212 * (ZJ + YY) + 1.06966732681 * CZ + 30.6306268397$$

基本消除了多重共线性。

第 7 章　滞后变量模型及协整与误差修正模型

在时间序列模型中,从经济决策到政策变量的变化所造成的影响,其间可能经过了若干个时段。如果决策-反应周期特别长,则模型中就会包含滞后的解释变量。在处理时间序列数据时,我们还得考虑序列的平稳性。本章我们将介绍滞后变量模型及协整理论与误差修正模型。

第 1 节　自回归模型和分布滞后模型

迄今为止,我们所讨论的模型都假设被解释变量 Y 与解释变量 X 是同时期的,也即在同一时点。这一假设对截面数据是成立的,但对时间序列数据却不成立。因此,在消费支出对个人可支配收入(PDI)的回归中(涉及时间序列数据),消费支出有可能取决于前一期和当期的 PDI。也就是说,在 Y 和 X 之间可能存在滞后关系。

令 $Y_t = t$ 期的消费支出, $X_t = t$ 期的 PDI, $X_{t-1} = (t-1)$ 期的 PDI, $X_{t-2} = (t-2)$ 期的 PDI。现在考虑模型

$$Y_t = a + b_0 X_t + b_1 X_{t-1} + b_2 X_{t-2} + u_t$$

模型表明,由于滞后项 X_{t-1} 和 X_{t-2},消费支出与 PDI 不是同期的。类似上式这样的模型称为动态模型(也就是说,涉及跨时期变化),因为解释变量每单位变化的影响分散在几个时期内,在方程中是三个时期。我们把形如这样的动态模型称为分布滞后模型,因为解释变量每单位变化的影响分布到了多个时期。

很自然会提出这样一个问题:为什么会出现滞后现象呢? 也就是说,为什么被解释变量会对滞后解释变量变化有反应呢? 原因如下:

心理上的原因。由于习惯势力(惰性),在价格下降或收入增加后,人们并不会立即改变他们的消费习惯。例如,那些因中彩而顷刻间成为百万富翁的人不可能立即改变他长期习惯了的生活方式,因为他还不知道该如何应付这突如其来的巨额财富。

技术上的原因。每次新一代的个人电脑(PC)一问世,市场上现用的 PC 机的价格都会急剧下降。因而,未来的计算机消费者就心存观望,花一定时间从容考察各种竞争品牌的特点与价格以后,才去购买。而且,他们不急于购买,还在希望价格下降得更低一点,或者希望出现更有用的新产品。对汽车也如此。

制度上的原因。由于大多数集体议价协议都是多年期的契约,因此,工会工人

们不得不等待现存契约到期后再商谈一个新的工资率,即使签约以来通货膨胀率一直以较大的幅度增加。类似地,一个职业球员也不得不等待他的契约期满后方可商谈另一个新契约,即使自签约以来,他的"能力"有了很大的提高。

　　由于上述这些以及其他的一些原因,"滞后"在经济学中很重要。这一点清楚地反映在经济学的短期和长期分析方法上。在短期内,价格或者收入弹性的绝对值通常会小于长期内的价格或收入弹性值,因为解释变量变化之后,需要花时间去作必要的调整。

　　将上述方程一般化,得到 k 期滞后分布模型:

$$Y_t = a + b_0 X_t + b_1 X_{t-1} + b_2 X_{t-2} + \cdots + b_k X_{t-k} + u_t$$

在这个方程中,解释变量每单位变化的影响分布到了 k 个时期。在方程中,Y 不仅对变量 X 本期值、前一期值的变化有反映,而且还对变量的前若干时期值的变化有反应。

　　我们如何估计分布滞后模型呢? 能否仍使用常用的 OLS 法? 原则上说,是可以的,因为在重复抽样过程中,我们假设 X_t 是非随机的,或是固定的,因而 X_{t-1} 及其他所有 X 的滞后值也都是非随机的或固定的。所以,模型本身并没有违背古典线性回归模型的任何假定。但是,在具体应用中还存在着以下一些实际问题。

　　(1) 对滞后的最大长度没有事先的指导或设想。

　　(2) 如果引入了太多期滞后变量,则自由度可能会是一个严重的问题。显然,随着自由度的减少,统计推断就会变得越来越不可靠。如果模型中的解释变量不止一个,并且每个解释变量都有其自己的分布滞后结构,则问题会变得越来越复杂。

　　(3) 在大样本情形下,虽然无需过多考虑自由度,但可能会遇到多重共线性问题,因为大多数经济变量的连续值是趋于相关的,有时相关程度还很高。多重共线性会导致估计不准确,也就是说,估计系数的标准差会变大。结果,根据常规计算的 t 值,往往认为滞后系数是统计不显著的。产生的另一个问题是,有的时候,滞后项系数的符号会出现正负交错的情况,这使得我们很难解释这些系数。

第 2 节　用于分布滞后模型的夸克方法

　　一种既能减少分布滞后模型中滞后项个数又能解决多重共线性问题的创造性方法就是夸克(Koyck)所采用的适应性预期模型,和部分或存量调整模型。这些模型的一个显著特点是,分布滞后模型可以简化成如下"简单"形式

$$Y_t = c_1 + c_2 X_t + c_3 Y_{t-1} + v_t$$

其中,v 为误差项。这种模型称为自回归模型,因为被解释变量的滞后值作为解释变量出现在方程的右边。在分布滞后模型中,我们需要对截距项,解释变量的当期及 k 期滞后项进行估计。因此,如果 $k=15$,我们将共估计 17 个参数,自由度的

损失是相当大的,尤其是对容量不太大的样本。但是在回归方程自回归模型中,只需估计三个未知参数,截距项及两个斜率系数,大大地减少了自由度的损失。也就是说,分布滞后模型中的所有滞后项都由单独的一个 Y 的滞后值来代替。

当然,在将自回归模型中估计的参数个数减少到只有三个的过程中,也产生了一些新的问题。首先,由于 Y_t 是随机的,Y_{t-1} 也是随机的。因此,要用 OLS 来估计模型,必须确保误差项 v_t 与滞后变量 Y_{t-1} 不相关;否则,可以证明,OLS 估计量不仅是有偏的,而且也是不一致的。然而,如果 v_t 和 Y_{t-1} 不相关,则可以证明,OLS 估计量是有偏的(对小样本而言),但是这一偏差会随着样本容量的增大而逐渐消失。也就是说,对大样本而言,OLS 估计量是一致估计量。其次,如果 v_t 是序列相关的,则 OLS 估计量是有偏的和不一致的,传统的 t 检验和 F 检验也是无效的。因此在自回归模型中,非常重要的一点是我们确定误差项 v_t 是否服从一阶马尔可夫或者 AR(1)过程。最后,在自回归模型中,传统的杜宾-沃森 d 检验不再适用了。

第 3 节　协　整　理　论

当许多传统的计量经济学模型在 20 世纪 70 年代的经济动荡面前预测失灵时,误差修正模型却显示了它的稳定性和可靠性。对其原因进行深入分析之后发现,误差修正模型的非稳定的单整变量之间存在一种长期稳定关系。Granger 把这种长期稳定关系称为"协整关系",于是,一种新的理论——协整理论诞生了。

如果一个序列的均值和自协方差不依赖于时间,就说它是平稳的。如果一个时间序列的均值或自协方差函数随时间而改变,那么该序列就是非平稳的。对于非平稳的数据,采用传统的估计方法,可能会导致错误的推断,即伪回归。若非平稳序列经过一阶差分变为平稳序列,那么该序列就为一阶单整序列。对一组非平稳但具有同阶的序列而言,若它们的线性组合为平稳序列,则称该组合序列具有协整关系。

经典回归模型是建立在稳定数据变量基础上的,对于非稳定变量,不能使用经典回归模型,否则会出现虚假回归等诸多问题。由于许多经济变量是非稳定的,这就给经典的回归分析方法带来了很大限制。但是,如果变量之间有着长期的稳定关系,即它们之间是协整的,则是可以使用经典回归模型方法建立回归模型的。

一、单整

非平稳序列的典型例子是随机游动 $y_t = y_{t-1} + \varepsilon_t$。其中,$\varepsilon_t$ 是平稳随机扰动项。序列 y 有一个常数预测值,方差随时间增长。随机游动是差分平稳序列,因为 y 一阶差分后平稳。$y_t - y_{t-1} = \varepsilon_t$,差分平稳序列称为单整,记为 $I(d)$,d 为单整阶数。单整阶数是序列中单位根数,或者是使序列平稳而差分的阶数。对于上面的随机游动,有一个单位根,所以是 $I(1)$,同样,平稳序列是 $I(0)$。

如果一个序列在成为稳定序列之前必须经过 d 次差分,则该序列被称为 d 单整。记为 $I(d)$。换句话说,如果序列 x_t 是非稳定序列,$\Delta^d x_t$ 是稳定序列,则序列 x_t 是 $I(d)$。其中

$$\Delta x_t = x_t + x_{t-1}, \Delta^2 x_t = \Delta(\Delta x_t), \cdots, \Delta^d x_t = \Delta(\Delta^{d-1} x_t)$$

如果有两个序列分别为 a 阶单整和 e 阶单整,即

$$x_t \sim I(d), y_t \sim I(e), e > d$$

则二序列的线性组合是 e 阶单整序列,即

$$z_t = cx_t + \beta y_t \sim I(\max(d, e))$$

对于时间序列 x_t,建立下列方程:

$$x_t = \rho x_{t-1} + \varepsilon_t \quad \text{或} \quad \Delta x_t = (\rho - 1)x_{t-1} + \varepsilon_t$$

如果 $\gamma = \rho - 1$ 不显著为 0,则序列 x_t 至少为 1 阶单整 $I(1)$。问题在于如何判断 γ 是否是显著为 0。

构造 t 统计量,但这时 t 统计量服从由 Dickey 和 Fuller 于 1979 年提出的 Dickey-Fuller 分布,即 DF 分布。像第二章中介绍的变量显著性检验 t 统计量的计算一样,计算得到 t 统计量的值;从 DF 分布表中查出给定显著性水平下的临界值;如果 t 统计量的绝对值大于临界值的绝对值,则拒绝 $\gamma = 0$ 假设,序列 x_t 至少为 1 阶单整 $I(1)$。这就是 Dickey-Fuller 检验,也称单位根检验。

通过了 1 阶单整检验后,寻建立如下方程:

$$\Delta^2 x_t = (\rho - 1)\Delta x_{t-1} + \varepsilon_t$$

进行同样过程的检验,如果通过检验,则序列 x_t 至少为 2 阶单整 $I(2)$…直到不能通过检验为止。通过该检验,同时也就确定了序列 x_t 的单整的阶数。

一般讲,在经济数据中,表示流量的序列。例如,以不变价格表示的消费额、收入等经常表现为 1 阶单整;表示存量的序列,例如以下不变价格表示的资产总值、储蓄余额等经常表现为 2 除单整;由于价格指数的作用,也经常表现为 2 除单整;而像利率等序列,经常表现为 0 阶单整。了解这些,对于选择什么变量进入模型是十分重要的。

在 DF 检验中,由于不能保证方程中的 ε_t 是白噪声,所以得到的 $(\rho-1)$ 的估计值不是无偏的。于是 Dickey 和 Fuller 于 1979、1980 年对 DF 检验进行了扩充,形成了扩充,形成了 ADF 检验。这是目前普遍应用的单整检验方法。

为说明 ADF 检验的使用,先考虑一个 AR(1) 过程。

$$y_t = \mu + \rho y_{t-1} + \varepsilon_t$$

μ, ρ 是参数,ε_t 假设为白噪声。如果 $-1 < \rho < 1$,y 平稳序列。如果 $\rho = 1$,y 是非平稳序列(带漂移的随机游动)。如果这一过程在一些点开始,y 的方差随时间

增长趋于无穷。如果 ρ 的绝对值大于 1，序列发散。因此，一个序列是否平稳，可以检验 ρ 是否严格小于 1。DF 用单位根作为原假设。$H_0:\rho=1$ 因为发散序列没有经济学含义，所以备选假设为单边假设 $H_1:\rho<1$。

从方程两边同时减去 y_{t-1}

$$\Delta y_t = \mu + \gamma y_{t-1} + \varepsilon_t$$

其中，

$$\gamma = \rho - 1$$

所以原假设和备选假设可改为

$$H_0:\gamma=0$$
$$H_1:\gamma<0$$

单位根检验可以看作对 γ 进行 t 检验。EViews 将 DF，ADF 检验都看成为 ADF 检验。ADF 检验考虑如下三种回归形式：

$$\Delta y_t = \gamma y_{t-1} + \sum_{i=1}^{p} \beta_i \Delta y_{t-i} + \varepsilon_t$$

$$\Delta y_t = \mu + \gamma y_{t-1} + \sum_{i=1}^{p} \beta_i \Delta y_{t-i} + \varepsilon_t$$

$$\Delta y_t = a_0 + \gamma y_{t-1} + a_2 t + \sum_{i=1}^{p} \beta_i \Delta y_{t-i} + \varepsilon_t$$

即通过在模型中增加 Δy_t 的滞后项，以消除残差的序列相关性。在检验回归中包括常数，常数和线性趋势，或两者都不包含。

二、协整

如果序列 $X_{1t}, X_{2t}, \cdots, X_{kt}$ 都是 d 阶单整，存在一个向量 $a=(a_1, a_2, \cdots, a_k)$，使得 $Z_t = aX_t' \sim I(d-b)$，其中，$b>0$，$X_t'=(X_{1t}, X_{2t}, \cdots, X_{kt})'$，则认为序列 X_{1t}，$X_{2t}, \cdots, X_{kt}$ 是 $(d-b)$ 阶协整，记为 $X_t \sim CI(d,b)$，a 为协整向量。

例如，居民收入时间序列 Y_t 为 1 阶单整序列，居民消费时间序列 C_t 也为 1 阶单整序列，如果两者的线性组合 $a_1 Y_t + a_2 C_t$ 构成的新序列为 0 阶单整序列，于是认为序列 Y_t 与 C_t 是 $(1,1)$ 阶协整。

由此可见，如果两个变量都是单整变量，只有当它们的单整阶相同时，才可能协整，例如上面的居民收入 Y_t 和居民消费 C_t；如果它们的单整阶不相同时，就不可能协整。例如，居民消费 C_t 和居民储蓄余额 S_t（一般讲作为存量的居民储蓄余额 S_t 为 2 阶单整）。

从协整的定义可以看出协整的经济意义在于：两个变量，虽然它们具有各自的长波动规律，但是如果它们是协整的，则它们之间存在着一个长期稳定的比例关系。例如居民收入 Y_t 和居民消费 C_t，如果它们各自都是 1 阶单整，并且它们是

（1，1）阶协整，则说明它们之间存在着一个长期稳定的比例关系，而这个比例关系就是消费倾向，也就是说消费倾向是不变的。从计量经济学模型的意义上讲，建立如下消费函数模型

$$C_t = a_0 + a_1 Y_t + \mu_t$$

变量选择是合理的，随机误差项一定是"白噪声"（即均值为 0、方差不变的稳定随机序列），模型参数有合理的经济解释。

反过来，如果两个变量，具有各自的长期波动规律，但是它们不是协整的，则它们之间就不存在着一个长期稳定的比例关系。例如，居民消费 C_t 和居民储蓄余额 S_t，由于它们单整阶数不同，所以它们不是协整的，则说明它们之间不存在着一个长期稳定的比例关系。从计量经济学模型的意义上讲，建立如下消费函数模型

$$C_t = a_0 + a_1 S_t + \mu_t$$

或

$$C_t = a_0 + a_1 Y_t + a_2 S_t + \mu_t$$

变量选择是不合理的，随机误差项一定不是"白噪声"，模型参数没有合理的经济解释。

从这里，我们已经初步认识，检验变量之间的协整关系，在建立计量经济学模型中的重要性。而且，从变量之间是否具有协整关系出发选择模型的变量，其数据基是牢固的，其统计性质是优良的。从协整理论出发，在建立消费函数模型时，就不会选择居民储蓄余额作为居民消费的解释变量；但是，按照传统的计量经济学建模理论，从已经认识的经济理论出发选择模型的变量，那么选择居民储蓄余额和居民收入共同作为居民消费的解释变量，不仅不感到奇怪，而且被认为是完全合理的。

协整的检验：

（1）两变量的 Engle-Granger 检验。为了检验两变量 Y_t, X_t 是否为协整，Engle 和 Granger 于 1987 年提出两步检验法。

第一步，用 OLS 方法估计下列方程：

$$Y_t = a X_t + \varepsilon_t$$

得到

$$\hat{Y}_t = \hat{a} X_t$$

$$\hat{e}_t = Y_t - \hat{Y}_t$$

称为协整回归。

第二步，检验 $\hat{e}_t$ 的单整性。如果 $\hat{e}_t$ 为稳定序列，则认为变量 Y_t, X_t 为（1，1）阶协整；如果 $\hat{e}_t$ 为 1 阶单整，则认为变量 Y_t, X_t 为（2，1）阶协整……检验 $\hat{e}_t$ 的单整性的方法即是上述的 DF 检验。

（2）多变量协整关系的检验。上述 Engle-Granger 检验通常用于检验两变量

之间的协整关系,对于多变量之间的协整关系,Johansen 于 1988 年以及与 Juselius 于 1990 提出了一种用极大或然法进行检验的方法,通常称为 Jo-hansen 检验。Eviews中有 JJ 检验的功能。

第 4 节　误差修正模型

传统的计量经济学模型是以某种经济理论或对经济行为的认识来确立模型的理论关系形式,而在这里,则是从经济变量的数据中所显示的关系出发,确定模型包含的变量和变量之间的理论关系。这是 20 世纪 80 年代以来计量经济学模型建模理论的一个重大发展。

建立误差修正模型的步骤如下:首先,对单个序列进行单根检验,进行单根检验有两种:ADF 和 DF 检验法。若序列都是同阶单整,我们就可以对其进行协整分析。我们可以先求出误差项,再建立误差修正模型,也可以先求出向量误差修正模型,然后算出误差修正项。补充一点的是,误差修正模型反映的是变量短期的相互关系,而误差修正项反映出变量长期的关系。

误差修正模型是一种具有特定形式的计量经济学模型,它的主要形式是由 Davidson、Hendry、Srba 和 Yeo 于 1978 年提出的,称为 DHSY 模型。

对于$(1,1)$阶自回归分布滞后模型:

$$y_t = \beta_0 + \beta_1 z_t + \beta_2 y_t + \beta_3 z_{t-1} + \varepsilon_t$$

移项后得到

$$\Delta y_t = \beta_0 + \beta_1 \Delta z_t + (\beta_2 - 1) y_{t-1} + \beta_3 z_{t-1} + \beta_1 z_{t-1} + \varepsilon_t$$

$$= \beta_0 + \beta_1 \Delta z_t + (\beta_2 - 1)\left(y - \frac{\beta_1 + \beta_3}{1 - \beta_2} z\right)_{t-1} + \varepsilon_t$$

此方程即为误差修正模型。其中,$y - \dfrac{\beta_1 + \beta_3}{1 - \beta_2} z$ 为误差修正项。

显然,此方程实际上是一个短期模型,反映了 y_t 的短期波动 Δy_t 是如何被决定的。如果变量 y 和 z 之间存在长期均衡关系,即存在 $y = az$。例如,在方程中,若 $z = \bar{z}$,那么 y 的均衡值与 $\bar{z}$ 有下列均衡关系:

$$\bar{y} = \frac{\beta_1 + \beta_3}{1 - \beta_2} \bar{z}$$

上述方程中的误差修正项正是与它相一致的。所以它反映长期均衡对短期波动的影响;上述方程中的差分项反映变量短期波动的影响。于是,被解释变量的波动被分成两部分:一部分为短期波动,一部分为长期均衡。

上述方程可以写成

$$\Delta y_t = \beta_0 + \beta_1 \Delta z_t + \gamma \mathrm{ecm} + \varepsilon_t$$

其中,ecm 表示误差修正项。由原式可知,一般情况下 $|\beta_2|<1$,所以有 $\gamma=\beta_2-1<0$。我们可以据此分析 ecm 的修正作用:若 $(t-1)$ 时刻 y 大于其长期均衡解 $\dfrac{\beta_1+\beta_3}{1-\beta_2}z$,ecm 为正,$\gamma\times ecm$ 为负,使得 Δy_t 减少;若 $(t-1)$ 时刻 y 小于其长期均衡解 $\dfrac{\beta_1+\beta_3}{1-\beta_2}z$,ecm 为负,$\gamma\times ecm$ 为正,使得 Δy_t 增大。这体现了长期均衡误差对 y_t 的控制。

对于上述 $(1,1)$ 阶自回归分布滞后模型,如果

$$y_t \sim I(1),z_t \sim I(1)$$

那么,上述方程式左边

$$\Delta y_t \sim I(0)$$

右边 $\Delta z_t \sim I(0)$,只有 y 与 z 协整,才能保证右边也是 $I(0)$。此时,$\dfrac{\beta_1+\beta_3}{1-\beta_2}$ 为协整系数,$y_t-\dfrac{\beta_1+\beta_3}{1-\beta_2}z_t$ 即为均衡误差。

实际上是先有误差修正模型,然后用协整理论去解释误差修正模型。那么在今天,我们就可以首先对变量进行协整分析,以发现变量之间的协整关系,即长期均衡关系,求出协整系数,并以这种关系构成误差修正项。然后建立短期模型,将误差修正项看作一个解释变量,加同其他反映短期波动的解释变量一起,建立短期模型,即误差修正模型。

实验八　滞后变量模型和误差修正模型的估计

实验目的:掌握滞后变量模型的估计方法,掌握单位根与协整检验方法,掌握误差修正模型的估计方法。

实验要求:熟悉分布滞后模型估计和掌握自回归模型估计,掌握单位根与协整检验,掌握误差修正模型的估计。

实验原理:自回归模型和分布滞后模型,单位根与协整检验,误差修正模型。

实验步骤:

一、广东储蓄存款方程的估计

根据广东数据,建立城乡储蓄存款 CX 的自回归模型如下

$$CX_t = c + \alpha CX_{t-1} + \beta GDPS_t + u_t$$

进行估计,结果为:

Dependent Variable:CX

Method:Least Squares

Date：08/30/07　Time：21：24

Sample（adjusted）：1979 2005

Included observations：27 after adjustments

	Coefficient	Std. Error	t-Statistic	Prob.
CX(−1)	0.695883	0.083355	8.348439	0.0000
GDPS	0.353788	0.063854	5.540547	0.0000
C	−151.5637	76.25148	−1.987682	0.0584
R-squared	0.998384	Mean dependent var		4446.959
Adjusted R-squared	0.998250	S. D. dependent var		5613.364
S. E. of regression	234.8400	Akaike info criterion		13.86013
Sum squared resid	1323596.	Schwarz criterion		14.00411
Log likelihood	−184.1117	Hannan-Quinn criter.		13.90294
F-statistic	7415.549	Durbin-Watson stat		1.470618
Prob(F-statistic)	0.000000			

　　CX(−1)不仅显著，GDPS 也显著，方程为

$$CX = 0.695882678719 * CX(-1) + 0.353787930326 * GDPS$$
$$- 151.563675857$$

二、广东储蓄存款方程的再估计

　　根据广东数据，建立城乡储蓄存款 CX 的自回归模型如下：

$$CX_t = c + \alpha CX_{t-1} + \beta LB_t + \gamma RK_t + u_t$$

　　进行估计，结果为：

Dependent Variable：CX

Method：Least Squares

Date：08/30/07　Time：21：29

Sample（adjusted）：1979 2005

Included observations：27 after adjustments

	Coefficient	Std. Error	t-Statistic	Prob.
CX(−1)	0.747825	0.085061	8.791634	0.0000
LB	0.984097	0.217340	4.527917	0.0002
RK	−0.688002	0.237546	−2.896293	0.0081
C	3588.705	1289.782	2.782412	0.0106
R-squared	0.998181	Mean dependent var		4446.959
Adjusted R-squared	0.997944	S. D. dependent var		5613.364

S. E. of regression	254.5348	Akaike info criterion	14.05271
Sum squared resid	1490123.	Schwarz criterion	14.24468
Log likelihood	−185.7115	Hannan-Quinn criter.	14.10979
F-statistic	4207.399	Durbin-Watson stat	1.017355
Prob(F-statistic)	0.000000		

方程为

$$CX = 0.747825 * CX(-1) + 0.984097 * LB - 0.688002 * RK + 3588.7047$$

三、财政支出方程的估计

在实验二的一元线性回归模型的估计中,根据广东数据财政支出 CZ 对财政收入 CS 的回归中,添入财政支出 CZ 的滞后变量,进行估计,结果为:

Dependent Variable: CZ
Method: Least Squares
Date: 08/30/07　Time: 21:37
Sample (adjusted): 1979 2005
Included observations: 27 after adjustments

	Coefficient	Std. Error	t-Statistic	Prob.
CS	0.737604	0.114745	6.428193	0.0000
CZ(−1)	0.491684	0.103580	4.746897	0.0001
C	−10.99925	9.275625	−1.185823	0.2473
R-squared	0.997506	Mean dependent var		571.6333
Adjusted R-squared	0.997298	S. D. dependent var		657.3673
S. E. of regression	34.17276	Akaike info criterion		10.00517
Sum squared resid	28026.67	Schwarz criterion		10.14916
Log likelihood	−132.0699	Hannan-Quinn criter.		10.04799
F-statistic	4798.602	Durbin-Watson stat		1.801628
Prob(F-statistic)	0.000000			

方程为

$$CZ = 0.737604211985 * CS + 0.491683918358 * CZ(-1) - 10.999249042$$

四、政府消费方程的估计

根据广东数据,建立政府消费 XFZ 的自回归模型如下:

$$XFZ_t = c + \alpha XFZ_{t-1} + \beta CZ_t + u_t$$

进行估计,结果为:

Dependent Variable:XFZ

Method:Least Squares

Date:08/30/07　Time:21:52

Sample (adjusted):1979 2005

Included observations:27 after adjustments

	Coefficient	Std. Error	t-Statistic	Prob.
XFZ(−1)	0.691174	0.090163	7.665802	0.0000
CZ	0.465814	0.093636	4.974717	0.0000
C	−11.38085	12.67827	−0.897665	0.3783
R-squared	0.997089	Mean dependent var		616.0489
Adjusted R-squared	0.996846	S. D. dependent var		777.3930
S. E. of regression	43.65544	Akaike info criterion		10.49497
Sum squared resid	45739.14	Schwarz criterion		10.63895
Log likelihood	−138.6821	Hannan-Quinn criter.		10.53779
F-statistic	4110.379	Durbin-Watson stat		1.663273
Prob(F-statistic)	0.000000			

方程为

$$XFZ = 0.691173833685 * XFZ(-1) + 0.465814380466 * CZ - 11.3808496115$$

五、单位根检验

根据广东数据,拟建立广东省城镇居民的人均可支配收入 RJSR 与人均消费水平 RJXF 的关系。根据相对收入假设理论,在一定时期,人们的当期的消费水平不仅与当期的可支配收入、而且受前期的消费水平的影响,具有一定的消费惯性,这就是消费的棘轮效应。从这个理论出发,我们可以建立自回归人均消费模型。

首先进行单位根检验,在检验过程中,若 ADF 检验值小于临界值,则认为被检验的序列为平稳序列;否则,为非平稳序列。先对 RJSR 进行检验,在主菜单中选择 Quick/Series Statistics/Unit Root Test,屏幕提示用户输入待检验序列名,输入 RJSR,单击 OK 进入单位根检验定义的对话框,如图 7-1 所示。

对话框由三部分构成。检验类型(Test Type)中默认项是 ADF 检验。Test for unit root In 中可选择的是对原序列、一阶差分序列或是二阶差序列做单位根检验,在此我们保持默认的 level,即原序列。左下方的 Include in test equation 中,有三个选项,依次为含常数项,含常数项和趋势项,没有常数项且没有趋势。在右下方的空格里默认为 6,一般自动选择 SIC。检验的顺序为:先选含趋势项和常

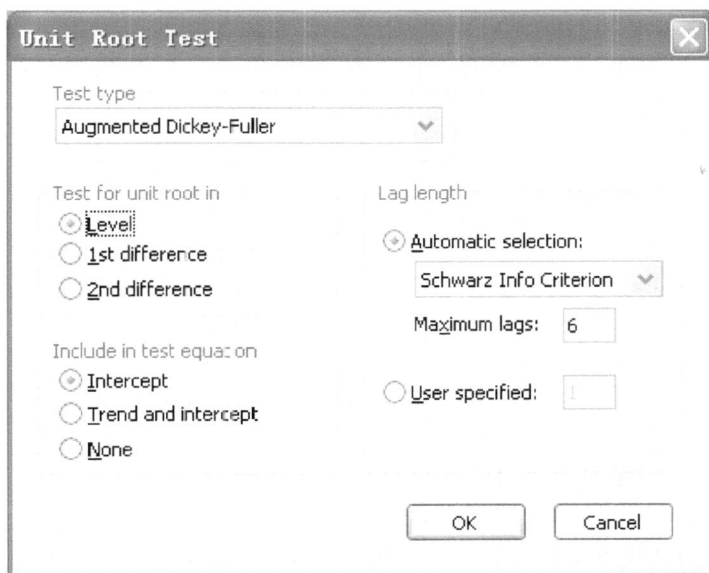

图 7-1

数项的检验，如果趋势项的 T 统计量不明显，就再选只含常数项的，如果常数项的 T 统计量不明显，就选择常数项和趋势项均不包括的一项。当我们选含趋势项和常数项的检验时，会出现下面的结果：

Null Hypothesis：RJSR has a unit root

Exogenous：Constant，Linear Trend

Lag Length：1（Automatic based on SIC，MAXLAG＝6）

		t-Statistic	Prob. *
Augmented Dickey-Fuller test statistic		−1.801381	0.6748
Test critical values：	1% level	−4.356068	
	5% level	−3.595026	
	10% level	−3.233456	

*　MacKinnon（1996）one-sided p-values.

Augmented Dickey-Fuller Test Equation

Dependent Variable：D(RJSR)

Method：Least Squares

Date：09/02/07　Time：14：17

Sample（adjusted）：1980 2005

Included observations：26 after adjustments

	Coefficient	Std. Error	t-Statistic	Prob.
RJSR(−1)	−0.074695	0.041465	−1.801381	0.0854
D(RJSR(−1))	0.685078	0.146279	4.683358	0.0001
C	−215.5279	162.8407	−1.323551	0.1992
@TREND(1978)	54.60720	24.30551	2.246700	0.0350
R-squared	0.749470	Mean dependent var		552.0619
Adjusted R-squared	0.715307	S. D. dependent var		464.0859
S. E. of regression	247.6205	Akaike info criterion		14.00231
Sum squared resid	1348950.	Schwarz criterion		14.19586
Log likelihood	−178.0300	Hannan-Quinn criter.		14.05805
F-statistic	21.93798	Durbin-Watson stat		1.532000
Prob(F-statistic)	0.000001			

　　在检验的结果输出窗口中,最上方为 ADF 检验值,紧跟着上方为 1%、5% 和 10% 的显著水平下的临界值,从中可以看出 ADF 统计的检验值为－1.801381,其值大于 10% 的显著水平的临界值。注意,这里的 T 统计量不同于我们在做最小二乘时用的 T 统计值。这些 T 统计检验的临界值在 Fuller(1976) 中给出。同时趋势值的 T 统计来看,在 5% 的水平下显著,这与最小二乘时用的 T 统计值相同。从上面的分析我们可以认为该序列为非平稳的序列,且该序列有趋势项。

　　在上面分析的基础上,我们回到图 7-1 的窗口,检验 lincome 差分一阶的平稳性。在图 7-1 中的 Test for unit root In 中选差分一阶,同时在 Include in test equation 中选取含趋势项和常数项这一项,我们同样选择 SIC 和滞后 6 期。此时会出现下面的结果:

Null Hypothesis:D(RJSR) has a unit root

Exogenous:Constant,Linear Trend

Lag Length:1 (Automatic based on SIC,MAX_LAG=6)

		t-Statistic	Prob. *
Augmented Dickey-Fuller test statistic		−2.794531	0.2119
Test critical values:	1% level	−4.374307	
	5% level	−3.603202	
	10% level	−3.238054	

　　* MacKinnon (1996) one-sided p-values.

Augmented Dickey-Fuller Test Equation

Dependent Variable:D(RJSR,2)

Method:Least Squares

Date:09/02/07　Time:14:46

Sample (adjusted):1981 2005

Included observations：25 after adjustments

	Coefficient	Std. Error	t-Statistic	Prob.
D(RJSR(-1))	-0.451393	0.161527	-2.794531	0.0109
D(RJSR(-1),2)	0.401189	0.203141	1.974929	0.0616
C	-13.69519	116.0165	-0.118045	0.9072
@TREND(1978)	18.38193	9.418689	1.951645	0.0644
R-squared	0.291707	Mean dependent var		43.44200
Adjusted R-squared	0.190523	S. D. dependent var		277.0821
S. E. of regression	249.2934	Akaike info criterion		14.02078
Sum squared resid	1305091.	Schwarz criterion		14.21580
Log likelihood	-171.2598	Hannan-Quinn criter.		14.07487
F-statistic	2.882922	Durbin-Watson stat		2.201193
Prob(F-statistic)	0.053996			

　　从上表中可以看出 ADF 的值还是大于 10% 的临界值。但此时趋势项的 T 检验值不明显。所以我们回到图 7-1 的窗口,在 Include in test equation 中选取含常数项这一项。其结果还是 ADF 不显著,也就是说,人均可支配收入 RJSR 不是一阶单整。同样检验,人均消费支出 RJXF 也不是一阶单整。剔除价格指数对货币购买力的影响,对数据做如下的变换:实际人均可支配收入=名义人均可支配收入÷居民消费价格总指数×100,即 RJSRS=RJSR/PCI * 100;实际人均消费支出=名义人均消费支出÷居民消费价格总指数×100,即 RJXFS=RJXF/PCI * 100。对实际人均可支配收入 RJSRS 和实际人均消费支出 RJXFS 进行检验,RJSRS 不是一阶单整,RJXFS 在 5% 显著性水平下是一阶单整。为消除或减小时序数据的异方差,使得数据更为平滑,再对实际人数均据取对数。再对实际人均可支配收入的对数 log(RJSRS)和实际人均消费支出的对数 log(RJXFS)进行检验,log(RJSRS)一阶差分检验结果为

Null Hypothesis：D(LOG(RJSRS)) has a unit root
Exogenous：Constant
Lag Length：0 (Automatic based on SIC,MAXLAG=6)

		t-Statistic	Prob. *
Augmented Dickey-Fuller test statistic		-4.167154	0.0034
Test critical values：	1% level	-3.711457	
	5% level	-2.981038	
	10% level	-2.629906	

　　* MacKinnon (1996) one-sided p-values.

Augmented Dickey-Fuller Test Equation
Dependent Variable：D(LOG(RJSRS),2)

Method：Least Squares
Date：09/02/07　Time：18：32
Sample（adjusted）：1980 2005
Included observations：26 after adjustments

	Coefficient	Std. Error	t-Statistic	Prob.
D(LOG(RJSRS(−1)))	−0.757290	0.181728	−4.167154	0.0003
C	0.055451	0.015748	−3.521161	0.0017
R-squared	0.419802	Mean dependent var		0.003673
Adjusted R-squared	0.395627	S. D. dependent var		0.063459
S. E. of regression	0.049334	Akaike info criterion		−3.106618
Sum squared resid	0.058411	Schwarz criterion		−3.009841
Log likelihood	42.38603	Hannan-Quinn criter.		−3.078750
F-statistic	17.36517	Durbin-Watson stat		1.970742
Prob(F-statistic)	0.000345			

　　结果显示 ADF 值为−4.167154 小于 1％水平下的临界值,此时常数项的 T 检验值为 3.521161,大于在显著水平为 5％水平下的 T 临界值,所以常数项 T 检验值很显著。log(RJSRS)是一阶单整;同样,log(RJXFS)也是一阶单整。

　　实际通过 log(RJSRS)和 log(RJXFS)趋势图(图 7-2),可见序列具有明显的时间趋势,是非平稳序列。对序列进行一阶差分,作一阶差分后的趋势图(图 7-3),其时间趋势基本消除,可看出是平稳序列。

　　DF 检验相当于 ADF 检验中的不含趋势项的常数项的情况。在此不再叙述。

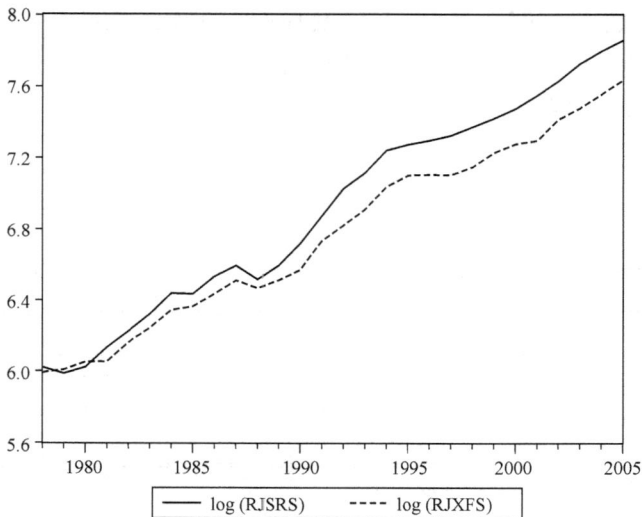

图 7-2

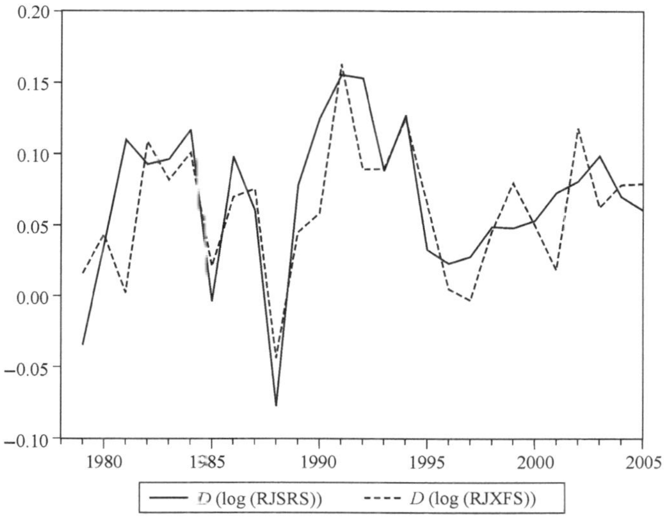

图 7-3

六、协整检验和误差修正模型

上面分析了广东省城镇居民实际人均可支配收入的对数和城镇居民实际人均消费支出的对数也为一阶单整。为了避免出现伪回归,在估计模型前必须对其进行协整检验。根据协整的定义,只有在两变量都是单整阶变量,且单整阶相同时才有可能协整,否则就不能协整。为了判断其是否真的存在协整关系,我们进一步用恩格尔-格兰杰两步法对 log(RJSRS) 和 log(RJXFS) 的协整性进行检验。

协整性的检验就是检验回归方程的残差项是否存在单位根,如果两个序列不是协整的,则其残差中一定存在单位根,如果是协整的,则残差是平稳。换言之,对残差序列是否具有平稳性的检验,也就是对 log(RJSRS) 与 log(RJXFS) 是否存在协整的检验。对残差项进行单位根检验,如果残差序列是 $I(0)$ 的,则可判断 log(RJSRS) 和 log(RJXFS) 这两序列间具有协整关系。

给出如下自回归模型:

$$\log(RJXFS) = \alpha_0 + \alpha_1 \log(RJXFS(-1)) + \alpha_2 \log(RJSRS) + u$$

用最小二乘法估计参数,得到如下方程:

$$LOG(RJXFS) = 0.302085 * LOG(RJXFS(-1)) + 0.609281 * LOG(RJSRS) + 0.531972$$
$$\qquad\qquad (3.8279) \qquad\qquad\qquad (8.9949) \qquad\qquad\qquad (6.3872)$$

$$R^2 = 0.998161 \quad D\text{-}W = 2.262927$$

由 D-W 检验的结果可以看到残差项不存在自相关,所以可以初步认为以上模型反映了 log(RJSRS) 与 log(RJXFS) 的长期稳定关系。

我们在 EViews 中令 ecm＝resid 就可以得到残差序列。对残差项进行单位根检验，得结果为：

Null Hypothesis：ECM has a unit root

Exogenous：Constant

Lag Length：0（Automatic based on SIC，MAXLAG＝6）

		t-Statistic	Prob. *
Augmented Dickey-Fuller test statistic		-5.845207	0.0001
Test critical values：	1% level	-3.711457	
	5% level	-2.981038	
	10% level	-2.629906	

* MacKinnon（1996）one-sided p-values.

从上表中可以看出，残差序列为平稳序列，该协整关系成立。所以方程

$$\log(\text{RJXFS}) = 0.302085 * \log(\text{RJXFS}(-1)) + 0.609281 * \log(\text{RJSRS}) + 0.531972$$

是描述长期均衡的关系式，它表明收入与消费存在长期的均衡关系，虽然这种关系在短期内会被破坏，但其偏离长期的偏差是平稳的，其各变量的系数也都符合经济意义。

同时根据生命周期假设理论，消费者的消费不仅与当期收入有关，同时也受过去各项的收入以及对将来预期收入的限制和影响。我们可以把相对收入假设理论与生命周期假设理论联系起来，推出如下的结果：当期的消费水平不仅与当期的可支配收入有关，而且还与前期的可支配收入、前两期的消费水平有关。

如果当期的人均消费水平与当期的人均可支配收入及前期的人均消费水平均为一阶单整序列，而它们的线性组合为平稳序列，那么我们可以求出误差修正序列，并建立误差修正模型，如下

$$\Delta \log(\text{RJXFS})_t = \beta_0 + \beta_1 \Delta \log(\text{RJSRS})_t + \beta_2 \Delta \log(\text{RJXFS})_{t-1}$$
$$+ \beta_3 \text{ecm}_{t-1} + \beta_4 t + u_t \quad t = 1, 2, \cdots, n$$

在上式中 Δ 为变量的差分，ecm(-1) 为误差修正项。上式为含有常数项和趋势项的形式，我们省略了只含趋势项或常数项及二项均无的形式。

上面的分析可以证明序列 $\log(\text{RJXFS})$、$\log(\text{RJSRS})$ 及 $\log(\text{RJXFS}(-1))$ 之间存在协整关系，故可以建立 ecm（误差修正模型）。先分别对序列 $\log(\text{RJXFS})$、$\log(\text{RJSRS})$ 及 $\log(\text{RJXFS}(-1))$ 进行一阶差分，然后对误差修正模型进行估计。估计结果为：

Dependent Variable：D(LOG(RJXFS))

Method：Least Squares

Date：09/02/07　Time：22:16

Sample (adjusted)：1980 2005

Included observations：26 after adjustments

	Coefficient	Std. Error	t-Statistic	Prob.
D(LOG(RJXFS(−1)))	0.334805	0.117815	2.841794	0.0098
D(LOG(RJSRS))	0.573335	0.094134	6.143740	0.0000
ECM(−1)	−1.245167	0.257069	−4.843712	0.0001
C	−0.002500	0.013379	−0.186823	0.8536
T	0.000114	0.000618	0.184860	0.8551
R-squared	0.781413	Mean dependent var		0.062655
Adjusted R-squared	0.739777	S. D. dependent var		0.045204
S. E. of regression	0.023059	Akaike info criterion		−4.530456
Sum squared resid	0.011166	Schwarz criterion		−4.288514
Log likelihood	63.39593	Hannan-Quinn criter.		−4.460786
F-statistic	18.76789	Durbin-Watson stat		1.928964
Prob(F-statistic)	0.000001			

　　此时的常数项和趋势项系数不显著,我们去掉常数项和趋势项后再进行回归,结果为:

Dependent Variable：D(LOG(RJXFS))

Method：Least Squares

Date：09/02/07　Time：22:20

Sample (adjusted)：1980 2005

Included observations：26 after adjustments

	Coefficient	Std. Error	t-Statistic	Prob.
D(LOG(RJXFS(−1)))	0.333026	0.088632	3.757412	0.0010
D(LOG(RJSRS))	0.572111	0.074626	7.666400	0.0000
ECM(−1)	−1.247817	0.232863	−5.358582	0.0000
R-squared	0.780980	Mean dependent var		0.062655
Adjusted R-squared	0.761935	S. D. dependent var		0.045204
S. E. of regression	0.022056	Akaike info criterion		−4.682325
Sum squared resid	0.011188	Schwarz criterion		−4.537160
Log likelihood	63.87023	Hannan-Quinn criter.		−4.640523
Durbin-Watson stat	1.917784			

　　可以看出,上述 T 检验值均显著,根据 D-W 值可以知道其残差不存在自相关。其中的误差项反映了长期均衡对短期波动的影响,其系数的大小反映了对偏离长期均衡的调整力度。误差修正项的系数为 −1.247817,这说明长期均衡对短期波动的影响不大。

　　从以上建立的计量经济学模型可以看出:1978～2005 年间,广东省城镇居民收入对数与消费对数之间存在协整关系。由上述分析结果说明,改革开放以来,随着经济发展水平的大幅度提高以及各种影响居民消费的制度的变迁,城镇居民的消费和收入仍然存在长期均衡关系,收入水平和消费水平呈现出共同的增长趋势。根据模型的参数系数可以看到,在上一期人均消费支出不变动的情况下,本期人均可支配收入每增加1%,会引起居民本期人均消费支出同方向变动0.572111%;而在本期人均可支配收入不变动时,上一期人均消费支出每增加1%,会引起本期人均消费支出同方向变动0.333026%,可见上一期人均消费支出的波动对本期消费的影响并没当期人均可支配收入的波动对本期消费的影响敏感。误差项ecm(-1)的修正系数为-1.247817为负值,符合反向修正机制,表明上一年的非均衡误差以1.247817%的比率对本年度的被解释变量进行反向修正,使得收入与消费的关系不会过多地偏离长期的均衡状态。再从其绝对值来看,收入与消费的长期均衡关系对两者的短期均衡关系有很强的调整作用,也就是调整力度很大,这主要是制度因素和收入分配关系所导致的。因为目前我国处在经济和社会转型时期,大部分的居民出于子女教育、失业和养老等方面的考虑以及未来不确定性预期会将收入转化为足够的预防性储蓄,导致当期消费下降,再加上近年下岗失业率的增加,导致部分居民收入突然下降,但由于消费的棘轮效应,消费并不能立即减少。所以在这种情况下,任何降息或抑制居民储蓄的临时性措施,都不可能切实提高广东省城镇居民消费和收入的长期均衡比例而只能在短期内引起一些波动,这种波动在后期总会得到校正,这也就是为什么政府多次降息也并没有达到刺激消费的预期效果的原因。因此,政府在积极提高居民收入来刺激消费的同时,还要完善好各种社会保障制度,使居民减少顾虑,大胆放心地去消费,进而实现社会经济资源的合理配置,促进广东省经济的持续、稳定、快速地发展。

协整的分析结果表明,用恩格尔-格兰杰两步法建立的广东省城镇居民收入与消费的误差修正模型有很好的拟合效果。目前广东省城镇居民的消费仍主要由收入决定,一些用于刺激消费的短期政策基本上是无效的,是不会影响消费与收入的长期均衡关系的。从长期来看,要刺激广东省城镇消费,拉动经济增长,除了要增加城镇居民的可支配收入之外,还要完善各种社会保障制度,只有这样才能真正有效地刺激居民的消费。

第8章 虚拟变量和平行数据模型

到目前为止,在我们所考虑的线性回归模型中,解释变量 X 都是定量变量。但是,情况并非总是如此,有些时候,解释变量却是定性的变量;我们把这类定性变量称为虚拟变量。在经济学研究和实际应用中,我们经常需要同时分析和比较横截面观察值和时间序列观察值结合起来的数据,即数据集中的变量同时含有横截面和时间序列的信息。本章我们将首先介绍如何将虚拟变量引入模型并使模型更加丰富和完善;然后介绍平行数据模型。

第 1 节 虚拟变量的性质

通常在回归分析中,应变量不仅受一些定量变量的影响(比如,收入、产出、成本、价格、重量、温度等),而且还受一些定性变量的影响(比如,性别、种族、肤色、宗教、民族、婚姻状况)。举个例子,一些研究者在研究报告中指出,在其他条件不变的情况下,女大学教师的收入比相应的男教师的收入低,类似地,女学生的数学平均分数比相应的男生低。无论这种差别的原因如何,在遇到这类问题时,都应该把性别这个定性变量作为解释变量包括到模型之中。当然,我们还可列举其他的一些例子。

这样的定性变量通常表明了具备或不具备某种性质,比如,男性或女性,黑人或白人,公民或非公民。把这些定性因素"定量化"的一个方法是建立人工变量,并赋值 0 和 1,0 表示变量不具备某种属性,1 表示变量具备某种属性。例如,1 可代表男性,0 代表女性;1 代表某人是大学毕业,0 代表某人不是大学毕业,如此等;我们将这类取值为 0,1 的变量称为虚拟变量。我们用符号 D 表示虚拟变量,而不是常用的符号 X。用以强调该变量是定性的变量。

虚拟变量与定量变量一样可用于回归分析。事实上,一个回归模型的解释变量可以仅仅是虚拟变量。我们来看下面的一个例子

$$Y_i = b_0 + b_1 D_i + u_i$$

其中, Y_i 为初始年薪。

$$D_i = \begin{cases} 1, & \text{大学毕业} \\ 0, & \text{其他} \end{cases}$$

模型与我们前面讨论过的一元模型类似,只是这里的解释变量不是定量变量 X,而是虚拟变量 D。

假定随机扰动项满足古典线性回归模型的基本假定,根据模型得到

非大学毕业生的初始年薪的期望为

$$E(Y_i \mid D_i = 0) = b_0$$

大学毕业生的初始年薪的期望为

$$E(Y_i \mid D_i = 1) = b_0 + b_1$$

从这些回归中可以看出,截距 b_0 表示非大学毕业生的平均初始年薪,"斜率"系数 b_1 表明大学毕业生的平均初始年薪与非大学生的差距是多少;$(b_0 + b_1)$ 表示大学毕业生的平均初始年薪。

用普通最小二乘法很容易检验零假设:大学教育没有任何益处(即 $b_1 = 0$),并可根据 t 检验值判定 $\hat{b}_1$ 是否是统计显著的。

在社会学、心理学、教育学及市场研究等领域,上述模型用得很广泛,而在经济学中一般用得很少。在许多的经济研究中,回归模型中的解释变量有些是定量的,有些是定性的,我们主要讨论这类模型。

第 2 节　包含一个定量变量,一个两分定性变量的回归模型

考虑下面的模型

$$Y_i = b_0 + b_1 D_i + b_2 X_i + u_i$$

其中,Y_i 为大学教师的年薪;X_i 为教龄。

$$D_i = \begin{cases} 1, & \text{男教师} \\ 0, & \text{女教师} \end{cases}$$

模型包含了一个定量的变量 X(教龄)和一个定性变量(性别)(有两类,男教师和女教师)。

对模型解释如下。与平常一样,假定 $E(u_i) = 0$,则

女教师平均年薪:

$$E(Y_i \mid X_i, D_i = 0) = b_0 + b_2 X_i$$

男教师平均年薪:

$$E(Y_i \mid X_i, D_i = 1) = (b_0 + b_1) + b_2 X_i$$

模型表明男、女教师的平均年薪对教龄的函数具有相同的斜率(b_2),但截距不同。换句话说,男教师的平均年薪水平与女教师的平均年薪水平不同(多了 b_1),但男、女教师平均年薪对教龄的变化率相同。如果斜率相同的假定是有效的,那么,很容易检验零假设:两回归方程有相同的截距(也即没有性别歧视),并根据 t 检验结果判定 $\hat{b}_1$ 的统计显著性。如果 t 检验表明 $\hat{b}_1$ 是统计显著的,我们就可以拒绝零假设:男、女教师的平均年薪水平不相同。

在继续讨论之前,先给出虚拟变量的一些性质:

（1）为了区别男、女两类的不同,我们仅引入了一个虚拟变量,D_i。$D_i = 1$ 代表男性,$D_i = 0$ 则表示女性,因为这里只有两种可能的结果。因此,一个虚拟变量足可以区分两个不同的种类。

（2）虚拟变量的赋值是任意的。在这个例子中,也可以令 $D = 1$,代表女教师,$D = 0$,代表男教师;当然,赋值可根据习惯而定。

（3）赋值为 0 的一类常称为基准类,对比类等。对于基准类的选择是根据研究的目的而定的。

（4）虚拟变量 D 的系数称为差别截距系数,因为它表明了取值为 1 的类的截距值与基准类截距值的差距。因此,在模型中,b_1 表明了在男教师收入回归方程中的截距与女教师收入回归方程中截距的差别是多少。

第 3 节　虚拟变量有多种分类的情况

假定根据横截面数据,我们想要做个人假期旅游的年支出对其收入与受教育水平的回归。由于教育这个变量是一个定性的变量,因此,假定教育水平有如下几等:未达到中学水平,中学水平,大学水平。与前面的情况不同,这里教育变量有三种分类。因此,根据虚拟变量的个数应比变量的分类数少一个的规则,我们引入两个虚拟变量来表示三种不同的教育水平。

假定教育水平不同的三个群体有相同的斜率,但截距不同,我们用下面的模型

$$Y_i = b_0 + b_1 D_{1i} + b_2 D_{2i} + b_3 X_i + u_i$$

其中,Y_i 为用于假期旅游的年支出;X_i 为年收入。

$$D_{1i} = \begin{cases} 1, & \text{中学教育} \\ 0, & \text{其他} \end{cases} \qquad D_{2i} = \begin{cases} 1, & \text{大学教育} \\ 0, & \text{其他} \end{cases}$$

注意,在对上面虚拟变量的赋值中,我们将"未达到中学水平"视为基准类。因此,截距 b_0 代表了这一类的截距。差别截距 b_1,b_2 表明了其他两类的截距与基准类的截距的差距有多大。假定 $E(u) = 0$（标准假定）,从回归结果可得

未达到中学水平的平均旅游支出

$$E(Y_i \mid D_1 = 0, D_2 = 0, X_i) = b_0 + b_3 X_i$$

中学水平的平均旅游支出

$$E(Y_i \mid D_1 = 1, D_2 = 0, X_i) = (b_0 + b_1) + b_3 X_i$$

大学毕业的平均旅游支出

$$E(Y_i \mid D_1 = 0, D_2 = 1, X_i) = (b_0 + b_2) + b_3 X_i$$

对模型估计之后,根据 t 检验的结果,很容易验证差别截距 b_1,b_2 各自均是统计显著的。

第 4 节　包含一个定量变量,两个定性变量的回归模型

虚拟变量的技术可以推广到解释变量中有不止一个定性变量的情形。让我们回到大学教师年薪一例中,但是现在假定除了教龄、性别以外,肤色也是一个重要的决定因素。为了简便,假定肤色有两种,白种和非白种。我们可将模型重写为

$$Y_i = b_0 + b_1 D_{1i} + b_2 D_{2i} + b_3 X_i + u_i$$

其中,Y_i 为年薪;X_i 为教龄。

$$D_{1i} = \begin{cases} 1, & 男教师 \\ 0, & 女教师 \end{cases}, \qquad D_{2i} = \begin{cases} 1, & 白种 \\ 0, & 非白种 \end{cases}$$

注意:性别和肤色这两个定性变量各自均有两类,因此它们每一个都需要一个虚拟变量(以避免虚拟变量陷阱),这里的基准类是"非白种女教师"。

假定 $E(u_i) = 0$,则根据模型得到不同的平均年薪函数如下

非白种女教师平均年薪

$$E(Y_i \mid D_{1i} = 0, D_{2i} = 0, X_i) = b_0 + b_3 X_i$$

非白种男教师平均年薪

$$E(Y_i \mid D_{1i} = 1, D_{2i} = 0, X_i) = (b_0 + b_1) + b_3 X_i$$

白种女教师平均年薪

$$E(Y_i \mid D_{1i} = 0, D_{2i} = 1, X_i) = (b_0 + b_2) + b_3 X_i$$

白种男教师平均年薪

$$E(Y_i \mid D_{1i} = 1, D_{2i} = 1, X_i) = (b_0 + b_1 + b_2) + b_3 X_i$$

假定上述回归的截距是不同的,但斜率都相同为 b_3。

利用 OLS 法对模型进行估计,我们可以根据回归结果检验各种假设。例如,若差别截距 $\hat{b}_2$(b_2 的估计量)是统计显著的,则意味着肤色对教师薪水有影响。类似地,若差别截距 $\hat{b}_1$ 是统计显著的,则表明性别也对教师薪水有影响。最终地,若两个差别截距都是统计显著的,则表示性别和肤色都是教师薪水的重要决定因素。因此,不用对每个方程(性别和肤色)进行回归就能判定存在那些可能的影响因素,因为可以很容易从模型中推导出这些单个的回归结果。

第 5 节　平行数据模型

在很多经典线性计量经济学模型中,所利用的数据有个特征:在一个模型中,或者只利用时间序列数据,或者只利用截面数据。而实际上,仅利用时间序列数据或截面数据对很多经济问题进行分析的时候是远远不够的,我们经常遇到在同一时间包含不同截面成员信息的数据,或在若干时间区间观测到相关的一些截面成

员的数据。例如,许多欧洲国家的 GDP 时间序列数据,或者是一段时间不同地区的失业状态数据。我们称这些时间序列数据和截面数据为平行数据,也称面板数据。它与我们以前分析过的纯粹的横截面数据和时间序列数据有着不同的特点。简单地讲,平行数据因同时含有时间序列数据和截面数据,所以其统计性质既带有时间序列的性质,又包含一定的横截面特点。因而,以往采用的计量模型和估计方法就需要有所调整。

研究和分析平行数据的模型被称为平行数据模型。它的变量取值都带有时间序列和横截面的两重性。一般的线性模型只单独处理横截面数据或时间序列数据,而不能同时分析和对比它们。平行数据模型,相对于一般的线性回归模型,其长处在于它既考虑到了横截面数据存在的共性,又能分析模型中横截面因素的个体特殊效应。当然,我们也可以将横截面数据简单地堆积起来用回归模型来处理,但这样做就丧失了分析个体特殊效应的机会。

平行数据是近 20 年来计量经济学当中的一个重要的发展之一。它的优点有以下六个方面:

(1) 平行数据可以很好地容纳、控制不可观测的个体单元集之间的异质性、动态性。

(2) 平行数据充分利用了时间段和截面单元的信息,给出了更多的变量、数据信息、自由度,从而减少了变量之间多重共线性的产生,使估计结果更加有效、稳定、可靠。

(3) 平行数据可以将不同时间点上的经历和行为联系起来,表明不同个体的截面数据是如何随时间的变化而变化的,能够更好地研究数据的动态矫正。

(4) 平行数据可以研究不断变化的个体类型。

(5) 平行数据模型可以构造和检验比纯时间序列和截面数据更为复杂的行为模型,如技术的有效性。

(6) 平行数据模型可以给出较纯时间序列和截面数据更好的预测。

相对于单纯的横截面模型和单纯的时间序列模型而言,平行数据模型的优点在于:① 观测样本量大大增加,使构造更加可靠的参数估计量成为可能;而且,最重要的是使我们能够识别和检验约束条件放松了更为一般的模型;② 多重共线性的影响被减弱。当解释变量在两个方向上同时变动时,由于潜变量的增多使得它们之间强相关的可能性大大降低;③ 使我们能够识别和度量一些纯粹横截面模型和纯粹时间序列模型所不能识别的因素,如潜变量的影响;④ 降低估计误差。

单方程平行数据模型的一般形式为

$$Y_{it} = \alpha_i + X_{it}\beta_t + u_{it} \qquad (i = 1, \cdots, N; \ t = 1, \cdots, T)$$

其中,N 表示面板数据中含有 N 个个体;T 表示时间序列的最大长度;若固定 t 不变,$Y_{it}(i = 1, 2, \cdots, N)$ 是横截面上的 N 个随机变量;若固定 i 不变,$Y_{it}(t = 1,$

$2,\cdots,T$)是纵剖面上的一个时间序列(个体)。X_{it} 为 $1\times k$ 向量,β_i 为 $k\times 1$ 向量,k 为解释变量的数目。误差项均值为零,方差为常数。

常用的模型有以下三种情形:

(1) $\alpha_i = \alpha_j$,$\beta_i = \beta_j$

(2) $\alpha_i \ne \alpha_j$,$\beta_i = \beta_j$

(3) $\alpha_i \ne \alpha_j$,$\beta_i \ne \beta_j$

对于(1),在横截面上无个体差异,没有结构的变化(即认为所有的省份是完全一样的),则普通的最小二乘法估计给出了 α、β 的一致有效估计。此时相当于把多个时期的截面数据放在一起作为样本数据。

方程(2)为变截距模型,在横截面上的个体影响不同,个体的影响表现为模型中被忽略的反映个体差异的变量的影响,一般分为固定影响和随机影响两种情况。

方程(3)为变系数模型,除了存在个体的影响外,在横截面上还存在变化的经济结构,因而结构参数在不同横截面内单位上的数值是不同的。

第 6 节　平行数据模型的类型

用平行数据建立的模型通常有 3 种,即混合回归模型、固定效应回归模型和随机效应回归模型。

一、混合回归模型

如果从时间上看,不同个体之间不存在显著性差异;从截面上看,不同截面之间也不存在显著性差异,那么就可以直接把面板数据混合在一起用普通最小二乘法(OLS)估计参数。

如果一个平行数据模型定义为

$$Y_{it} = \alpha + X_{it}\beta + u_{it} \quad (i = 1,2,\cdots,N; \ t = 1,2,\cdots,T)$$

其中,Y_{it} 为被回归变量(标量);α 表示截距项;X_{it} 为 $1\times k$ 阶回归变量列向量(包括 k 个回归量);β 为 $k\times 1$ 阶回归系数列向量;u_{it} 为误差项(标量)。则称此模型为混合回归模型。混合回归模型的特点是无论对任何个体和截面,回归系数 α 和 β 都相同。

如果模型是正确设定的,解释变量与误差项不相关,即 $\mathrm{Cov}(X_{it}, u_{it}) = 0$。那么无论是 $N\to\infty$,还是 $T\to\infty$,模型参数的混合最小二乘估计量都是一致估计量。

二、固定效应回归模型

固定效应模型分为 3 种类型,即个体固定效应回归模型、时点固定效应回归模型和个体时点双固定效应回归模型。下面分别介绍。

1. 个体固定效应回归模型

如果一个平行数据模型定义为

$$Y_{it} = \alpha_i + X_{it}\beta + u_{it}, \quad (i=1,2,\cdots,N; t=1,2,\cdots,T)$$

其中，α_i 是随机变量，表示对第 i 个个体有 i 个不同的截距项，且其变化与 X_{it} 有关系；Y_{it} 为被回归变量（标量），u_{it} 为误差项（标量），X_{it} 为 $1\times k$ 阶回归变量列向量（包括 k 个回归量），β 为 $k\times 1$ 阶回归系数列向量，对于不同个体回归系数相同，则称此模型为个体固定效应回归模型。

α_i 作为随机变量描述不同个体建立的模型间的差异。因为 α_i 是不可观测的，且与可观测的解释变量 X_{it} 的变化相联系，所以称此式为个体固定效应回归模型。

个体固定效应回归模型也可以表示为

$$Y_{it} = \alpha_1 + \alpha_2 D_2 + \cdots + \alpha_N D_N + X_{it}\beta + u_{it}, (t=1,2,\cdots,T)$$

其中，

$$D_i = \begin{cases} 1, & \text{如果属于第 } i \text{ 个个体}, i=2,\cdots,N; \\ 0, & \text{其他} \end{cases}$$

设定个体固定效应回归模型的原因如下。假定有平行数据模型

$$Y_{it} = \beta_0 + \beta_1 x_{it} + \beta_2 z_i + u_{it}, \quad (i=1,2,\cdots,N; t=1,2,\cdots,T)$$

其中，β_0 为常数，不随时间、截面变化；z_i 表示随个体变化，但不随时间变化的难以观测的变量。上述模型可以被解释为含有 N 个截距，即每个个体都对应一个不同截距的模型。令 $\alpha_i = \beta_0 + \beta_2 z_i$，于是上式变为

$$Y_{it} = \alpha_i + \beta_1 x_{it} + u_{it}, \quad (i=1,2,\cdots,N; t=1,2,\cdots,T)$$

这正是个体固定效应回归模型形式。对于每个个体回归函数的斜率相同（都是 β_1），截距 α_i 却因个体不同而变化。可见个体固定效应回归模型中的截距项 α_i 中包括了那些随个体变化，但不随时间变化的难以观测的变量的影响。α_i 是一个随机变量。

2. 时点固定效应回归模型

如果一个平行数据模型定义为

$$Y_{it} = \gamma_t + X_{it}\beta + u_{it}, \quad (i=1,2,\cdots,N)$$

其中，γ_t 是模型截距项，随机变量，表示对于 T 个截面有 T 个不同的截距项，且其变化与 X_{it} 有关系；Y_{it} 为被回归变量（标量），u_{it} 为误差项（标量），满足通常假定条件。X_{it} 为 $1\times k$ 阶回归变量列向量（包括 k 个回归变量），β 为 $k\times 1$ 阶回归系数列向量，则称此模型为时点固定效应回归模型。

时点固定效应回归模型也可以加入虚拟变量表示为

$$Y_{it} = \gamma_1 + \gamma_2 W_2 + \cdots + \gamma_T W_T + X_{it}\beta + u_{it},$$

$$(i = 1, 2, \cdots, N ; \ t = 1, 2, \cdots, T)$$

其中，

$$W_t = \begin{cases} 1, & \text{如果属于第 } t \text{ 个截面}, t = 2, \cdots, T ; \\ 0, & \text{其他（不属于第 } t \text{ 个截面）} \end{cases}$$

设定时点固定效应回归模型的原因。假定有平行数据模型

$$Y_{it} = \beta_0 + \beta_1 x_{it} + \beta_2 z_t + u_{it}, \quad (i = 1, 2, \cdots, N ; \ t = 1, 2, \cdots, T)$$

其中，β_0 为常数，不随时间、截面变化；z_t 表示随不同截面（时点）变化，但不随个体变化的难以观测的变量。上述模型可以被解释为含有 T 个截距，即每个截面都对应一个不同截距的模型。令 $\gamma_t = \beta_0 + \beta_2 z_t$，于是上式变为

$$Y_{it} = \gamma_t + \beta_1 x_{it} + u_{it}, \quad (i = 1, 2, \cdots, N ; \ t = 1, 2, \cdots, T)$$

这正是时点固定效应回归模型形式。对于每个截面，回归函数的斜率相同（都是 β_1），γ_t 却因截面（时点）不同而异。可见时点固定效应回归模型中的截距项 γ_t 包括了那些随不同截面（时点）变化，但不随个体变化的难以观测的变量的影响。γ_t 是一个随机变量。

3. 个体时点双固定效应回归模型

如果一个平行数据模型定义为

$$Y_{it} = \alpha_i + \gamma_t + X_{it}\beta + u_{it}, \quad (i = 1, 2, \cdots, N ; \ t = 1, 2, \cdots, T)$$

其中，Y_{it} 为被回归变量（标量）；α_i 是随机变量，表示对于 N 个个体有 N 个不同的截距项，且其变化与 X_{it} 有关系；γ_t 是随机变量，表示对于 T 个截面（时点）有 T 个不同的截距项，且其变化与 X_{it} 有关系；X_{it} 为 $1 \times k$ 阶回归变量列向量（包括 k 个回归量）；β 为 $k \times 1$ 阶回归系数列向量；u_{it} 为误差项（标量）满足通常假定（$\varepsilon_{it} | X_{it}, \alpha_i, \gamma_t$）$= 0$；则称此模型为个体时点固定效应回归模型。

个体时点固定效应回归模型还可以表示为

$$Y_{it} = \alpha_1 + \alpha_2 D_2 + \cdots + \alpha_N D_N + \gamma_2 W_2 + \cdots + \gamma_T W_T + X_{it}\beta + \varepsilon_{it},$$
$$(t = 1, 2, \cdots, T)$$

其中，

$$D_i = \begin{cases} 1, & \text{如果属于第 } i \text{ 个个体}, i = 2, \cdots, N ; \\ 0, & \text{其他} \end{cases}$$

$$W_t = \begin{cases} 1, & \text{如果属于第 } t \text{ 个截面}, t = 2, \cdots, T ; \\ 0, & \text{其他（不属于第 } t \text{ 个截面）。} \end{cases}$$

如果模型形式是正确设定的，并且满足模型通常的假定条件，对模型进行混合 OLS 估计，全部参数估计量都是不一致的。正如个体固定效应回归模型可以得到一致的、甚至有效的估计量一样，一些计算方法也可以使个体时点双固定效应回归模型得到更有效的参数估计量。

三、随机效应模型

对于平行数据模型：

$$Y_{it} = \alpha_i + X_{it}\beta + u_{it}, \quad (i = 1, 2, \cdots, N; \ t = 1, 2, \cdots, T)$$

如果 α_i 为随机变量,其分布与 X_{it} 无关；Y_{it} 为被回归变量(标量),u_{it} 为误差项(标量),X_{it} 为 $1 \times k$ 阶回归变量列向量(包括 k 个回归量),β 为 $k \times 1$ 阶回归系数列向量,对于不同个体回归系数相同,这种模型称为个体随机效应回归模型(随机截距模型、随机分量模型)。其假定条件是

$$\alpha_i \sim \mathrm{iid}(\alpha, \sigma_\alpha^2), \varepsilon_{it} \sim \mathrm{iid}(0, \sigma_u^2)$$

都被假定为独立同分布,但并未限定何种分布。

同理也可定义时点随机效应回归模型和个体时点随机效应回归模型,但个体随机效应回归模型最为常用。

实验九　虚拟变量模型和平行数据模型的估计

实验目的：掌握虚拟变量模型和平行数据模型的估计方法。

实验要求：掌握虚拟变量的选取,平行数据模型的估计。

实验原理：虚拟变量模型和平行数据模型。

实验步骤：

一、广东储蓄存款方程的虚拟变量估计

根据广东数据,在实验八长滞后变量模型的估计中,建立的城乡储蓄存款 CX 的自回归方程为

CX = 0.695882678719 * CX（－1）+ 0.353787930326 * GDPS － 151.563675857

观察其残差趋势图(图 8-1)。

在 2000 年有一个异常,这是通货紧缩的影响,考虑这个因素,加入 2000 年取值为 1 其余年份为零的虚拟变量 D00 进行估计。结果为：

Dependent Variable：CX

Method：Least Squares

Date：09/02/07　Time：23：20

Sample（adjusted）：1979 2005

Included observations：27 after adjustments

	Coefficient	Std. Error	t-Statistic	Prob.
CX(-1)	0.749971	0.067917	11.04251	0.0000
GDPS	0.316338	0.051823	6.104199	0.0000
C	-114.7087	61.53236	-1.864201	0.0751
D00	-759.3588	197.5686	-3.843519	0.0008
R-squared	0.999016	Mean dependent var		4446.959
Adjusted R-squared	0.998888	S.D. dependent var		5613.364
S.E. of regression	187.1928	Akaike info criterion		13.43811
Sum squared resid	805946.1	Schwarz criterion		13.63008
Log likelihood	-177.4145	Hannan-Quinn criter.		13.49519
F-statistic	7785.614	Durbin-Watson stat		2.056148
Prob(F-statistic)	0.000000			

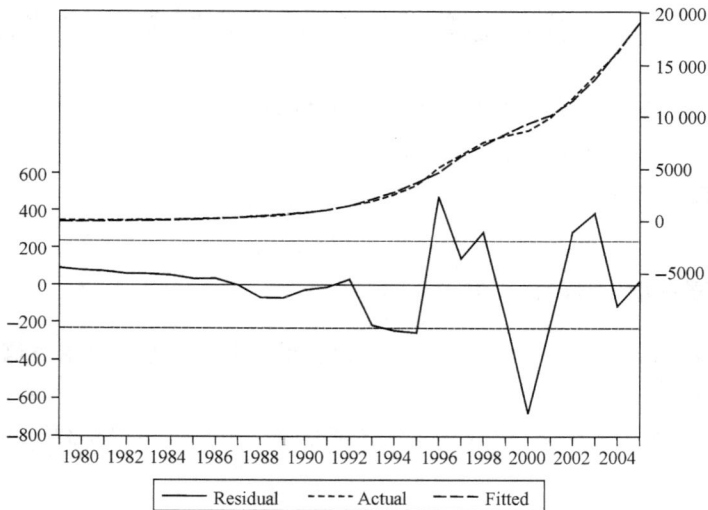

图 8-1

D00 显著,说明 2000 年的值确实异常。方程为

CX = 0.749971 * CX(-1) + 0.316338 * GDPS - 114.708674 - 759.358769 * D00

二、财政收入方程的虚拟变量估计

根据广东数据,在实验二的一元线性回归模型的估计中,建立的财政收入 CS 的回归方程为:

CS = 0.556143052611 * SE + 11.8774094857

观察其残差趋势图(图 8-2)。

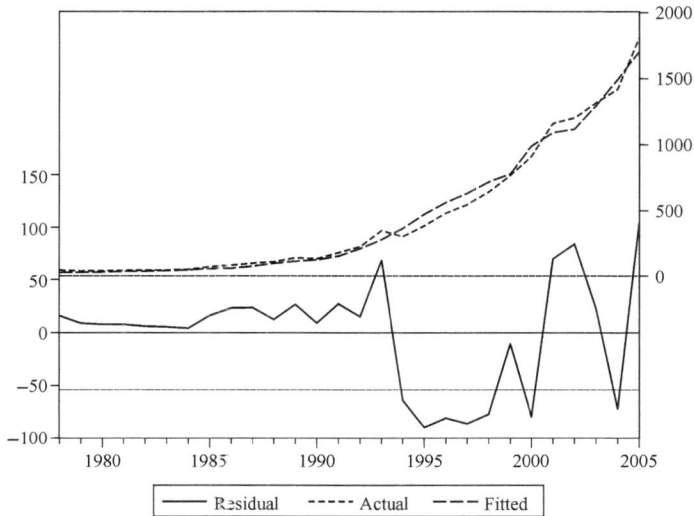

图 8-2

在 1994 年后有一些异常,这是税制改革的影响,这个影响会持续存在,考虑这个政策因素,加入虚拟变量 DD94,1994 年后取值为 1,以前年份为零,进行估计。结果为:

Dependent Variable:CS

Method:Least Squares

Date:09/02/07　Time:23:36

Sample:1978 2005

Included observations:28

	Coefficient	Std. Error	t-Statistic	Prob.
SE	0.621171	0.015006	41.39413	0.0000
C	20.52735	9.783257	2.098212	0.0462
DD94	−139.5935	27.13496	−5.144416	0.0000
R-squared	0.994770	Mean dependent var		449.5546
Adjusted R-squared	0.994352	S. D. dependent var		509.5465
S. E. of regression	38.29494	Akaike info criterion		10.22947
Sum squared resid	36662.57	Schwarz criterion		10.37221
Log likelihood	−140.2126	Hannan-Quinn criter.		10.27311
F-statistic	2377.313	Durbin-Watson stat		2.197491
Prob(F-statistic)	0.000000			

DD94 显著,说明税制改革这个影响确实持续存在,再观察其残差趋势图

（图 8-3）。

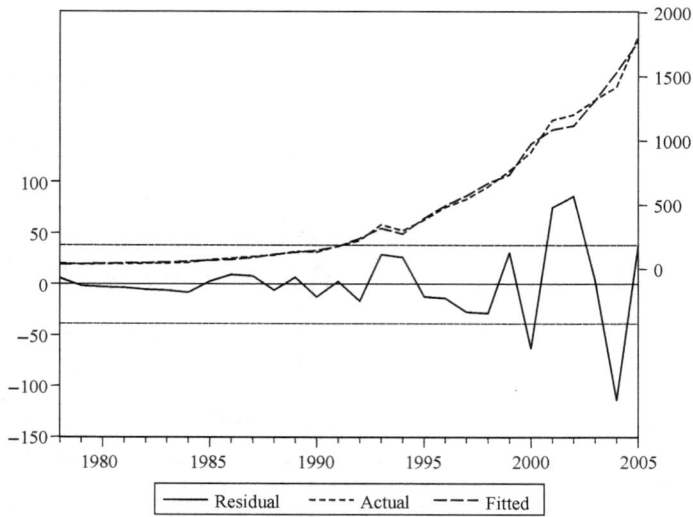

图 8-3

　　图 8-3 残差趋势图与图 8-2 残差趋势图比较,可以看出 1994 年以后的财政收入 CS 明显得到了较好的解释。有同学可能会认为,加入一个 1994 年取值为 1、其余年份为零的虚拟变量 D94 进行估计也应该可以。那么,就进行这个回归,结果为:

Dependent Variable：CS

Method：Least Squares

Date：09/02/07　Time：23:41

Sample：1978 2005

Included observations：28

	Coefficient	Std. Error	t-Statistic	Prob.
SE	0.555681	0.011281	49.25917	0.0000
C	14.60647	13.62115	1.072338	0.2938
D94	−66.22422	54.39562	−1.217455	0.2348
R-squared	0.989836	Mean dependent var		449.5546
Adjusted R-squared	0.989023	S. D. dependent var		509.5465
S. E. of regression	53.38516	Akaike info criterion		10.89390
Sum squared resid	71249.37	Schwarz criterion		11.03664
Log likelihood	−149.5146	Hannan-Quinn criter.		10.93754
F-statistic	1217.373	Durbin-Watson stat		1.306956

Prob(F-statistic) 　　　　　　0.0⊕0000

D94 并不显著,再观察其残差趋势图(图 8-4)。

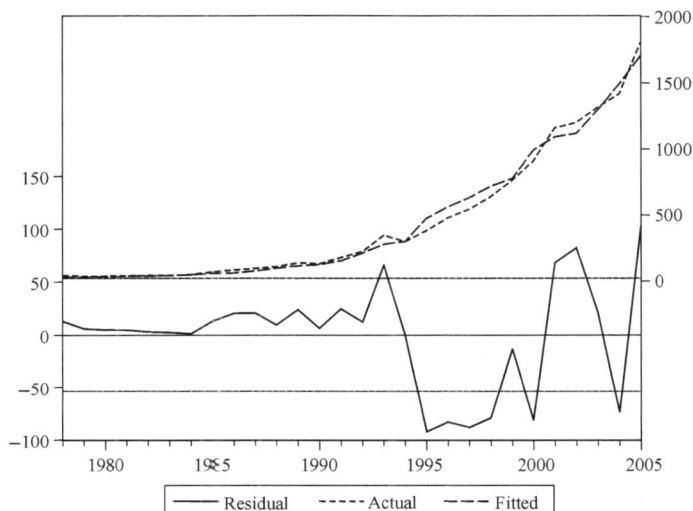

图 8-4

可以看出 1994 年以后的财政收入 CS 并没有得到较好的解释。还是要上一个回归,其方程为

$$CS = 0.621170651632 * SE + 20.5273456243 - 139.593526976 * DD94$$

三、财政支出方程的虚拟变量估计

根据广东数据,在实验八的滞后变量模型的估计中,建立的财政支出 CZ 的自回归方程为

$$CZ = 0.737604211985 * CS + 0.491683918358 * CZ(-1) - 10.999249042$$

观察其残差趋势图(图 8-5)。

在 2000 年也有一个异常,通货紧缩对财政支出 CZ 也会有影响,也考虑这个因素,加入 2000 年取值为 1,其他年份为零的虚拟变量 D00 进行估计。结果为:

Dependent Variable: CZ

Method: Least Squares

Date: 09/02/07　Time: 23:50

Sample (adjusted): 1979 2005

Included observations: 27 after adjustments

	Coefficient	Std. Error	t-Statistic	Prob.

CS	0.682854	0.092705	7.365862	0.0000
CZ(−1)	0.547936	0.083978	6.524741	0.0000
C	−8.939090	7.423843	−1.204106	0.2408
D00	−109.7868	28.66973	−3.829364	0.0009

R-squared	0.998477	Mean dependent var	571.6333
Adjusted R-squared	0.998278	S. D. dependent var	657.3673
S. E. of regression	27.27861	Akaike info criterion	9.586037
Sum squared resid	17114.82	Schwarz criterion	9.778013
Log likelihood	−125.4115	Hannan-Quinn criter.	9.643121
F-statistic	5025.296	Durbin-Watson stat	1.453240
Prob(F-statistic)	0.000000		

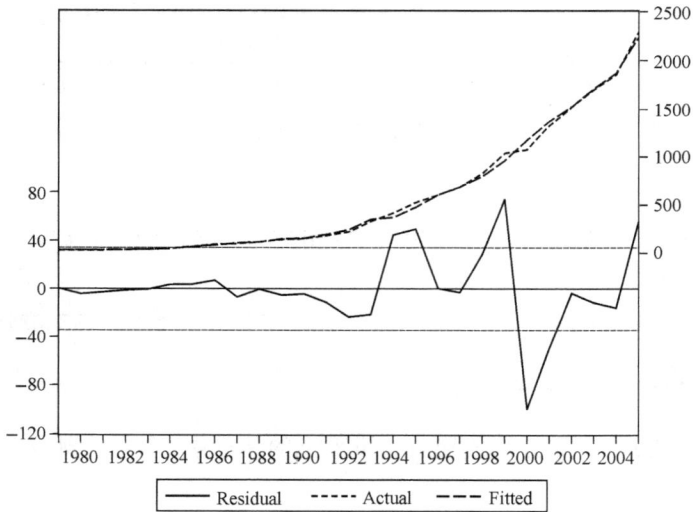

图 8-5

D00 显著,方程为

$$CZ = 0.682854 * CS + 0.547936 * CZ(-1) - 8.939090 - 109.786844 * D00$$

四、建立平行数据文件

收集中国 2000～2005 年各地区城镇居民人均可支配收入 X 和消费支出 Y 统计数据(以下简称平行收入消费数据)如表 8-1。数据是 6 年的,每一年都有 32 组数据,共 192 组观测值。

表 8-1　中国 2000～2005 年各地区城镇居民人均可支配收入 X 和消费支出 Y 统计数据

地区	2000 年		2001 年		2002 年	
	可支配收入 X/元	消费支出 Y/元	可支配收入 X/元	消费支出 Y/元	可支配收入 X/元	消费支出 Y/元
全　国	6279.98	4998.00	6859.58	5309.01	7702.80	6029.88
北　京	10349.69	8493.49	11577.78	8922.72	12463.92	10284.60
天　津	8140.50	6121.04	8958.70	6987.22	9337.56	7191.96
河　北	5661.16	4348.47	5984.82	4479.75	6679.68	5069.28
山　西	4724.11	3941.37	5391.05	4123.01	6234.36	4710.96
内蒙古	5129.05	3927.75	5535.89	4195.62	6051.00	4859.88
辽　宁	5357.79	4356.06	5797.01	4654.42	6524.52	5342.64
吉　林	4810.00	4020.37	5340.46	4337.22	6260.16	4973.88
黑龙江	4912.88	3824.44	5425.87	4192.36	6100.56	4462.08
上　海	11718.01	8868.19	12883.46	9336.10	13249.80	10464.00
江　苏	6800.23	5323.18	7375.10	5532.74	8177.64	6042.60
浙　江	9279.16	7020.22	10464.67	7952.39	11715.60	8713.08
安　徽	5293.55	4232.98	5668.80	4517.65	6032.40	4736.52
福　建	7432.26	5638.74	8313.08	6015.11	9189.36	6631.68
江　西	5103.58	3623.56	5506.02	3894.51	6335.64	4549.32
山　东	6489.97	5022.00	7101.08	5252.41	7614.36	5596.32
河　南	4766.26	3830.71	5267.42	4110.17	6245.40	4504.68
湖　北	5524.54	4544.50	5855.98	4804.79	6788.52	5608.92
湖　南	6218.73	5218.79	6780.56	5546.22	6958.56	5574.72
广　东	9761.57	8016.91	10415.19	8099.63	11137.20	8988.48
广　西	5834.43	4852.31	6665.73	5224.73	7315.32	5413.44
海　南	5358.32	4082.56	5838.84	4367.85	6822.72	5459.64
重　庆	6275.98	5569.84	6721.09	5873.69	7238.04	6360.24
四　川	5894.27	4855.78	6360.47	5176.17	6610.80	5413.08
贵　州	5122.21	4278.28	5451.91	4273.90	5944.08	4598.28
云　南	6324.64	5185.31	6797.71	5252.60	7240.56	5827.92
西　藏	7426.32	5554.42	7869.16	5994.39	8079.12	6952.44
陕　西	5124.24	4276.57	5483.73	4637.74	6330.84	5378.04
甘　肃	4916.25	4126.47	5382.91	4420.31	6151.44	5064.24
青　海	5169.96	4185.73	5853.72	4698.59	6170.52	5042.52
宁　夏	4912.40	4200.50	5544.17	4595.40	6067.44	5104.92
新　疆	5644.86	4422.93	6395.04	4931.40	6899.64	5636.40

续表

地区	2003 年		2004 年		2005 年	
	可支配收入 X/元	消费支出 Y/元	可支配收入 X/元	消费支出 Y/元	可支配收入 X/元	消费支出 Y/元
全　国	8472.20	6510.94	9421.61	7182.10	10493.03	7942.88
北　京	13882.62	11123.84	15637.84	12200.40	17652.95	13244.20
天　津	10312.91	7867.53	11467.16	8802.44	12638.55	9653.26
河　北	7239.06	5439.77	7951.31	5819.18	9107.09	6699.67
山　西	7005.03	5105.38	7902.86	5654.15	8913.91	6342.63
内蒙古	7012.90	5419.14	8122.99	6219.26	9136.79	6928.60
辽　宁	7240.58	6077.92	8007.56	6543.28	9107.55	7369.27
吉　林	7005.17	5492.10	7840.61	6068.99	8690.62	6794.71
黑龙江	6678.90	5015.19	7470.71	5567.53	8272.51	6178.01
上　海	14867.49	11040.34	16682.82	12631.03	18645.03	13773.41
江　苏	9262.46	6708.58	10481.93	7332.26	12318.57	8621.82
浙　江	13179.53	9712.89	14546.38	10636.14	16293.77	12253.74
安　徽	6778.03	5064.34	7511.43	5711.33	8470.68	6367.67
福　建	9999.54	7356.26	11175.37	8161.15	12321.31	8794.41
江　西	6901.42	4914.55	7559.64	5337.84	8619.66	6109.39
山　东	8399.91	6069.35	9437.80	6673.75	10744.79	7457.31
河　南	6926.12	4941.60	7704.90	5294.19	8667.97	6038.02
湖　北	7321.98	5963.25	8022.75	6398.52	8785.94	6736.56
湖　南	7674.20	6082.62	8617.48	6884.61	9523.97	7504.99
广　东	12380.43	9636.27	13627.65	10694.79	14769.94	11809.87
广　西	7785.04	5763.50	8689.99	6445.73	9286.70	7032.80
海　南	7259.25	5502.43	7735.78	5802.40	8123.94	5928.79
重　庆	8093.67	7118.06	9220.96	7973.05	10243.46	8623.29
四　川	7041.87	5759.21	7709.87	6371.14	8385.96	6891.27
贵　州	6569.23	4948.98	7322.05	5494.45	8151.13	6159.29
云　南	7643.57	6023.56	8870.88	6837.01	9265.90	6996.90
西　藏	8765.45	8045.34	9106.07	8338.21	9431.18	8617.11
陕　西	6806.35	5666.54	7492.47	6233.07	8272.02	6656.46
甘　肃	6657.24	5298.91	7376.74	5937.30	8086.82	6529.20
青　海	6745.32	5400.24	7319.67	5758.95	8057.85	6245.26
宁　夏	6530.48	5330.34	7217.87	5821.38	8093.64	6404.31
新　疆	7173.54	5540.61	7503.42	5773.62	7990.15	6207.52

　　首先建立工作文件,进入 EViews 后点击 File/New/Workfile,选择新建对象的类型为工作文件,在对话框中选择数据类型为年度时间序列,起止日期为 2000～2005 年。在打开工作文件窗口的基础上,点击主功能菜单上的 Objects 键,选 New Object 功能(图 8-6),从而打开 New Object(新对象)选择窗(图 8-7)。

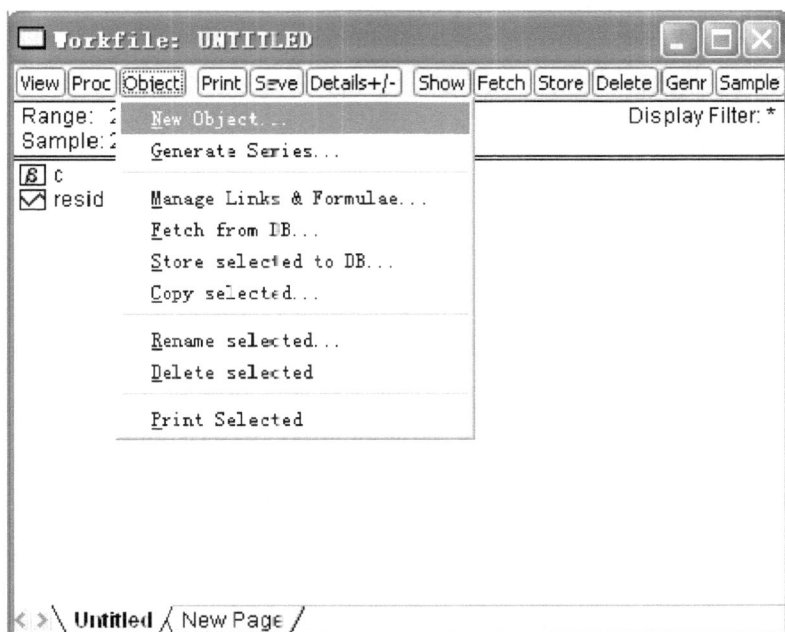

图 8-6

图 8-7

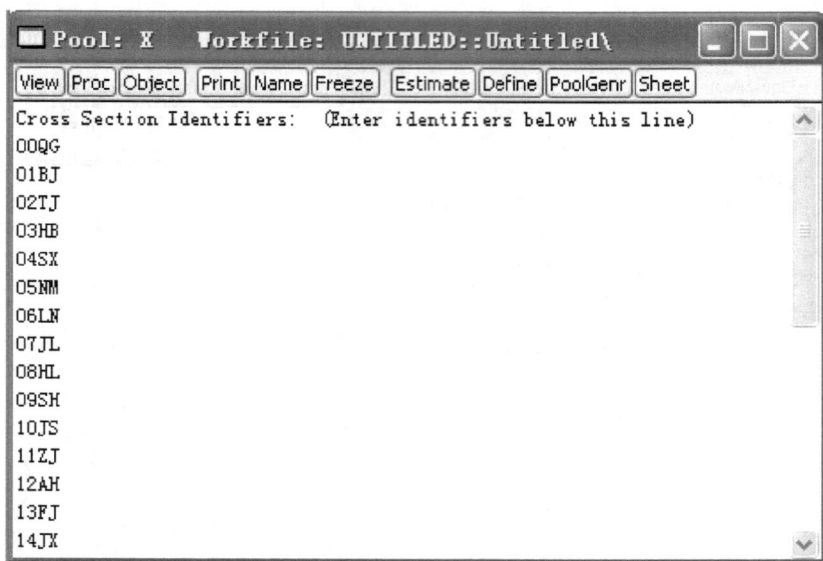

图 8-8

　　在 Type of Object 选择区选择 Pool(混合数据库),并在 Name of Object 选择区为合并数据库起名 PX(初始显示为 Untitled)。点击 OK 键,从而打开合并数据库窗口。在窗口中输入不同省市(包括全国,下同)的标识,32 个地区标识 00QG(全国)、01BJ(北京)、02TJ(天津)、…、31XJ(新疆),如图 8-8 所示。工具栏中点击 Sheet 键,从而打开 Series List(列写序列名)窗口,定义变量 X? 和 Y?(? 符号表示与 X 和 Y 相连的 32 个地区标识名),如图 8-9 所示。点击 OK 键,Pool(混合或合并数据库)窗口显示平行数据,如图 8-10 所示。

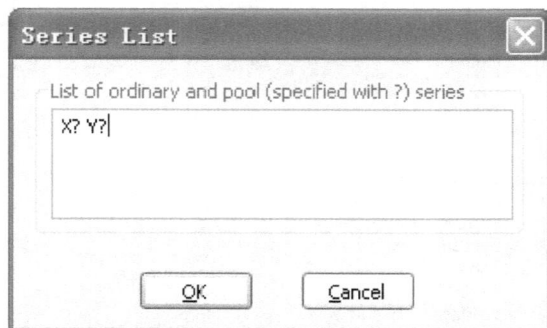

图 8-9

　　输入 X? 和 Y?,把这些平行收入消费数据工作文件命名为 PXSRXF 存在盘中。

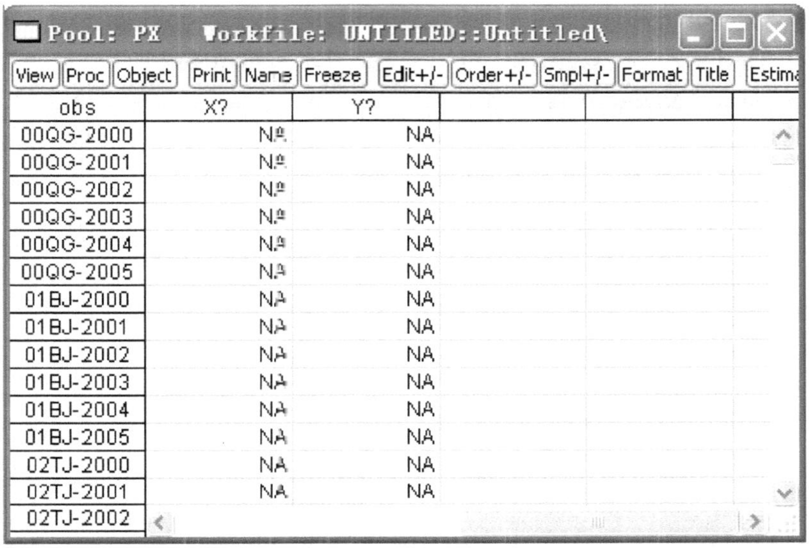

图 8-10

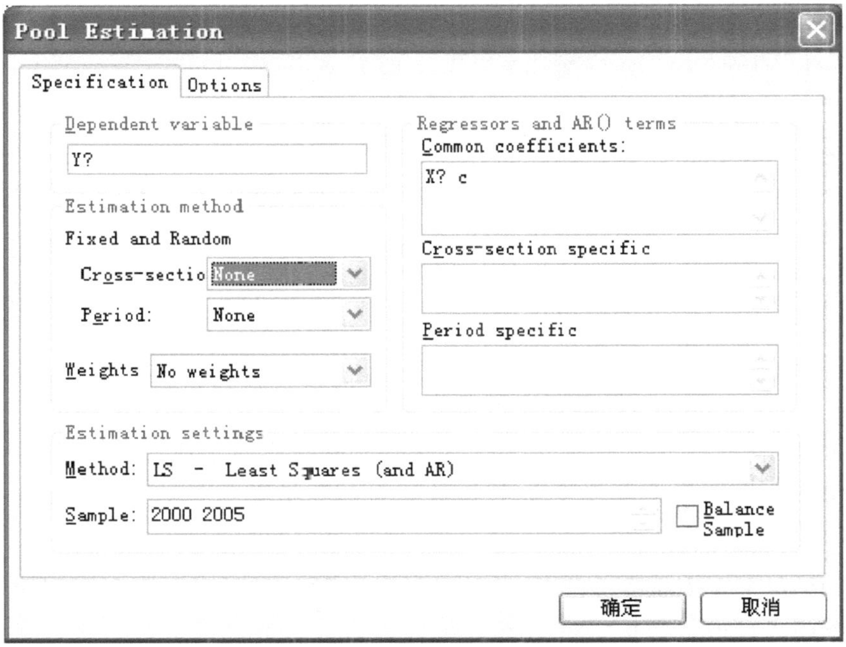

图 8-11

五、平行数据模型的估计

在 Pool 窗口的工具栏中点击 Estimate 键,打开 Pooled Estimate 窗口,如图 8-11 所示。

在 Dependent Variable(应变量)选择窗填入 Y?；在 Common coefficients(系数相同)选择窗填入 X? C(截距项)；Cross-section specific(截面系数不同)选择窗保持空白(如果建立变斜率模型,则应在 Cross-section specific 输入区填入解释变量 X?)；在 Weighting(权数)选择窗点击 No weighting。点击 Pooled Estimation (混合估计)窗口中的确定键。得输出结果为：

Dependent Variable：Y?
Method：Pooled Least Squares
Date：08/29/07　Time：20:24
Sample：2000 2005
Included observations：6
Cross-sections included：32
Total pool (balanced) observations：192

Variable	Coefficient	Std. Error	t-Statistic	Prob.
X?	0.734613	0.009927	73.99929	0.0000
C	339.9001	84.25328	4.034266	0.0001
R-squared	0.966466	Mean dependent var		6275.055
Adjusted R-squared	0.966290	S. D. dependent var		1947.162
S. E. of regression	357.5069	Akaike info criterion		14.60655
Sum squared resid	24284128	Schwarz criterion		14.64048
Log likelihood	−1400.229	Hannan-Quinn criter.		14.62029
F-statistic	5475.895	Durbin-Watson stat		0.316635
Prob(F-statistic)	0.000000			

不变截距和斜率系数的消费方程为

$$Y? = 0.734612795745 * X? + 339.900100946$$

32 个地区的平均边际消费倾向为 0.7346。

估计个体固定效应模型,在 EViwes 的 Pooled Estimation 对话框中 Cross-section 选项中选 Fixed。其余选项同上。得输出结果为：

Dependent Variable：Y?
Method：Pooled Least Squares
Date：08/29/07　Time：21:51
Sample：2000 2005
Included observations：6
Cross-sections included：32
Total pool (balanced) observations：192

Variable	Coefficient	Std. Error	t-Statistic	Prob.

X?	0.703169	0.010307	68.22459	0.0000
C	593.9457	84.52415	7.026935	0.0000

Fixed Effects (Cross)

00QG--C	−34.55004
01BJ--C	558.6260
02TJ--C	44.69552
03HB--C	−279.8002
04SX--C	−322.1487
05NM--C	−139.2236
06LN--C	203.7016
07JL--C	5.766475
08HL--C	−275.0347
09SH--C	103.2949
10JS--C	−377.6795
11ZJ--C	−58.29452
12AH--C	−147.9302
13FJ--C	−342.1871
14JX--C	−546.5849
15SD--C	−416.9729
16HN--C	−445.7278
17HB--C	141.5051
18HN--C	176.9633
19GD--C	498.2412
20GX--C	−146.6058
21HN--C	−224.5931
22CQ--C	724.6350
23SC--C	227.9349
24GZ--C	−154.1852
25YN--C	18.85440
26XZ--C	717.2568
27SX--C	250.4823
28GS--C	115.0920
29QH--C	20.18352
30NX--C	152.5671

31XJ--C	−51.28186		
	Effects Specification		
Cross-section fixed（dummy variables）			
R-squared	0.991134	Mean dependent var	6275.055
Adjusted R-squared	0.989349	S.D. dependent var	1947.162
S.E. of regression	200.9530	Akaike info criterion	13.59918
Sum squared resid	6420753.	Schwarz criterion	14.15906
Log likelihood	−1272.521	Hannan-Quinn criter.	13.82593
F-statistic	555.4319	Durbin-Watson stat	1.158810
Prob(F-statistic)	0.000000		

　　从估计结果可以看出,对于 32 个省市来说,虽然它们的城镇居民消费倾向相同,但是其城镇居民的自发消费存在显著的差异,其中重庆的城镇居民自发消费最高,其次为西藏、北京、广东;城镇居民自发消费最低的是江西,其次是河南、山东。

　　注意:

　　(1)个体固定效应模型的 EViwes 输出结果中也可以有公共截距项。

　　(2)EViwes 输出结果中没有给出描述个体效应的截距项相应的标准差和 t 值。不认为截距项是模型中的重要参数。

　　(3)当对个体固定效应模型选择加权估计时,输出结果将给出加权估计和非加权估计两种统计量评价结果。

　　(4)输出结果的联立方程组形式可以通过点击 View 选 Representations 功能获得。

　　(5)点击 View 选 Wald Coefficient Tests…功能可以对模型的斜率进行 Wald 检验。

　　(6)点击 View 选 Residuals/Table,Graphs,Covariance Matrix,Correlation Matrix 功能可以分别得到按个体计算的残差序列表,残差序列图,残差序列的方差协方差矩阵,残差序列的相关系数矩阵。

　　(7)点击 Proc 选 Make Model 功能,将会出现估计结果的联立方程形式,进一步点击 Solve 键,在随后出现的对话框中可以进行动态和静态预测。

第 9 章 联立方程模型

到目前为止,我们所遇到的模型都是单方程模型,即一个应变量 Y 是一个或多个解释量 X 的函数。相关的经济理论决定了为什么把 Y 看作应变量,而把 X 看作解释变量。换句话说,在单方程回归模型中,由 X 导致了 Y。

但是,有些情况 Y 与 X 之间并不能维持这种单向关系。很可能 X 不但影响 Y,而且 Y 也影响 X。如果这样的话,Y 与 X 之间就存在着双向关系或反馈关系。显然,在这种情况下,单方程模型就无法准确地描述这种双向关系。因此,我们需要多个回归方程。包括多个方程,并且变量之间存在反馈关系的回归模型称为联立方程回归模型。

第 1 节 联立方程模型的性质

我们用两个具体的经济实例来说明联立方程模型的概念。

例 9-1 凯恩斯收入决定模型

初学经济学的同学都会接触到简单的凯恩斯收入决定模型。按照标准宏观经济学教科书的规定,用 C 表示消费(支出),Y 表示收入,I 表示投资(支出),S 表示储蓄。简单凯恩斯收入决定模型包括以下两个方程:

消费函数:$C_t = b_0 + b_1 Y_t + u_t$

收入恒等式:$Y_t = C_t + I_t$

其中,t 是时间下标,u 是随机误差项,并且,$I_t = S_t$。

简单的凯恩斯模型假定一个封闭的经济(即没有对外贸易),而且没有政府的支出。(回顾一下:通常的收入恒等式写为:$Y_t = C_t + I_t + G_t + NX_t$,其中,$G_t$ 表示政府支出,NX_t 表示净出口(出口-进口))。模型还假定了投资支出是由外生决定的,比如说民间投资。

消费函数表明消费支出与收入线性相关;函数中加入随机误差项反映出在经验分析中,两者之间的一种近似关系。国民收入恒等式表明总收入等于消费支出与投资支出之和,而后者又等于储蓄。我们知道,消费函数中的斜率 $\hat{b}_1$ 代表了边际消费倾向(MPC),即由额外一元收入导致的额外消费支出的数量。凯恩斯假定 MPC 为正且小于 1,这个假设是合理的,因为人们可能会将增加的收入部分地用于储蓄。

现在我们就能够看出消费支出与收入之间的反馈或联立关系。根据消费函数可知,收入影响消费支出,但根据收入恒等式,消费又是收入的组成部分。因此,消费和收入是相互影响的。我们分析的目的是想知道消费和收入是如何同时决定的。因而,消费和收入是联合相关变量。用联立方程建模的语言,称联合相关变量为内生变量。在简单凯恩斯模型中,投资 I 不是内生变量,因为其值是独立决定的,所以称之为外生变量或前定变量。在更复杂的凯恩斯模型中,投资也可成为内生变量。总之,内生变量是"被研究系统的内在组成部分,并且是在系统内决定的"。换句话说,"内生变量是由因果系统内其他变量所产生的变量"。外生变量是"系统外决定的变量,外生变量不受因果系统的影响。"

消费函数、收入恒等式表示了一个包含两个内生变量 C 和 Y 的双方程模型。如果有更多个内生变量,那么将有更多个方程,也即有多少个内生变量就有多少个方程。系统中有些方程是结构方程或行为方程,有些则是恒等式。在简单的凯恩斯模型中,消费函数就是结构方程或行为方程,因为它描述了经济中某一部分的结构或行为(这里是消费部分)。结构方程中的系数(或参数),例如 b_1,b_2,称为结构系数。收入恒等式(定义式)为总收入等于总消费加上总投资。

例 9-2　需求和供给模型

学过经济学的同学都知道,商品的价格 P 与需求量 Q 是由需求曲线和价格曲线的交点决定的。这里我们简单地假定需求曲线和供给曲线为直线(即需求量、供给量分别与价格线性相关),加上随机项 u_1,u_2,得到下面的需求和供给函数:

　　需求函数: $Q_t^d = a_0 + a_1 P_t + u_{1t}$

　　供给函数: $Q_t^s = b_0 + b_1 P_t + u_{2t}$

　　均衡条件: $Q_t^d = Q_t^s$

其中, Q^d 表示需求量, Q^s 表示供给量, t 表示时间。

根据经济理论,预期 a_1 为负(向下倾斜的需求曲线), b_1 为正(向上倾斜的供给曲线)。需求函数、供给函数都是结构方程,前者描述了消费者行为,后者描述了供给者行为。 a,b 是结构系数。

现在就不难理解为什么价格 P 和需求量 Q 之间存在联立或双向关系了。举个例子,由于影响需求的其他变量发生变化(例如收入、财富和偏好),从而使得 u_{1t} 发生变化,如果 u_{1t} 为正,则需求曲线向上移动,如果 u_{1t} 为负,则需求曲线向下移动。类似地, u_{2t} (由于天气、飓风)的变化将使供给曲线移动,因而又会影响到价格和需求量。因此,这两个变量之间的关系是双向的;因而,价格和需求变量即是联合相关变量或内生变量。

这就是我们所说的联立问题。

第 2 节　联立方程的偏误

为什么存在联立问题呢?我们还是回到例 9-1 的简单凯恩斯收入决定模型。

假设暂时忽略消费支出和收入之间的联立性,通过普通最小二乘法仅仅估计消费函数,得到 $\hat{b}_1$。如果满足古典线性回归模型的基本假定,那么利用普通最小二乘法得到的估计量是最优线性无偏估计量。$\hat{b}_1$ 是真实的边际消费倾向 b_1 的最优线性无偏估计量吗? 可以证明:一般地,当存在联立问题时,普通最小二乘估计量不是最优线性无偏估计量。在我们这个例子中,$\hat{b}_1$ 就不是 b_1 的最优线性无偏估计量。而且,$\hat{b}_1$ 是 b_1 的有偏估计量。

古典线性回归模型的假定之一:随机误差项 u 与解释变量不相关。因而,如果我们要用普通最小二乘法估计消费函数中的各个参数,则要求在凯恩斯消费函数中,Y(收入)与误差项 u_t 不相关。但在这里却不是的

$$Y_t = C_t + I_t$$
$$= (b_0 + b_1 Y_t + u_t) + I_t$$
$$= b_0 + b_1 Y_t + u_t + I_t$$

把 $b_1 Y_t$ 项移到等式左边,合并同类项,整理得

$$Y_t = b_0 \frac{1}{1-b_1} + \frac{1}{1-b_1} I_t + \frac{1}{1-b_1} u_t$$

注意观察这个等式,你会发现一条有趣的性质:国民收入 Y 不但取决于投资 I,而且还取决于随机误差项 u! 我们知道随机误差项 u 代表了未明确包括在模型之中的各影响因素。假定消费者信心是其中的一个影响因素。若消费者由于股票市场的繁荣而对经济持乐观态度,则消费者将增加消费支出,根据收入恒等式,它将影响到收入 Y。根据消费函数,收入的增加又导致新一轮消费的增加,如此继续。

这里有一点需要指出:在消费函数中,Y 与 u 是相关的,因此,我们不能用普通最小二乘法估计消费函数中的参数。如果我们坚持要用,那么估计量将是有偏的,而且甚至是不一致的。一般地,若估计量即使随着样本容量的无限增大,也不接近真实的参数值,那么就称这个估计量是非一致估计量。总而言之,由于 Y 与 u 相关,估计量 $\hat{b}_1$ 是有偏的(对小样本)和不一致的(对大样本)。这正是对联立方程模型使用最小二乘法失效的原因。显然,我们需要探究新的估计方法。我们将在下一节中讨论。如果回归方程中解释变量与该方程中的随机误差项相关,那么这个解释变量也就变成了一个随机变量。在前面考虑的大部分回归模型中,我们或者假设解释变量取固定值,或者(如果解释变量是随机变量)假设解释变量与随机误差项不相关。在本例中,却不是这两种情况。

注意一条有趣性质:收入是外生变量投资 I 和随机项 u 的函数。像这样把内生变量表示为外生变量和随机项的方程称为简化方程。随后我们将会看到这种简化方程的作用。如果将上面的 Y 式带入消费函数,我们得到了简化形式的消费函数方程:

$$C_t = b_0 \frac{1}{1-b_1} + b_1 \frac{1}{1-b_1} I_t + \frac{1}{1-b_1} u_t$$

方程表明:内生变量 C 仅仅是外生变量 I 和随机项 u 的函数。

第 3 节　间接最小二乘法

　　从上面的讨论中可以看出,由于 Y 与 u 相关,我们不能用普通最小二乘法来估计消费函数中的参数 b_0, b_1。那么,还有其他的方法吗?观察简化的消费函数方程,为什么不用普通最小二乘法仅仅作 C 对 I 的回归呢?的确可以,因为我们假定 I 是外生决定的,与 u 不相关;这与原始的消费函数不同。

　　但是,怎样通过简化的消费函数回归方程来估计原始消费函数中的参数呢?这正是我们所关注的问题。其实很简单,我们将简化的消费函数方程重写为:

$$C_t = a_0 + a_1 I_t + v_t$$

其中,$a_0 = b_0/(1-b_1)$,$a_1 = b_1/(1-b_1)$,$v_t = u_t/(1-b_1)$。与 u 一样,v 也是随机误差项。a_0, a_1 称为简化系数,因为它们是简化模型中的参数。不难发现,简化系数是原始消费函数结构系数的(非线性)组合。

　　根据上面给出的 a, b 系数之间的关系,很容易验证:$b_0 = a_0/(1-a_1)$,$b_1 = a_1/(1-a_1)$。因此,一旦估计出 a_0, a_1,就很容易"推导出" b_0 和 b_1。

　　这种估计消费函数参数的方法称为间接最小二乘法(ILS),因为我们首先用普通最小二乘法估计出简化回归方程,然后间接地求出原始参数的估计值。间接最小二乘估计量有什么统计性质呢?间接最小二乘估计量是一致估计量,也就是说,随着样本容量的无限增大,间接最小二乘估计量收敛于真实总体值。但是,对于小样本或有限个样本,间接最小二乘估计量可能是有偏的。与间接最小二乘估计量相比,普通最小二乘估计量是有偏的和非一致的。

　　看来我们总能够用间接最小二乘法估计联立方程模型中的参数。问题是能否从简化形式的估计值得到原始的结构参数:有些时候可以,有些时候却不能。答案在于模型是否可识别。

第 4 节　模型识别问题

　　我们回到例 9-2 的需求和供给模型一例中。假定我们仅仅根据价格 P 和需求量 Q 的数据估计需求函数,作 Q 对 P 的回归。我们如何知道这个回归确实估计了需求函数呢?你或许会说,如果估计的斜率为负,它就是需求函数,因为价格和需求量之间呈反向变动关系。但是,如果斜率为正,又会怎样呢?你是否会说它是供给函数呢?因为价格和需求量之间是正向关系。你会发现在需求量对价格的简单回归中的一个潜在问题：给定一组 P_t 和 Q_t，表示了供给曲线和需求曲线的交点，因为均衡条件是供给等于需求。需要知道额外的一些关于需求曲线和供给曲线特性的信息，例如，如果由于收入、偏好等因素导致需求曲线的移动，但供给曲线保持相对稳定，这些散点就描绘出了供给曲线。在此情况下，我们说供给曲线是可识别的。也就是说，我们能够唯一地估计出供给曲线的参数。同样地，如果由于天气或其他外生因素导致供给曲线发生移动，但是需求曲线保持相对稳定，这些散点就描绘了需求曲线。在此情况，我们说需求曲线是可识别的；也就是说，我们能够唯一地估计出需求曲线的参数。因此，识别问题就成为我们能否唯一地估计出某一方程（或是需求或供给函数）的参数。如果能够唯一地估计出参数，那么就称该方程是恰好识别的。如果我们不能估计出参数，我们就称该模型是不可识别的。有时，方程中的一个或几个参数有若干个估计值，我们就称该方程是过度识别的。

模型识别有判定规则，为了简单只介绍识别的阶条件。为了理解阶条件，我们先介绍下面的符号：

m——模型中内生变量（联合相关）的个数；

k——不包括在该方程中的所有变量（内生变量和外生变量）的个数。

则有识别的阶条件：

（1）若 $k=m-1$，方程恰好识别。

（2）若 $k>m-1$，方程过度识别。

（3）若 $k<m-1$，方程不可识别。

运用阶条件，我们只需数清楚模型中内生变量的个数（＝模型中方程的个数）以及不包括在方程中的变量的总数（内生的和外生的）。虽然，识别的阶条件仅仅是必要条件而非充分条件，但在实际中还是非常有用的。

如果我们想根据简化模型的系数来估计过度识别方程的参数，则估计值不是唯一的。用两阶段最小二乘法就可避免出现这种情况。

第 5 节　两阶段最小二乘法

我们考虑下面的模型：

收入函数：$Y_t=a_0+a_1M_t+a_2I_t+a_3G_t+u_{1t}$

货币供给函数：$M_t=b_0+b_1Y_t+u_{2t}$

其中，Y 为收入；M 为货币；I 为投资支出；G 为政府的商品和劳务支出；u_1,u_2 为随机误差项。在这个模型中，I 和 G 是外生给定的。

根据数量论和凯恩斯收入决定理论，收入函数表明了收入是由货币供给、投资支出和政府支出决定的。货币供给函数表明，货币供给是联邦储备银行根据收入水平决定的。显然，这是一个联立问题，因为收入和货币供给之间存在着反馈。

利用阶条件,我们可以判定收入方程是不可识别的(因为它包括了所有变量),但货币供给方程却是过度识别的,因为它排除了系统内的两个变量(注:在这个模型中,$m=2$)。

由于收入方程是不可识别的,因此我们无法估计其参数。货币供给方程又怎样呢? 由于它是过度识别的,所以若用间接最小二乘法估计其参数,则不能得到唯一的估计值;事实上,b_1 确有两个值。如果用普通最小二乘法又如何呢? 由于 Y 与随机误差项 u_2 之间可能相关,根据我们前面的讨论,OLS 估计值将是不一致的。那么,我们将作何选择呢?

假定在货币供给函数中,我们找到一个替代变量或工具变量来代替 Y,这个变量虽与 Y 相像,但却与 u_2 不相关。若能得到这样一个变量,那么就可直接用普通最小二乘法来估计货币供给函数中的参数了。但是如何得到这样的一个工具变量呢? 答案是用两阶段最小二乘法(2SLS)。正如其名,这种方法分作两个阶段应用普通最小二乘法:

第一阶段,首先作 Y 对每个前定变量的回归(注意是整个模型中的所有前定变量,而并非只是该方程的)以剔除 Y 与随机误差项 u_2 之间可能存在的相关因素。在此例中,就是作 Y 对 I(国内私人总投资)和 G(政府支出)的回归,得到 $\hat{Y}_t$,它是前定变量 I 和 G 的线性组合。

第二阶段,过度识别的货币供给函数中用 $\hat{Y}_t$ 代替 Y_t,这种形式有什么优点呢? 能够证明,虽然在原始的货币供给函数中 Y 可能与随机误差项 u_2 相关,(因而导致 OLS 失效),但是新式中的 $\hat{Y}_t$ 与新的随机误差项却是渐进无关的(对于大样本,或更准确地,随着样本容量无限增大)。因而可对新式用普通最小二乘法。这是对原式直接用普通最小二乘法的改进,因为在那种情况下,估计值可能是有偏的和不一致的。

如果模型是恰好识别的,利用间接最小二乘法(ILS)能够估计该方程,然后根据简化形式的参数求出原始方程的参数。间接最小二乘估计量是一致的,即随着样本容量的无限增加,估计量将收敛于其真实值。过度识别方程的参数可利用两阶段最小二乘法估计。其基本思想是用一个与随机误差项不相关的变量代替与误差项相关的解释变量。这样的一个变量称为替代变量或工具变量。与 ILS 估计量一样,2SLS 估计量也是一致估计量。

第 6 节　方程组的估计方法

当方程系统是联立的时,两阶段最小二乘法和工具变量法可以产生一致的参数估计量。但一般来说,它们都不能得到有效估计量,因为这些方法都只应用于联立方程模型中的一个方程。所以，尽管它们考虑了被估计方程省略了一个或多个前定变量的事实，但却没有注意到其他方程可能也省略了前定变量。缺乏有效性的另一个原因是由于单方程估计法没有考虑误差项之间的跨方程相关。不论是哪种原因，丧失有效性的问题都可以通过采用系统估计法来解决，用这样的方法，所有方程的参数在一个估计过程中被同时确定。

实验十　联立方程模型的估计

实验目的：掌握二阶段最小二乘法估计方法，掌握联立方程模型的系统估计方法。

实验要求：掌握方程联立方法和二阶段最小二乘法，掌握联立方程模型系统编辑和估计。

实验原理：二阶段最小二乘法（2SLS），系统估计（SYS）。

实验步骤：

一、联立方程模型（一）

把根据广东数据部分要估计的方程联立起来得联立方程模型（一）如下：

（1）财政收入方程。

$$\ln(\mathrm{CS}_t)=c_1+\alpha_1 T+\beta_1 \mathrm{D}93+u_{1t}$$

（2）财政支出方程。

$$\mathrm{CZ}_t=c_2+\alpha_2 \mathrm{CS}_t+\beta_2 \mathrm{CZ}_{t-1}+\gamma_2 \mathrm{D}00+u_{2t}$$

（3）社会消费品零售方程。

$$\mathrm{SLC}_t=c_3+\alpha_3 \mathrm{GDPS}_t+u_{3t}$$

（4）不变价 GDP 方程。

$$\ln(\mathrm{GDPB}_t)=c_4+\alpha_4 \ln(\mathrm{ZC}_t)+\beta_4 \ln(\mathrm{RY}_t)+u_{4t}$$

（5）储蓄存款方程。

$$\mathrm{CX}_t=c_5-\alpha_5 \mathrm{CX}_{t-1}+\beta_5 \mathrm{GDPS}_t+\gamma_5 \mathrm{D}00+u_{5t}$$

模型中的内生变量为 CS、CZ、SLC、GDPB 和 CX；外生变量为 GDPS、ZC、RY、T、D93 和 D00；滞后内生变量为 CX_{t-1} 和；前定变量为 GDPS、ZC、RY、T、D93、D00、CX_{t-1} 和 CZ_{t-1}。这个模型是递归模型，不存在识别问题。前面实验对这个模型的每一个方程都用普通最小二乘法或广义最小二乘法进行了估计，其结果汇集如下：

（1）财政收入方程。

$$\log(\mathrm{CS})=0.169019 * T+2.845649+0.295927 * \mathrm{D}93+[\mathrm{AR}(1)=0.562646]$$

（2）财政支出方程。

$$\mathrm{CZ}=0.682854 * \mathrm{CS}+0.547936 * \mathrm{CZ}(-1)-8.939090-109.786844 * \mathrm{D}00$$

（3）社会消费品零售方程。

$SLC = 0.227124 * GDPS - 863.176882 + [AR(1) = 1.536140, AR(2) = -0.503590]$

（4）不变价 GDP 方程。

$\log(GDPB) = 0.750476 * \log(ZC) + 0.664763 * \log(RY) - 4.064868 + [AR(1) = 0.899384]$

（5）储蓄存款方程。

$CX = 0.749971 * CX(-1) + 0.316338 * GDPS - 114.708674 - 759.358769 * D00$

下面再用二阶段最小二乘法进行估计。

二、二阶段最小二乘法估计方程

用二阶段最小二乘法分别估计财政支出方程和社会消费品零售方程，过程如下：（以财政支出方程为例）（图 9-1）。

图 9-1

选择 TSLS，弹出对话框（图 9-2）。

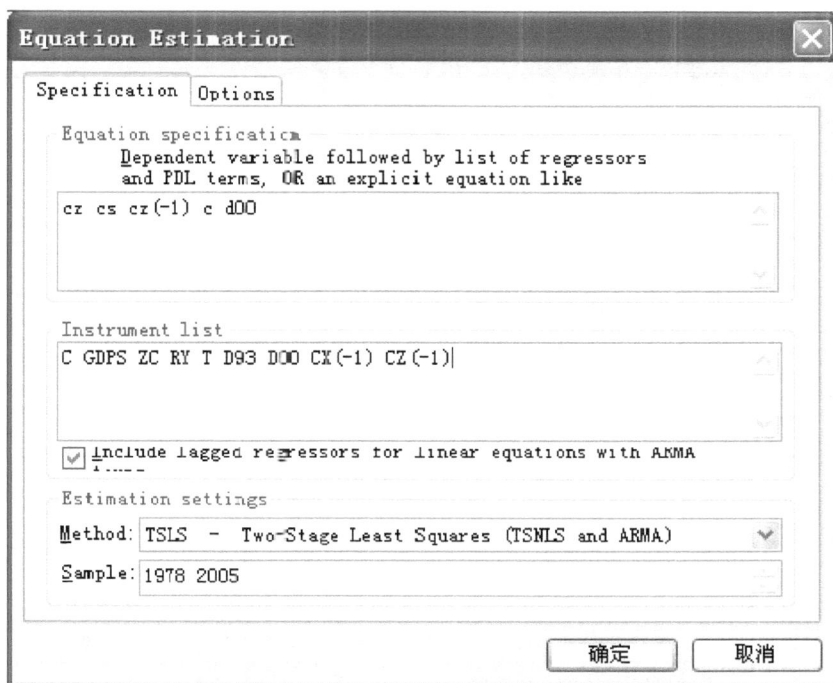

图 9-2

　　输入工具变量 C GDPS ZC RY T D93 D00 CX(−1)CZ(−1)，注意包括常数项，得回归结果如下：

Dependent Variable：CZ

Method：Two-Stage Least Squares

Date：09/04/07　Time：09：48

Sample(adjusted)：1979 2005

Included observations：27 after adjustments

Instrument list：C GDPS ZC RY T D93 D00 CX(−1)CZ(−1)

	Coefficient	Std. Error	t-Statistic	Prob.
CS	0. 780703	0. 102104	7. 646142	0. 0000
CZ(−1)	0. 459878	0. 092410	4. 976475	0. 0000
C	−11. 61357	7. 670717	−1. 514014	0. 1436
D00	−105. 1199	29. 41063	−3. 574213	0. 0016
R-squared	0. 998403	Mean dependent var		571. 6333
Adjusted R-squared	0. 998195	S. D. dependent var		657. 3673
S. E. of regression	27. 93146	Sum squared resid		17943. 82

F-statistic	4795.367	Durbin-Watson stat	1.474889
Prob(F-statistic)	0.000000	Second-Stage SSR	11876.66

方程为

$$CZ = 0.780703 * CS + 0.459878 * CZ(-1) - 11.613573 - 105.119865 * D00$$

观察其残差趋势图(图 9-3)。

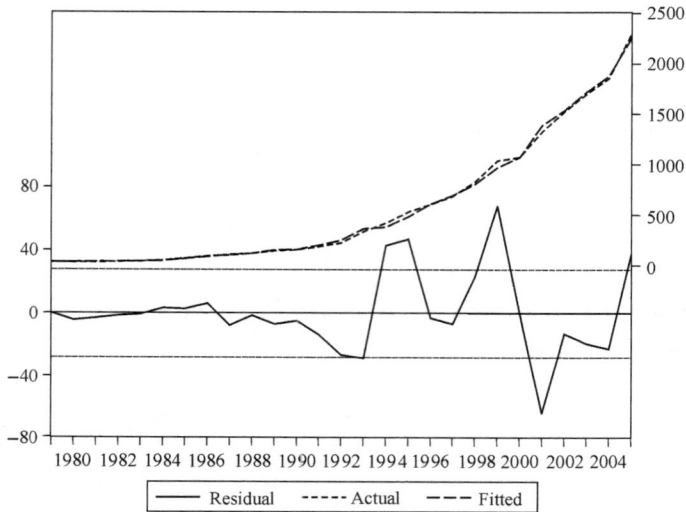

图 9-3

同样存在异方差,以权数为 1/CS 进行加权二阶段最小二乘法估计,结果如下:

Dependent Variable: CZ

Method: Two-Stage Least Squares

Date: 09/04/07   Time: 10:01

Sample (adjusted): 1979 2005

Included observations: 27 after adjustments

Weighting series: 1/CS

Instrument list: C GDPS ZC RY T D93 D00 CX(-1) CZ(-1)

	Coefficient	Std. Error	t-Statistic	Prob.
CS	0.664894	0.140851	4.720562	0.0001
CZ(-1)	0.577551	0.132918	4.345165	0.0002
C	-11.75678	2.332229	-5.041006	0.0000
D00	-121.2508	63.79529	-1.900624	0.0700

Weighted Statistics			
R-squared	0. 995455	Mean dependent var	124. 5546
Adjusted R-squared	0. 994863	S.D. dependent var	23. 13388
S.E. of regression	7. 586009	Sum squared resid	1323. 593
F-statistic	1673. 288	Durbin-Watson stat	1. 292980
Prob(F-statistic)	0. 000000	Second-Stage SSR	1501. 383
Unweighted Statistics			
R-squared	0. 998324	Mean dependent var	571. 6333
Adjusted R-squared	0. 998105	S.D. dependent var	657. 3673
S.E. of regression	28. 61633	Sum squared resid	18834. 96
Durbin-Watson stat	1. 294488		

方程为

$$CZ = 0.664894 * CS + 0.5775514 * CZ(-1) - 11.756782 - 121.250849 * D00$$

与上面非加权二阶段最小二乘法的估计结果相比明显不同,与加权普通最小二乘法的估计结果相比差别不大。

二阶段最小二乘法估计社会消费品零售方程,结果如下:

Dependent Variable：SLC

Method：Two-Stage Least Squares

Date：09/04/07　Time：10:10

Sample (adjusted)：1980 2005

Included observations：26 after adjustments

Convergence achieved after 14 iterations

Instrument list：C GDPS ZC RY T D93 D00 CX(-1) CZ(-1)

Lagged dependent

variable & regressors

added to instrument list

	Coefficient	Std. Error	t-Statistic	Prob.
GDPS	0. 227124	0. 042324	5. 366357	0. 0000
C	−863. 1769	929. 2543	−0. 928892	0. 3630
AR(1)	1. 536140	0. 186539	8. 234941	0. 0000
AR(2)	−0. 503590	0. 199972	−2. 518301	0. 0196
R-squared	0. 999440	Mean dependent var		2323. 710
Adjusted R-squared	0. 999364	S.D. dependent var		2354. 344
S.E. of regression	59. 39227	Sum squared resid		77603. 71

F-statistic	13087.46	Durbin-Watson stat	1.717996
Prob(F-statistic)	0.000000	Second-Stage SSR	77603.71
Inverted AR Roots	1.06	0.47	

Estimated AR process is nonstationary

方程为

SLC＝0.227124 * GDPS－863.176882＋[AR(1)＝1.536140, AR(2)＝
　　－0.503590]

与普通最小二乘法的估计结果相比完全相同，这是由于不存在联立方程偏误问题的原因。在联立方程模型中加入第 6 个方程：

（6）国内生产总值方程。

$$GDPS_t = GDPB_t \times GDPH_t$$

再用二阶段最小二乘法（或加权）估计上述两个方程，结果分别如下：

Dependent Variable: CZ

Method: Two-Stage Least Squares

Date: 09/04/07   Time: 11:03

Sample (adjusted): 1979 2005

Included observations: 27 after adjustments

Weighting series: 1/CS

Instrument list: C GDPH ZC RY T D93 D00 CX(－1) CZ(－1)

	Coefficient	Std. Error	t-Statistic	Prob.
CS	0.651248	0.140869	4.623089	0.0001
CZ(－1)	0.590317	0.132928	4.440884	0.0002
C	－11.56734	2.330332	－4.963817	0.0001
D00	－122.2206	63.60600	－1.921526	0.0671

Weighted Statistics			
R-squared	0.995483	Mean dependent var	124.5546
Adjusted R-squared	0.994894	S.D. dependent var	23.13388
S.E. of regression	7.562906	Sum squared resid	1315.544
F-statistic	1688.208	Durbin-Watson stat	1.288615
Prob(F-statistic)	0.000000	Second-Stage SSR	1561.274

Unweighted Statistics			
R-squared	0.998308	Mean dependent var	571.6333
Adjusted R-squared	0.998088	S.D. dependent var	657.3673
S.E. of regression	28.74759	Sum squared resid	19007.76

| Durbin-Watson stat | | 1.286061 | |

Dependent Variable：SLC

Method：Two-Stage Least Squares

Date：09/04/07　Time：11：08

Sample (adjusted)：1980 2005

Included observations：26 after adjustments

Convergence achieved after 14 iterations

Instrument list：C GDPH ZC RY T D93 D00 CX(−1) CZ(−1)

Lagged dependent

variable & regressors

added to instrument list

	Coefficient	Std. Error	t-Statistic	Prob.
GDPS	0.230136	0.043076	5.342530	0.0000
C	−893.2758	995.2775	−0.897514	0.3792
AR(1)	1.532037	0.186703	8.205751	0.0000
AR(2)	−0.500430	0.200102	−2.500868	0.0203
R-squared	0.999440	Mean dependent var		2323.710
Adjusted R-squared	0.999363	S.D. dependent var		2354.344
S.E. of regression	59.39818	Sum squared resid		77619.16
F-statistic	13084.67	Durbin-Watson stat		1.722899
Prob(F-statistic)	0.000000	Second-Stage SSR		79631.81
Inverted AR Roots	1.06	0.47		

Estimated AR process is nonstationary

方程分别为

$$CZ = 0.651248 * CS + 0.590317 * CZ(-1) - 11.567339 - 122.220556 * D00$$
$$SLC = 0.230136 * GDPS - 893.275822 + [AR(1) = 1.532037, AR(2) = -0.500430]$$

与不加入第 6 个方程的估计结果相比，方程有所不同，这是由于 GDPS 成为内生变量，产生一定的偏误所致。注意：上述二阶段最小二乘估计的前定变量少了 GDPS 而多了 GDPH。

三、联立方程模型(一)系统的编辑

根据广东数据，在前面实验联立起来的六个方程的联立方程模型(一)如下：

（1）财政收入方程。

$$\ln(CS_t) = c_1 + \alpha_1 T + \beta_1 D93 + u_{1t}$$

（2）财政支出方程。

$$CZ_t = c_2 + \alpha_2 CS_t + \beta_2 CZ_{t-1} + \gamma_2 D00 + u_{2t}$$

（3）社会消费品零售方程。

$$SLC_t = c_3 + \alpha_3 GDPS_t + u_{3t}$$

（4）不变价 GDP 方程。

$$\ln(GDPB_t) = c_4 + \alpha_4 \ln(ZC_t) + \beta_4 \ln(RY_t) + u_{4t}$$

（5）储蓄存款方程。

$$CX_t = c_5 + \alpha_5 CX_{t-1} + \beta_5 GDPS_t + \gamma_5 D00 + u_{5t}$$

（6）国内生产总值方程。

$$GDPS_t = GDPB_t \times GDPH_t$$

模型中的内生变量为 CS、CZ、SLC、GDPB、CX 和 GDPS；外生变量为 GDPH、ZC、RY、T、D93 和 D00；滞后内生变量为 CX_{t-1} 和 CZ_{t-1}；前定变量为 GDPH、ZC 、RY 、T 、D93、D00、CX_{t-1} 和 CZ_{t-1}。对这个模型可以进行系统估计,首先建立系统文件。

在 EViews 中选择 Objects \New Object…,对象类型选择 System,进入系统文件编辑窗口(图 9-4)。

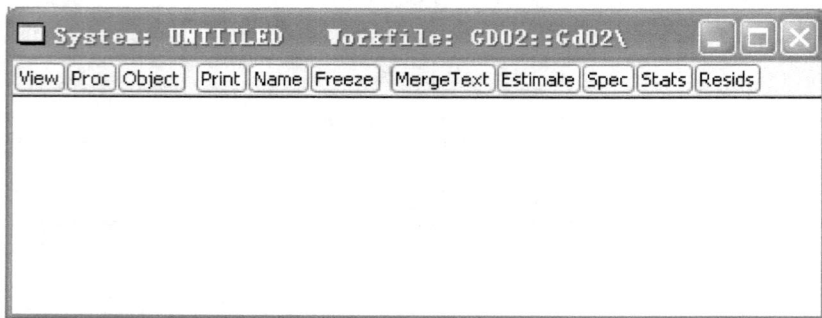

图 9-4

把六个待估计方程(实际只有五个)以下面的格式输入,以 SYS1 命名系统文件:

LOG(CS)＝C(1) * T＋C(2)＋C(3) * D93

CZ＝C(5) * CS＋C(6) * CZ(−1)＋C(7)＋C(8) * D00

SLC＝C(9) * GDPS＋C(10)

LOG(GDPB)＝C(13) * LOG(ZC)＋C(14) * LOG(RY)＋C(15)

CX＝C(17) * CX(−1)＋C(18) * GDPS＋C(19)＋C(20) * D00

GDPS＝GDPB * GDPH

四、联立方程模型(一)的系统估计

对上面编辑和建立的系统文件 SYS1,选择系统文件编辑窗口上的 Estimate 估计方程组,得到结果和残差趋势如下:

System: SYS1
Estimation Method: Least Squares
Date: 09/04/07　Time: 12:06
Sample: 1978 2005
Included observations: 28
Total system (unbalanced) observations 136

	Coefficient	Std. Error	t-Statistic	Prob.
C(1)	0.158946	0.003796	41.86670	0.0000
C(2)	3.055677	0.063097	48.42793	0.0000
C(3)	0.249236	0.165253	1.508209	0.1336
C(5)	0.682354	0.092705	7.365862	0.0000
C(6)	0.547936	0.083978	6.524741	0.0000
C(7)	−8.939090	7.423843	−1.204106	0.2304
C(8)	−109.7868	28.66973	−3.829364	0.0002
C(9)	0.370241	0.005827	63.53578	0.0000
C(10)	148.6962	48.01944	3.096584	0.0023
C(13)	0.775161	0.063002	12.31969	0.0000
C(14)	0.875419	0.331815	2.638273	0.0092
C(15)	−6.034278	2.208835	−2.731882	0.0071
C(17)	0.749971	0.067917	11.04251	0.0000
C(18)	0.316338	0.051823	6.104199	0.0000
C(19)	−114.7087	61.53236	−1.864201	0.0642
C(20)	−759.3588	197.5686	−3.843519	0.0002

Determinant residual covariance	1.17E−20

Equation: LOG(CS) = C(1) * T + C(2) + C(3) * D93
Observations: 28

R-squared	0.936009	Mean dependent var	5.369302
Adjusted R-squared	0.934890	S.D. dependent var	1.319281
S.E. of regression	0.162171	Sum squared resid	0.657488

Prob(F-statistic)　　　　　0. 472408

Equation：CZ = C(5) * CS + C(6) * CZ(−1) + C(7) + C(8) * D00

Observations：27

R-squared	0. 998477	Mean dependent var	571. 6333
Adjusted R-squared	0. 998278	S.D. dependent var	657. 3673
S.E. of regression	27. 27861	Sum squared resid	17114. 82
Prob(F-statistic)	1. 453240		

Equation：SLC = C(9) * GDPS + C(10)

Observations：28

R-squared	0. 993600	Mean dependent var	2163. 893
Adjusted R-squared	0. 993354	S.D. dependent var	2340. 232
S.E. of regression	190. 7780	Sum squared resid	946302. 6
Prob(F-statistic)	0. 293156		

Equation：LOG(GDPB) = C(13) * LOG(ZC) + C(14) * LOG(RY) + C(15)

Observations：28

R-squared	0. 997801	Mean dependent var	6. 951059
Adjusted R-squared	0. 997625	S.D. dependent var	1. 100553
S.E. of regression	0. 053639	Sum squared resid	0. 071928
Prob(F-statistic)	0. 307553		

Equation：CX = C(17) * CX(−1) + C(18) * GDPS + C(19) + C(20) * D00

Observations：27

R-squared	0. 999016	Mean dependent var	4446. 959
Adjusted R-squared	0. 998888	S.D. dependent var	5613. 364
S.E. of regression	187. 1928	Sum squared resid	805946. 1
Prob(F-statistic)	2. 056148		

Equation：GDPS= GDPB * GDPH

Observations：28

R-squared	1. 000000	Mean dependent var	5442. 928
Adjusted R-squared	1. 000000	S.D. dependent var	6300. 570

| S.E. of regression | 2.15E-14 | Sum squared resid | 1.29E-26 |
| Prob(F-statistic) | 2.000000 | | |

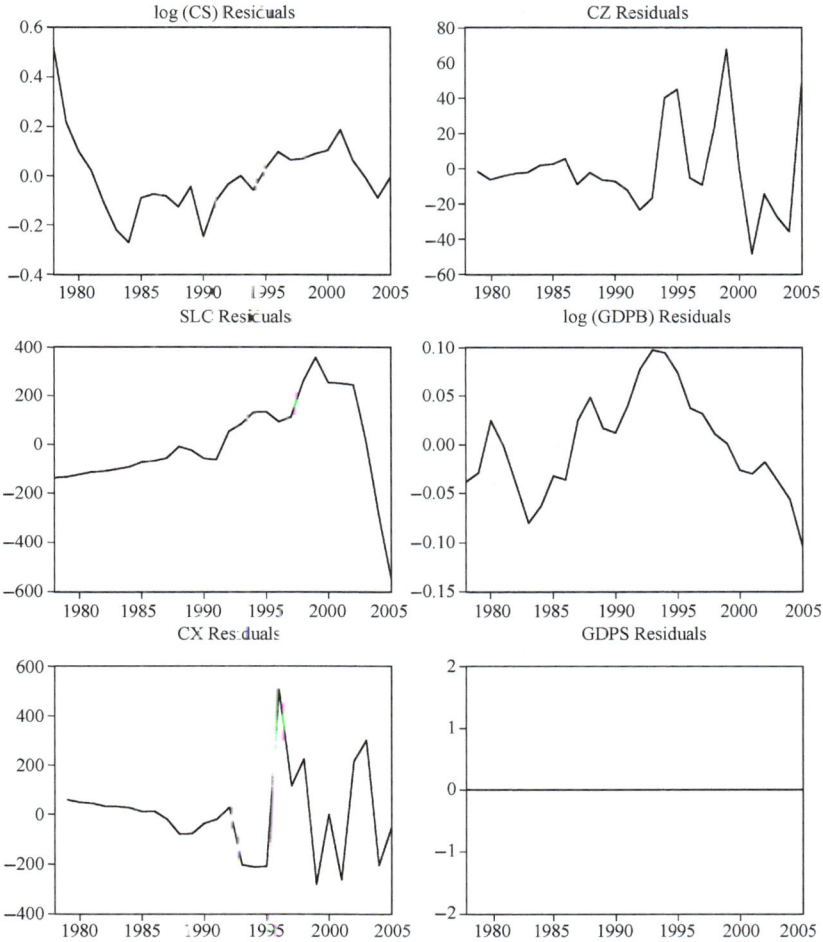

图 9-5

从结果和残差趋势图(图 9-5)看,第一和第三方程存在自相关,第二个方程存在异方差,还有主要是截距项不显著,它们不重要,修改系统文件如下:

$$\log(CS) = C(1) * T + C(2) + C(3) * D93 + [(AR(1)=C(4)]$$
$$CZ/CS = C(5) + C(6) * CZ(-1)/CS + C(7)/CS + C(8) * D00/CS$$
$$SLC = C(9) * GDPS + C(10) + (AR(1)=C(11), AR(2)=C(12))$$
$$\log(GDPB) = C(13) * \log(ZC) + C(14) * \log(RY) + C(15)$$

$$CX = C(17) * CX(-1) + C(18) * GDPS + C(19) + C(20) * D00$$
$$GDPS= GDPB * GDPH$$

再估计方程组,得到结果和残差趋势图(图 9-6)。

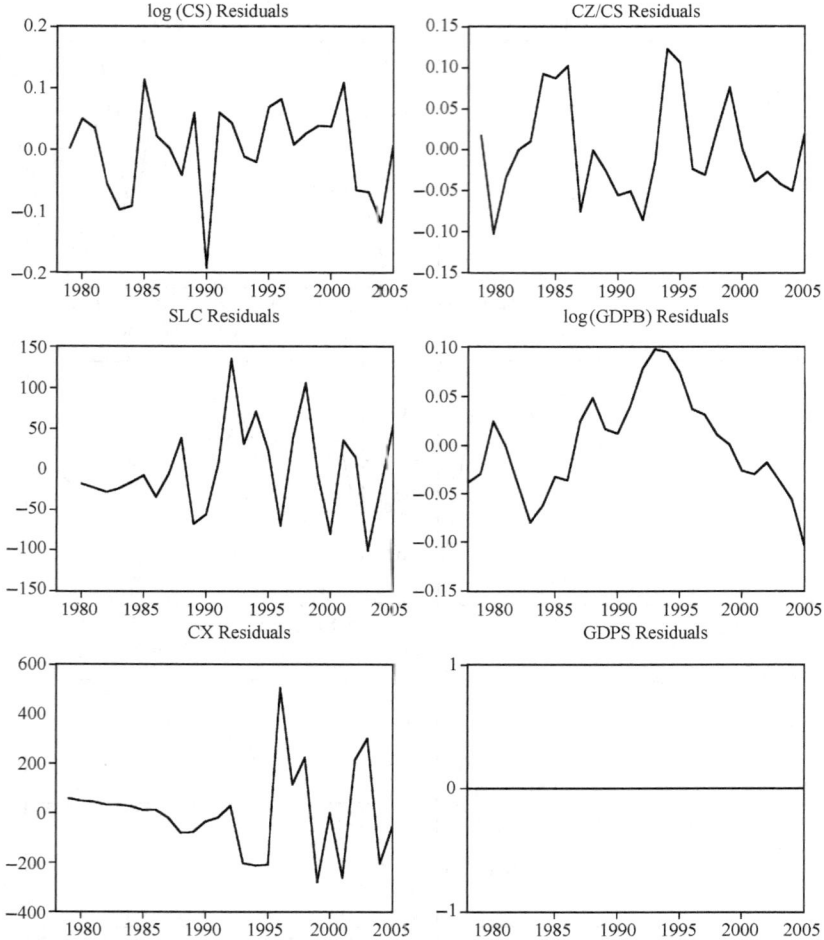

图 9-6

System：SYS2

Estimation Method：Iterative Least Squares

Date：09/04/07　Time：12：31

Sample：1978 2005

Included observations：28

Total system (unbalanced) observations 163

Convergence achieved after 9 iterations

	Coefficient	Std. Error	t-Statistic	Prob.
C(1)	0.169019	0.004899	34.50068	0.0000
C(2)	2.845649	0.093863	30.31719	0.0000
C(3)	0.295927	0.067726	4.369476	0.0000
C(4)	0.562645	0.095428	5.896036	0.0000
C(5)	0.589125	0.114903	5.127150	0.0000
C(6)	0.648435	0.108874	5.955815	0.0000
C(7)	−10.70489	2.032315	−5.267340	0.0000
C(8)	−126.6352	62.94975	−2.011687	0.0461
C(9)	0.227125	0.042323	5.366428	0.0000
C(10)	−863.1846	929.4118	−0.928743	0.3546
C(11)	1.536129	0.186540	8.234864	0.0000
C(12)	−0.503579	0.199972	−2.518241	0.0129
C(13)	0.776161	0.063002	12.31969	0.0000
C(14)	0.875419	0.331815	2.638273	0.0092
C(15)	−6.034278	2.208835	−2.731882	0.0071
C(17)	0.749971	0.067917	11.04251	0.0000
C(18)	0.316338	0.051823	6.104199	0.0000
C(19)	−114.7087	61.53236	−1.864201	0.0643
C(20)	−759.3588	197.5686	−3.843519	0.0002
Determinant residual covariance		0.000000		

Equation: LOG(CS) = C(1) * T + C(2) + C(3) * D93 + [AR(1)=C(4)]

Observations: 27

R-squared	0.993876	Mean dependent var	5.429892
Adjusted R-squared	0.993469	S.D. dependent var	1.304108
S.E. of regression	0.077498	Sum squared resid	0.138137
Prob(F-statistic)	2.004756		

Equation: CZ/CS = C(5) + C(6) * CZ(−1)/CS + C(7) /CS + C(8) * D00/CS

Observations: 27

R-squared	0.906642	Mean dependent var	1.092380
Adjusted R-squared	0.894465	S.D. dependent var	0.202891
S.E. of regression	0.065911	Sum squared resid	0.099919

Prob(F-statistic)	1.272145		

Equation: SLC = C(9) * GDPS + C(10) + (AR(1)=C(11),AR(2)=C(12))

Observations: 26

R-squared	0.999440	Mean dependent var	2323.710
Adjusted R-squared	0.999364	S.D. dependent var	2354.344
S.E. of regression	59.39227	Sum squared resid	77603.71
Prob(F-statistic)	1.717985		

Equation: LOG(GDPB) = C(13) * LOG(ZC) + C(14) * LOG(RY) + C(15)

Observations: 28

R-squared	0.997801	Mean dependent var	6.951059
Adjusted R-squared	0.997625	S.D. dependent var	1.100553
S.E. of regression	0.053639	Sum squared resid	0.071928
Prob(F-statistic)	0.307553		

Equation: CX = C(17) * CX(-1) + C(18) * GDPS + C(19) + C(20) * D00

Observations: 27

R-squared	0.999016	Mean dependent var	4446.959
Adjusted R-squared	0.998888	S.D. dependent var	5613.364
S.E. of regression	187.1928	Sum squared resid	805946.1
Prob(F-statistic)	2.056148		

Equation: GDPS= GDPB * GDPH

Observations: 28

R-squared	1.000000	Mean dependent var	5442.928
Adjusted R-squared	1.000000	S.D. dependent var	6300.570
S.E. of regression	0.000000	Sum squared resid	0.000000

方程组为

(1) $\log(CS) = 0.169019325555 * T + 2.84564934652 + 0.295926974505 * D93 + [(AR(1)=0.562646477293)]$。

(2) $CZ/CS = 0.589124710711 + 0.648434592791 * CZ(-1)/CS - 10.7048926477/CS - 126.635184104 * D00/CS$。

(3) $SLC = 0.227125163281 * GDPS - 863.184563839 + [AR(1)=$

1.53612936216，AR(2)＝－0.503578807766]。

(4) log(GDPB)＝0.77660907148 * log(ZC) ＋ 0.875418975137 * log(RY)
　　　－ 6.03427794841。

(5) CX ＝ 0.749970987266 * CX(－1) ＋ 0.316337959152 * GDPS －
　　　114.708674332 － 759.358768698 * D00。

(6) GDPS＝GDPB * GDPH。

实验十一　联立方程模型的求解和预测

实验目的：掌握联立方程模型外生变量的预测方法，掌握联立方程模型的编辑方
　　　　法，掌握联立方程模型的求解方法。

实验要求：建立时间序列方程并预测，掌握直接输入模型文件和由系统文件调用模
　　　　型文件，掌握联立方程模型的求解和调整方法。

实验原理：时间序列预测，联立方程模型，联立方程模型预测。

实验步骤：

一、广东模型(一)外生变量的预测

在实验十的联立方程模型的系统估计中，六个方程的联立方程模型（一）中有
三个外生变量 ZC 、RY 和 GDPH 需要进行预测才能求解模型，建立三个时间序列
方程如下：

$$\ln(ZC_t)=c_7+\alpha_7\ln(ZC_{t-1})+\beta_7 T+u_{7t}$$
$$\ln(RY_t)=c_8+\alpha_8\ln(RY_{t-1})+u_{8t}$$
$$\ln(GDPH_t)=c_9+\alpha_9\ln(GDPH_{t-1})+u_{9t}$$

分别估计这三个方程，得结果如下：

Dependent Variable：LOG(ZC)
Method：Least Squares
Date：09/05/07　Time：17：13
Sample (adjusted)：1981 2005
Included observations：25 after adjustments
Convergence achieved after 9 iterations

	Coefficient	Std. Error	t-Statistic	Prob.
LOG(ZC(－1))	0.327986	0.345667	0.948848	0.3540
T	0.096885	0.049121	1.972378	0.0626
C	3.749960	1.872900	2.002221	0.0590
AR(1)	1.478256	0.259252	5.702004	0.0000

AR(2)	−0.680638	0.213152	−3.193197	0.0046

R-squared	0.999762	Mean dependent var	7.814422
Adjusted R-squared	0.999714	S.D. dependent var	1.065465
S.E. of regression	0.018008	Akaike info criterion	−5.019177
Sum squared resid	0.006486	Schwarz criterion	−4.775402
Log likelihood	67.73971	Hannan-Quinn criter.	−4.951564
F-statistic	20999.53	Durbin-Watson stat	2.110488
Prob(F-statistic)	0.000000		

Inverted AR Roots	0.74+0.37i	0.74−0.37i

Dependent Variable: LOG(RY)

Method: Least Squares

Date: 09/05/07　Time: 17:24

Sample (adjusted): 1979 2005

Included observations: 27 after adjustments

	Coefficient	Std. Error	t-Statistic	Prob.
LOG(RY(−1))	1.026987	0.014648	70.11150	0.0000
C	−0.188421	0.118224	−1.593771	0.1236

R-squared	0.994940	Mean dependent var	8.097745
Adjusted R-squared	0.994738	S.D. dependent var	0.214668
S.E. of regression	0.015573	Akaike info criterion	−5.415412
Sum squared resid	0.006063	Schwarz criterion	−5.319424
Log likelihood	75.10807	Hannan-Quinn criter.	−5.386870
F-statistic	4915.622	Durbin-Watson stat	1.281597
Prob(F-statistic)	0.000000		

Dependent Variable: LOG(GDPH)

Method: Least Squares

Date: 09/05/07　Time: 17:51

Sample (adjusted): 1980 2005

Included observations: 26 after adjustments

Convergence achieved after 4 iterations

	Coefficient	Std. Error	t-Statistic	Prob.
LOG(GDPH(−1))	0.960670	0.035587	26.99524	0.0000
C	0.079943	0.031729	2.519532	0.0191

AR(1)	0.451192		0.193470	2.332108	0.0288
R-squared	0.991942	Mean dependent var			0.789119
Adjusted R-squared	0.991242	S.D. dependent var			0.433110
S.E. of regression	0.040535	Akaike info criterion			−3.465156
Sum squared resid	0.037790	Schwarz criterion			−3.319991
Log likelihood	48.04703	Hannan-Quinn criter.			−3.423354
F-statistic	1415.601	Durbin-Watson stat			1.749671
Prob(F-statistic)	0.000000				
Inverted AR Roots	0.45				

方程分别为

$$\log(ZC) = 0.327986 * LOG(ZC(-1)) + 0.096885 * T + 3.749960$$
$$+ [AR(1) = 1.478256, AR(2) = -0.680638]$$
$$\log(RY) = 1.02698676432 * \log(RY(-1)) - 0.188421287436$$
$$\log(GDPH) = 0.960370 * \log(GDPH(-1)) + 0.079943$$
$$+ [AR(1) = 0.451192]$$

利用上述三个方程,在趋势变量 T 和虚拟变量 2006～2010 年间有值的条件下,可以分别预测 ZC、RY 和 GDPH 在 2006～2010 年间的值,注意:预测值如果放在 ZCF、RYF 和 GDPHF 中,那么求解模型时作为外生变量的 ZC、RY 和 GDPH 在未来一定要有值,即需把 ZCF、RYF 和 GDPHF 中的值转到 ZC、RY 和 GDPH 中。

二、广东模型(二)外生变量的预测

把根据广东数据已经估计的部分方程联立起来得联立方程模型(二)如下:

(1)劳动者报酬方程。

$$LB = 0.337404135103 * GDP + 46.9357270888 * T$$
$$+ [AR(1) = 0.836885526094]$$

(2)固定资产折旧方程。

$$ZJ = 0.164064013352 * GDP - 3.02175696096 * T$$
$$+ [AR(1) = 0.608348415922]$$

(3)生产税净额方程。

$$SE = 0.135810363742 * GDP + [AR(1) = 0.866127508876]$$

(4)营业盈余方程。

$$YY = GDP - LB - ZJ - SE$$

(5)城乡居民储蓄存款方程。

$$CX = 0.810188 * CX(-1) + 0.808651 * LB - 0.466829 * RK$$
$$+ 2401.435078 - 818.256818 * D00$$

（6）财政收入方程。

$$CS = 0.621170651632 * SE + 20.5273456243 - 139.593526976 * DD94$$

（7）财政支出方程。

$$CZ = 0.68285 * CS + 0.547936 * CZ(-1) - 8.939090$$
$$- 109.786844 * D00$$

（8）居民消费方程。

$$XFJ = 0.690847 * LB + 0.422005 * YY + 90.561960$$
$$+ [AR(1) = 0.532169]$$

（9）政府消费方程。

$$XFZ = 0.691173833685 * XFZ(-1) + 0.465814380466 * CZ$$
$$- 11.3808496115$$

（10）固定资产形成方程。

$$TZG = 0.461207865212 * (ZJ + YY) + 1.06966732681 * CZ$$
$$+ 30.6306268397$$

（11）存货增加方程。

$$TZC = 0.0306327182422 * CX + 1.78080576578 * PSL - 209.054640067$$

（12）货物和服务净出口方程。

$$CK = 0.0882381995057 * GDP - 42.665702172 * LL + 202.248840539$$

（13）国内生产总值形成方程。

$$GDP = XFJ + XFZ + TZG + TZC + CK$$

模型中的内生变量为 LB、ZJ、SE、YY、CX、CS、CZ、XFJ、XFZ、TZG、TZC、CK 和 GDP；外生变量为 RK、PSL、LL、T、D00 和 DD94；滞后内生变量为 CX(-1)、CZ(-1) 和 XFZ(-1)。注意：前 4 个方程中的 GDPS 已经改为 GDP，因为 GDPS 等于 GDP 。

联立方程模型中除了趋势变量和虚拟变量外只有三个外生变量 RK、PSL 和 LL 需要进行预测才能求解模型，建立三个方程如下：

$$RK_t = c_1 + \alpha_1 RK_{t-1} \beta_1 T + u_{1t}$$
$$PSL_t = c_2 + \alpha_2 PSL_{t-1} + \beta_2 PSL_{t-2} + \gamma_2 PSL_{t-3} + u_{2t}$$
$$LL_t = c_3 + \alpha_3 LL_{t-1} + \beta_3 LL_{t-2} + u_{3t}$$

分别估计这三个方程，得结果如下：

Dependent Variable：RK
Method：Least Squares
Date：09/05/07 Time：23：00

Sample (adjusted)：1979 2005

Included observations：27 after adjustments

	Coefficient	Std. Error	t-Statistic	Prob.
RK(−1)	0. 740005	0. 084579	8. 749270	0. 0000
T	29.11879	9.356912	3. 112009	0. 0049
C	1321. 645	399.2662	3. 310185	0. 0031
D00	105. 9544	30. 25166	3. 502431	0. 0019
R-squared	0. 999062	Mean dependent var		6479.501
Adjusted R-squared	0. 998940	S.D. dependent var		886. 4904
S.E. of regression	28. 86018	Akaike info criterion		9. 698757
Sum squared resid	19156. 94	Schwarz criterion		9. 890732
Log likelihood	−126. 9332	Hannan-Quinn criter.		9. 755841
F-statistic	8169. 483	Durbin-Watson stat		1. 854282
Prob(F-statistic)	0. 000000			

Dependent Variable：PSL

Method：Least Squares

Date：09/05/07　Time：23：20

Sample (adjusted)：1981 2005

Included observations：25 after adjustments

	Coefficient	Std. Error	t-Statistic	Prob.
PSL(−1)	1. 831413	0. 198115	9.244199	0. 0000
PSL(−2)	−1. 263813	0. 348083	−3. 630786	0. 0016
PSL(−3)	0. 406463	0. 193452	2. 101104	0. 0479
C	14. 23828	8. 376679	1. 699753	0. 1039
R-squared	0. 935586	Mean dependent var		303. 1560
Adjusted R-squared	0. 933527	S.D. dependent var		124. 2812
S.E. of regression	15. 95130	Akaike info criterion		8. 522605
Sum squared resid	5343. 325	Schwarz criterion		8. 717625
Log likelihood	−102. 5326	Hannan-Quinn criter.		8. 576695
F-statistic	478. 6336	Durbin-Watson stat		1. 917480
Prob(F-statistic)	0. 000000			

Dependent Variable：LL

Method：Least Squares

Date：09/06/07　Time：02：05

Sample (adjusted): 1980 2007

Included observations: 28 after adjustments

	Coefficient	Std. Error	t-Statistic	Prob.
LL(−1)	1.616913	0.184024	8.786404	0.0000
LL(−2)	−0.674758	0.176267	−3.828046	0.0008
C	0.507896	0.443501	1.145198	0.2634
D90	−4.657744	1.239628	−3.757372	0.0010
R-squared	0.901292	Mean dependent var		5.920929
Adjusted R-squared	0.888953	S.D. dependent var		2.999720
S.E. of regression	0.999617	Akaike info criterion		2.968674
Sum squared resid	23.98161	Schwarz criterion		3.158989
Log likelihood	−37.56144	Hannan-Quinn criter.		3.026855
F-statistic	73.04695	Durbin-Watson stat		1.598417
Prob(F-statistic)	0.000000			

方程分别为

$$RK = 0.740005 * RK(-1) + 29.118791 * T + 1321.644982$$
$$+ 105.954369 * D00$$

$$PSL = 1.831413 * PSL(-1) - 1.263813 * PSL(-2) + 0.406463 * PSL$$
$$(-3) + 14.238282$$

$$LL = 1.616913 * LL(-1) - 0.674758 * LL(-2) + 0.507896$$
$$- 4.657744 * D90$$

利用上述三个方程,在趋势变量 T 和虚拟变量 2006 ～ 2010 年间有值的条件下,可以分别预测 RK、PSL 和 LL 在 2006 ～ 2010 年间的值。其预测值如表 9-1 所示。

表 9-1

obs	RK	PSL	LL
2006	8011.86	429.3	2.348
2007	8124.03	433.5	3.113
2008	8236.15	438.1	3.957
2009	8348.24	443.3	4.806
2010	8460.30	448.5	5.608

为了求解联立方程模型,首先必须对联立方程模型进行编辑,下面分别编辑广东宏观经济模型(一)和宏观经济模型(二)。

三、广东宏观经济模型(一)的编辑

在实验十的联立方程模型的系统估计中,估计出的联立方程模型(一)为:

(1) $\log(CS) = 0.169019325555 * T + 2.84564934652 + 0.295926974505 * D93 + [AR(1) = 0.562646477293]$

(2) $CZ/CS = 0.589124710711 + 0.648434592791 * CZ(-1)/CS - 10.7048926477 /CS - 126.635184104 * D00/CS$

(3) $SLC = 0.227125163281 * GDPS - 863.184563839 + [AR(1) = 1.53612936216, AR(2) = -0.503578807766]$

(4) $\log(GDPB) = 0.776160907148 * \log(ZC) + 0.875418975137 * \log(RY) - 6.03427794841$

(5) $CX = 0.749970987266 * CX(-1) + 0.316337959152 * GDPS - 114.708674332 - 759.358768698 * D00$

(6) $GDPS = GDPB * GDPH$

为了对这个模型进行编辑,首先建立模型文件。在 EViews 中选择 Objects \ New Object…,对象类型选择 Model,进入模型文件编辑窗口(图 9-7)。

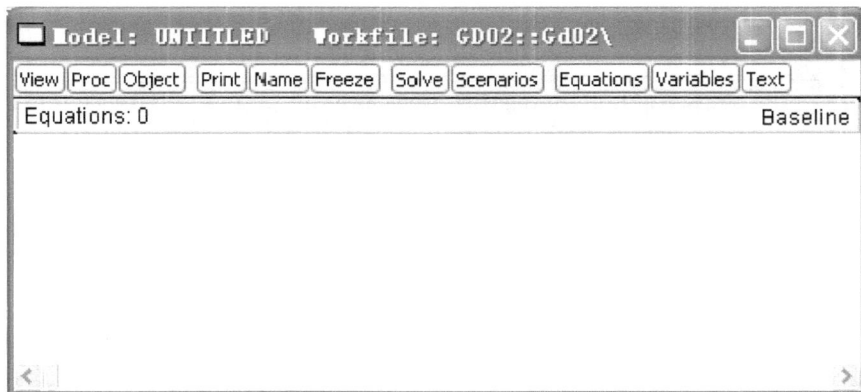

图 9-7

把这六个要求解的方程输入模型文件,输入的方式是点右键选择 insert 打开模型编辑窗口,以 MODEL1 命名模型文件(图 9-8)。

当然,由于这个模型是系统估计出来的,所以系统估计出来以后,在系统文件内就产生了一个已估计出来的联立方程模型,在系统文件窗口内可以调用(图 9-9)。

在 Proc 的下拉式菜单中选择 Make Model 产生一个现成的模型文件(图 9-10)。

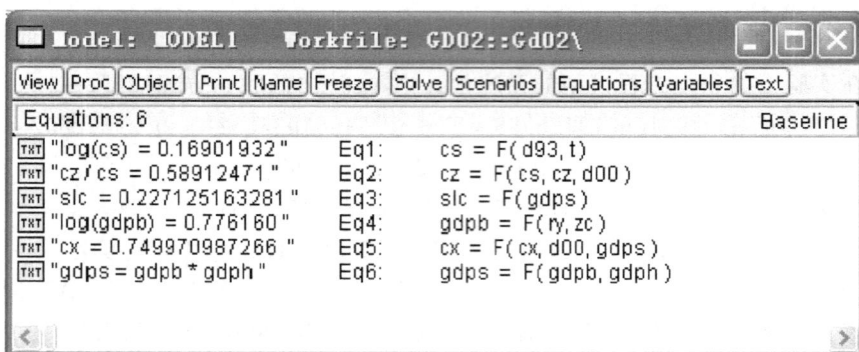

图 9-8

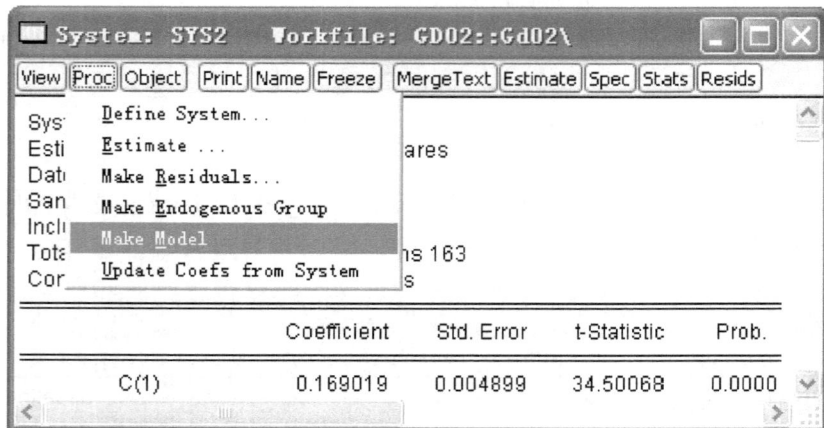

图 9-9

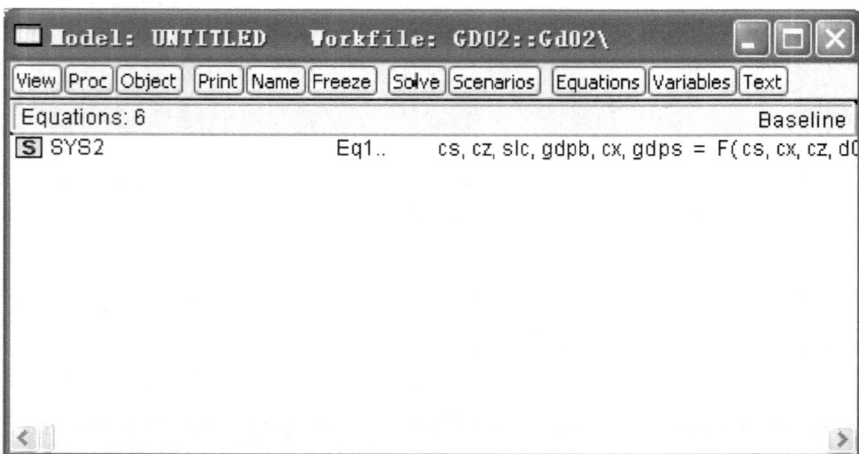

图 9-10

四、广东宏观经济模型(二)的编辑

在前面实验中,列出了根据广东数据已经估计的联立方程模型(二)如下

(1) LB = 0.337404155103 * GDP + 46.9357270888 * T + [AR(1) = 0.836885526094]

(2) ZJ = 0.164064013392 * GDP − 3.02175696096 * T + [AR(1) = 0.608348415922]

(3) SE = 0.135810363742 * GDP + [AR(1) = 0.866127508876]

(4) YY = GDP − LB − ZJ − SE

(5) CX = 0.810188 * CX(−1) + 0.808651 * LB − 0.466829 * RK − 2401.435078 − 818.256818 * D00

(6) CS = 0.621170651632 * SE + 20.5273456243 − 139.593526976 * DD94

(7) CZ = 0.68285 * CS + 0.547936 * CZ(−1) − 8.939090 − 109.786844 * D00

(8) XFJ = 0.690847 * LB + 0.422005 * YY + 90.561960 + [AR(1) = 0.532169]

(9) XFZ = 0.691173833685 * XFZ(−1) + 0.465814380466 * CZ − 11.3808496115

(10) TZG = 0.461207865212 * (ZJ + YY) + 1.06966732681 * CZ + 30.6306268397

(11) TZC = 0.0306327182422 * CX + 1.78080576578 * PSL − 209.054640067

(12) CK = 0.0882381995057 * GDP − 42.665702172 * LL + 202.248840539

(13) GDP = XFJ + XFZ + TZG + TZC + CK

把这 13 个要求解的方程输入模型文件,以 MODEL2 命名模型文件。由于这个模型没有用系统估计,所以不能够在系统文件窗口内调用产生模型文件。

五、广东宏观经济模型(一)的求解和预测

在前面实验的联立方程模型的编辑中,已经编辑好了广东宏观经济模型的模型(一)文件,在模型文件窗口(图 9-11)。

选择 Solve,在接下来的对话框输入 1996 ~ 2000 年的预测期间。

就预测出了内生变量 2006~2010 年的值(图 9-12),在模型文件窗口选择

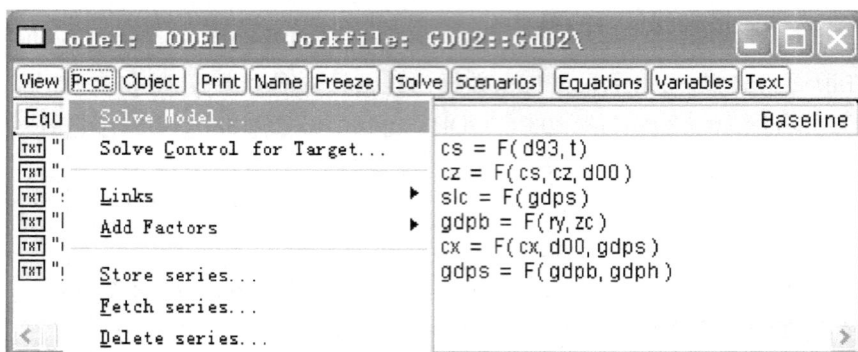

图 9-11

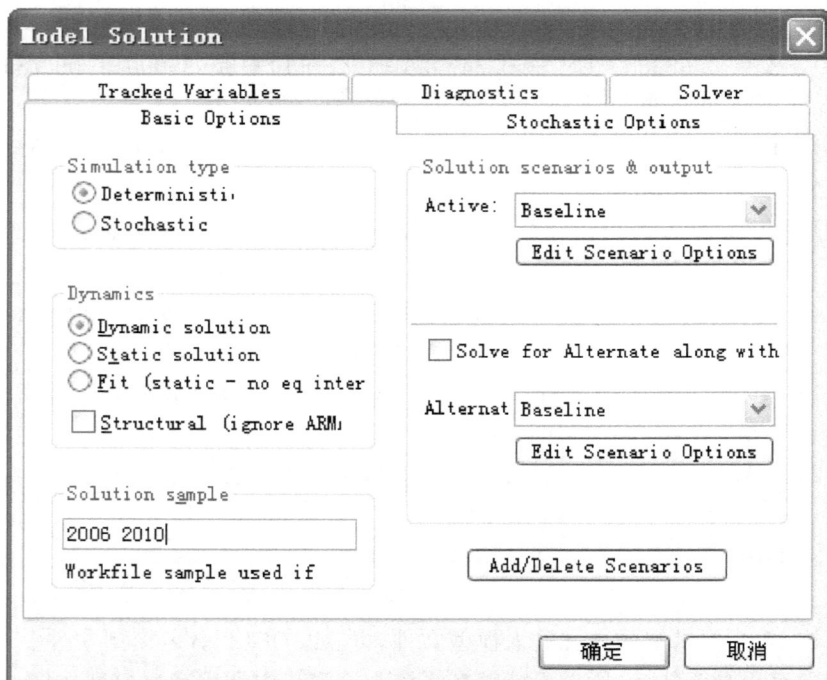

图 9-12

Variables 点击各内生变量，就可以看到所有内生变量的预测值。结果如表 9-2 所示。

表 9-2

obs	CS_0	CZ_0	SLC_0	GDPB_0	CX_0	GDPS_0
2006	2214.88	2778.45	9854.11	7789.50	23663.30	29999.71
2007	2674.00	3366.25	11522.51	9143.91	29102.11	36258.78
2008	3201.06	4057.92	13476.60	10734.18	35541.43	43720.33
2009	3813.81	4867.40	15754.36	12579.37	43161.32	52541.87
2010	4531.70	5815.22	18401.88	14707.76	52158.82	62919.40

　　预测结果可能不好,这时候就要对模型进行调整,主要包括模型中方程的调整和外生变量预测方程的调整,这实际上已经成了建立联立方程模型中主要的工作之一。

六、广东宏观经济模型(二)的求解和预测

　　在前面实验的联立方程模型的编辑中,也已经编辑好了广东宏观经济模型(二)的模型文件,先对 2005 年做事后预测,2005 年的实际值与预测值如表 9-3 所示。

表 9-3

obs	LB	ZJ	SE	YY	CX	CS
2005	8832.24	3535.2	3040.37	6908.74	19051.35	1807.2
obs	LBF	ZJF	SEF	YYF	CXF	CSF
2005	8714.50	3431.86	3121.87	7048.30	18975.52	1769.52
误差率(%)	−1.33	−2.88	2.68	2.02	−0.40	−2.08
CZ	XFJ	XFZ	TZG	TZC	CK	GDP
2289.07	8989.7	2543.74	7407.54	975.63	2449.93	22366.54
CZF	XFJF	XFZF	TZGF	TZCF	CKF	GDPF
2259.20	9224.68	2581.32	7319.06	1130.31	2079.83	22335.20
−1.30	2.61	1.48	−1.19	15.85	−15.11	−0.14

　　通过预测值与实际值的比较发现大多数值误差都较小,不需要修改方程,只有存货增加、货物和服务净出口误差较大,分别修改其方程如下:

Dependent Variable：TZC
Method：Least Squares
Date：09/06/07　Time：21:46
Sample (adjusted)：1981 2005
Included observations：25 after adjustments

	Coefficient	Std. Error	t-Statistic	Prob.

	Coefficient	Std. Error	t-Statistic	Prob.
TZC(−2)	−0. 911185	0. 264548	−3. 444303	0. 0031
D(CX)	0. 062125	0. 030416	2. 042502	0. 0569
D(CX(−2))	0. 167277	0. 056412	2. 965244	0. 0087
PSL	3. 789422	0. 521027	7. 272986	0. 0000
LL	−50. 42311	11. 36182	−4. 437944	0. 0004
C	−165. 6910	44. 04741	−3. 761652	0. 0016
D03	166. 3606	75. 86412	2. 192876	0. 0425
D04	169. 6802	80. 29701	2. 113157	0. 0497

R-squared	0. 985440	Mean dependent var	473. 4808
Adjusted R-squared	0. 979445	S.D. dependent var	386. 8132
S.E. of regression	55. 45693	Akaike info criterion	11. 12343
Sum squared resid	52283. 00	Schwarz criterion	11. 51347
Log likelihood	−131. 0428	Hannan-Quinn criter.	11. 23161
F-statistic	164. 3746	Durbin-Watson stat	1. 815694
Prob(F-statistic)	0. 000000		

Dependent Variable: CK
Method: Least Squares
Date: 09/06/07   Time: 22:17
Sample (adjusted): 1980 2005
Included observations: 26 after adjustments

	Coefficient	Std. Error	t-Statistic	Prob.
CK(−2)	−0. 440804	0. 190091	−2. 318909	0. 0306
GDP	0. 158459	0. 020340	7. 790618	0. 0000
LL	−40. 54438	13. 50279	−3. 002668	0. 0068
TZC	−0. 701582	0. 186986	−3. 752053	0. 0012
C	239. 4246	101. 1436	2. 367174	0. 0276

R-squared	0. 970636	Mean dependent var	459. 0488
Adjusted R-squared	0. 965043	S.D. dependent var	665. 4531
S.E. of regression	124. 4192	Akaike info criterion	12. 65623
Sum squared resid	325082. 6	Schwarz criterion	12. 89817
Log likelihood	−159. 5310	Hannan-Quinn criter.	12. 72590
F-statistic	173. 5389	Durbin-Watson stat	1. 304380
Prob(F-statistic)	0. 000000		

方程分别为

$$TZC = -0.911184852244 * TZC(-2) + 0.062125138593 * D(CX)$$
$$+ 0.167276743047 * D(CX(-2)) + 3.78942190885 * PSL$$
$$- 50.4231123544 * LL - 165.691036563 + 166.360643726 * D03$$
$$+ 169.680163464 * D04$$

$$CK = -0.440803541256 * CK(-2) + 0.158459397578 * GDP$$
$$- 40.5443801301 * LL - 0.701581693775 * TZC + 239.424600101$$

把这两个方程代替模型文件中的相应方程,再进行 2005 年的事后预测,TZC 和 CK 的预测值分别为 1038.54 和 2439.61,预测值的误差都变小了,还可以再进行修改,想一次就建好一个可以预测求解的联立方程模型是不现实的,要经过很多次修改。如果不进行修改,那就用这个联立方程模型来进行求解。2006～2010 年的预测结果如表 9-4 所示。

表 9-4

obs	LB_0	ZJ_0	SE_0	YY_0	CX_0	CS_0
2006	9717.77	3937.58	3375.68	7757.15	21954.72	1977.80
2007	10348.98	4286.71	3608.97	8333.66	24765.07	2122.72
2008	11331.85	4717.17	3984.11	9289.46	27784.43	2355.74
2009	13048.98	5524.93	4655.05	11035.67	31566.92	2772.51
2010	14808.30	6353.44	5343.18	12828.12	36001.80	3199.96

obs	CZ_0	X_0J_0	X_0Z_0	TZG_0	TZC_0	CK_0	GDP_0
2006	2595.87	10014.76	2955.98	8224.11	734.31	2909.02	24838.18
2007	2862.93	10723.52	3365.31	8904.40	1083.71	2481.37	26558.31
2008	3168.38	11821.53	3790.51	9879.71	1299.20	2531.63	29322.58
2009	3620.34	13753.04	4294.93	11541.07	989.36	3686.22	34264.62
2010	4159.87	15729.32	4894.89	13326.99	847.96	4533.88	39333.04

实验十二　宏观经济分析

实验目的:掌握宏观经济分析方法。

实验要求:用宏观经济模型进行经济分析和政策评价。

实验原理:联立方程模型。

实验步骤:

　　计量经济学研究的主要目的,是在模拟实际经济运行的基础上对经济进行结构分析、预测和政策评价。上面一系列实验模拟了广东省宏观经济的运行,不仅能对宏观经济进行预测,还可以进行经济分析和政策评价。

一、用宏观经济模型(二)进行政策评价

在对广东省宏观经济进行模拟的基础上,能根据宏观经济模型(二)对广东省宏观经济进行政策评价,既可对过去的政策评价,也可对现在和未来的政策评价,还可对未来做出规划。由广东省宏观经济模型(二)可以看到,可以选择的经济政策有货币政策、财政政策和投资政策,在此主要考虑利率、财政支出和固定资产投资作为政策变量。

政策变量的变化将引起经济的变化,对经济政策的评价可以分为对某种政策的评价和对全部政策的评价,还可以分为对政策执行后果的评价和对要达到目标所需政策的评价。后一分法的前一种既可以比较不同政策变量的执行后果,从而选择较优的政策变量方案,即方案选择;又可以比较同一政策变量的执行后果,从而选择较优的政策变量力度(数值),即力度选择。后一分法的后一种既可以对要达到目标所需全部政策变量进行选择,即规划方案选择;又可以对要达到目标所需某一政策变量进行选择,即政策变量选择。

方案选择是选择全部政策变量的某种搭配,力度选择是选择某一政策变量的力度,规划方案选择是选择全部政策变量,政策变量选择是选择某一政策变量。可以提供七种政策评价的选择:

(1)方案选择:输入全部政策变量观其结果,以便选择较优的政策组合;

(2)利率力度选择:输入利率政策变量观其结果,以便选择较优的利率政策;

(3)财政支出力度选择:输入财政支出政策变量观其结果,以便选择较优的财政支出政策;

(4)固定资产投资力度选择:输入固定资产投资政策变量观其结果,以便选择较优的固定资产投资政策;

(5)规划方案选择:输入国内生产总值的增长速度,也就是确定 2010 年国内生产总值目标,计算全部政策变量相应值,以便选择可行的政策组合;

(6)财政支出政策变量选择:输入国内生产总值的增长速度,也就是确定 2010 年国内生产总值目标,固定其他政策变量的变化,计算财政支出政策变量相应值,以便选择可行的财政支出政策;

(7)固定资产投资政策变量选择:输入国内生产总值的增长速度,也就是确定 2010 年国内生产总值目标,固定其他政策变量的变化,计算固定资产投资政策变量相应值,以便选择可行的固定资产投资政策。

由于利率变量不能单独发挥作用,所以没有设利率政策变量选择。

1. 方案选择

为了能使宏观经济模型进行政策评价,需要编制政策评价程序。在 EViews

中选择 File \New \Program，进入程序文件编辑窗口（图 9-13）。

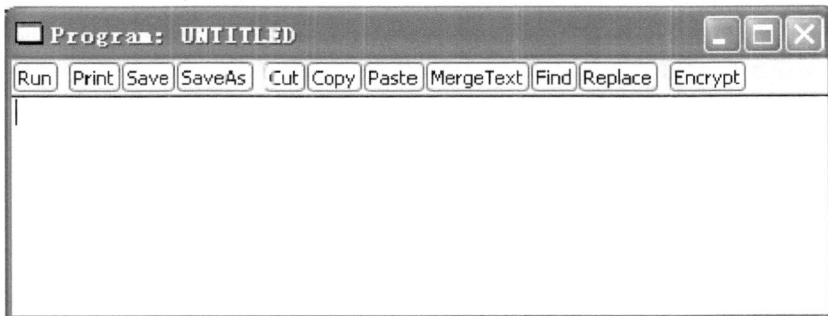

图 9-13

在程序文件编辑窗口输入下面的程序：

smpl 2006 2010

ll=ll(−1) * (100＋{％0})/100

cz=cz(−1) * (100＋{％1})/100

tzg=tzg(−1) * (100＋{％2})/100

solve(s) mxpj1

series gdpz=gdp_0/gdp_0(−1) * 100

series czz=cz/cz(−1) * 100

series tzgz=tzg/tzg(−1) * 100

series tzbl=(tzg＋tzc_0)/gdp_0 * 100

series xfbl=(xfj_0＋xfz_0)/gdp_0 * 100

show ll cz czz tzg tzgz gdp_0 gdpz tzbl xfbl

以 PJ1 命名这个程序文件，将已经建好的模型文件 MODEL2 中的财政支出方程和固定资产形成方程删掉，使 CZ 和 TZG 这两个变量和 LL 一样成为外生变量。为了输出的需要，把模型后面的方程修改和加入为：xf＝xfj＋xfz,tz＝tzg＋tzc,gdp＝xf＋tz＋ck，命名新的模型文件为 MXPJ1。注意：程序参数{％0}、{％1}、{％2}，在 EViews 5 以下的版本中是％0、％1、％2，即没有括号{　}。运行这个程序文件，即在程序文件窗口（图 9-14）。

选择 Run，在接下来出现的对话框中间栏中，输入政策变量 LL（利率）2006 年至 2010 年拟要实施的值之上年的增长速度；输入政策变量 CZ（财政支出）2006 年至 2010 年拟要实施的值比上年的增长速度；输入政策变量 TZG（固定资产投资）2006 年至 2010 年拟要实施的值比上年的增长速度。以％表示，以空格间隔，比如"10 11 11"或"−10 10 12"，单击 OK 开始（图 9-15）。

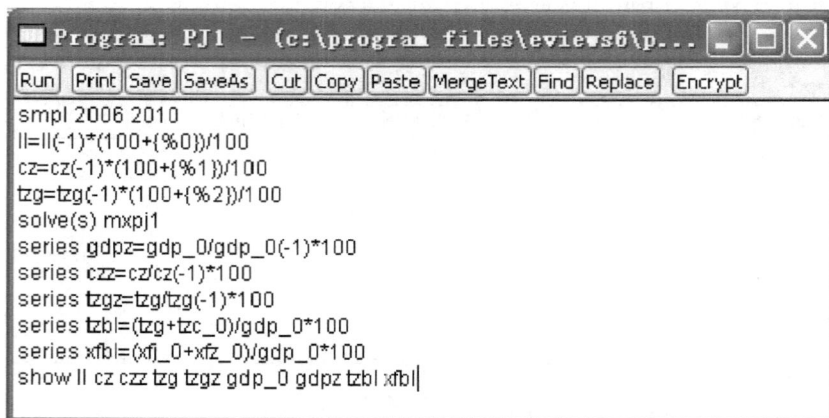

```
Program: PJ1 - (c:\program files\eviews6\p...
[Run] [Print] [Save] [SaveAs]  [Cut] [Copy] [Paste] [MergeText] [Find] [Replace]  [Encrypt]
smpl 2006 2010
ll=ll(-1)*(100+{%0})/100
cz=cz(-1)*(100+{%1})/100
tzg=tzg(-1)*(100+{%2})/100
solve(s) mxpj1
series gdpz=gdp_0/gdp_0(-1)*100
series czz=cz/cz(-1)*100
series tzgz=tzg/tzg(-1)*100
series tzbl=(tzg+tzc_0)/gdp_0*100
series xfbl=(xfj_0+xfz_0)/gdp_0*100
show ll cz czz tzg tzgz gdp_0 gdpz tzbl xfbl
```

图 9-14

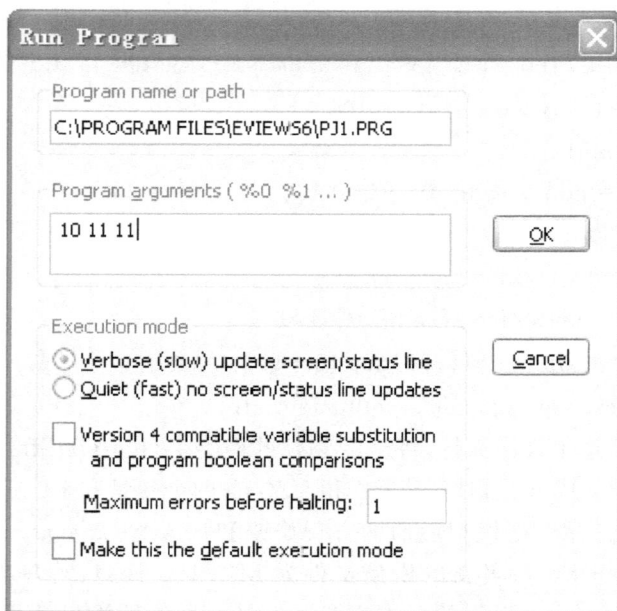

```
Run Program                                              [X]

Program name or path
C:\PROGRAM FILES\EVIEWS6\PJ1.PRG

Program arguments ( %0  %1 ... )
10 11 11                                              [ OK ]

Execution mode
(●) Verbose (slow) update screen/status line
( ) Quiet (fast) no screen/status line updates        [ Cancel ]

[ ] Version 4 compatible variable substitution
    and program boolean comparisons

    Maximum errors before halting: [ 1 ]

[ ] Make this the default execution mode
```

图 9-15

就计算出了在上述政策下的内生变量 2006～2010 年的值(表 9-5),同时程序还计算下列结果:

表 9-5

obs	LL	CZ	CZZ	TZG	TZGZ	GDPF	GDPZ	TZBL	XFBL
2006	2.48	2540.87	111.00	8222.37	111.00	25277.04	113.01	35.44	52.31
2007	2.72	2820.36	111.00	9126.83	111.00	27230.07	107.73	37.61	52.95
2008	2.99	3130.60	111.00	10130.78	111.00	30257.55	111.12	38.05	53.06
2009	3.29	3474.97	111.00	11245.17	111.00	35567.16	117.55	34.66	52.47
2010	3.62	3857.22	111.00	12482.14	111.00	41189.75	115.81	32.56	52.19

通过上面的数值，可以对所选政策做出评价。上面新增变量的含义如下：

财政支出指数 czz＝cz/cz(－1) * 100　　（上年＝100）

固定资产形成总额指数 tzgz＝tzg/tzg(－1) * 100（上年＝100）

国内生产总值指数 gdpz＝gdp_0/gdp_0(－1) * 100（上年＝100，现价）

资本形成率（投资率）tzbl＝(tzg＋tzc_0)/gdp_0 * 100（%）

最终消费率（消费率）xfbl＝(xfj_0＋xfz_0)/gdp_0 * 100（%）

2. 利率力度选择

在程序文件编辑窗口输入下面的程序：

```
smpl 2006 2010
ll=ll(－1) * (100＋{%0})/100
solve(s) mxpj2
series gdpz＝gdp_0/gdp_0(－1) * 100
series czz＝cz_0/cz_0(－1) * 100
series tzgz＝tzg_0/tzg_0(－1) * 100
series tzbl＝(tzg_0＋tzc_0)/gdp_0 * 100
series xfbl＝(xfj_0＋xfz_0)/gdp_0 * 100
show ll cz_0 czz tzg_0 tzgz gdp_0 gdpz tzbl xfbl
```

以 PJ2 命名这个程序文件，将已经建好的模型文件 MODEL2 命名为新的模型文件为 MXPJ2（当然模型后面的方程要如上一样修改和加入，下同）。

运行这个程序文件，在接下来出现的对话框中间栏中，输入政策变量 LL（利率）2006～2010 年拟实施的值比上年的增长速度。以%表示，以空格间隔，比如"10"或"－10"，单击 OK 开始。就计算出了在上述政策下的内生变量 2006～2010 年的值。

3. 财政支出力度选择

在程序文件编辑窗口输入下面的程序：

```
smpl 2006 2010
```

cz＝cz(－1) * (100＋{%0})/100

solve(s) mxpj3

series gdpz＝gdp_0/gdp_0(－1) * 100

series czz＝cz/cz(－1) * 100

series tzgz＝tzg_0/tzg_0(－1) * 100

series tzbl＝(tzg_0＋tzc_0)/gdp_0 * 100

series xfbl＝(xfj_0＋xfz_0)/gdp_0 * 100

show ll cz czz tzg_0 tzgz gdp_0 gdpz tzbl xfbl

以 PJ3 命名这个程序文件,将已经建好的模型文件 MODEL2 中的财政支出方程删掉,使 CZ 这个变量和 LL 一样成为外生变量,命名新的模型文件为 MX-PJ3。

运行这个程序文件,在接下来出现的对话框中间栏中,输入政策变量 CZ(财政支出)2006～2010 年拟实施的值比上年的增长速度。以%表示,以空格间隔,比如"11"或"10",单击 OK 开始。就计算出了在上述政策下的内生变量 2006 ～ 2010年的值。

4. 固定资产投资力度选择

在程序文件编辑窗口输入下面的程序:

smpl 2006 2010

tzg＝tzg(－1) * (100＋{%0})/100

solve(s) mxpj4

series gdpz＝gdp_0/gdp_0(－1) * 100

series czz＝cz_0/cz_0(－1) * 100

series tzgz＝tzg/tzg(－1) * 100

series tzbl＝(tzg＋tzc_0)/gdp_0 * 100

series xfbl＝(xfj_0＋xfz_0)/gdp_0 * 100

show ll cz_0 czz tzg tzgz gdp_0 gdpz tzbl xfbl

以 PJ4 命名这个程序文件,将已经建好的模型文件 MODEL2 中的固定资产形成方程删掉,使 TZG 这个变量和 LL 一样成为外生变量,命名新的模型文件为MXPJ4 。

运行这个程序文件,在接下来出现的对话框中间栏中,输入政策变量 TZG(固定资产投资)2006～2010 年拟实施的值比上年的增长速度。以%表示,以空格间隔,比如"11"或"12",单击 OK 开始。就计算出了在上述政策下的内生变量 2006～2010 年的值。

5. 规划方案选择

在程序文件编辑窗口输入下面的程序：

```
smpl 2006 2010
gdp=gdp(-1)*(100-{%0})/100
solve(s) mxpj5
series gdpz=gdp/gdp(-1)*100
series czz=cz_0/cz_0(-1)*100
series tzgz=tzg_0/tzg_0(-1)*100
series tzbl=(tzg_0+tzc_0)/gdp*100
series xfbl=(xfj_0+xfz_0)/gdp*100
show ll cz_0 czz tzg_0 tzgz gdp gdpz tzbl xfbl
```

以 PJ5 命名这个程序文件,将已经建好的模型文件 MODEL2 中的国内生产总值方程删掉,使 GDP 这个变量和 LL 一样成为外生变量,命名新的模型文件为MXPJ5。

运行这个程序文件,在接下来出现的对话框中间栏中,输入规划目标 GDP(国内生产总值)2006~2010 年的值比上年的增长速度(现价)。以%表示,以空格间隔,比如"12",单击 OK 开始。就计算出了在上述目标下的内生变量 2006~2010年的值。

6. 固定资产投资政策变量选择

在程序文件编辑窗口输入下面的程序：

```
smpl 2006 2010
gdp=gdp(-1)*(100+{%0})/100
tzg=tzg(-1)*1.1
solve(s) mxpj7
series gdpz=gdp/gdp(-1)*100
series czz=cz_0/cz_0(-1)*100
series tzgz=tzg/tzg(-1)*100
series tzbl=(tzg+tzc_0)/gdp*100
series xfbl=(xfj_0+xfz_0)/gdp*100
show ll cz_0 czz tzg tzgz gdp gdpz tzbl xfbl
```

以 PJ7 命名这个程序文件,将已经建好的模型文件 MODEL2 中的国内生产总值方程和固定资产形成方程删掉,使 GDP 和 TZG 这两个变量和 LL 一样成为外生变量,命名新的模型文件为 MXPJ7。

运行这个程序文件,在接下来出现的对话框中间栏中,输入规划目标 GDP(国内生产总值)2006~2010 年的值比上年的增长速度(现价)(另一政策变量 TZG(固定资产投资)的增长速度已固定在 11%,此值是预测的平均增长速度)。以%表示,以空格间隔,比如"12",单击 OK 开始。就计算出了在上述目标下的内生变量 2006~2010 年的值。

7. 财政支出政策变量选择

在程序文件编辑窗口输入下面的程序:

```
smpl 2006 2010
gdp=gdp(-1)*(100+{%0})/100
cz=cz(-1)*1.1
solve(s) mxpj8
series gdpz=gdp/gdp(-1)*100
series czz=cz/cz(-1)*100
series tzgz=tzg_0/tzg_0(-1)*100
series tzbl=(tzg+tzc_0)/gdp*100
series xfbl=(xfj_0+xfz_0)/gdp*100
show ll cz_0 czz tzg tzgz gdp gdpz tzbl xfbl
```

以 PJ8 命名这个程序文件,将已经建好的模型文件 MODEL2 中的国内生产总值方程和财政支出方程删掉,使 GDP 和 CZ 这两个变量和 LL 一样成为外生变量,命名新的模型文件为 MXPJ8。

运行这个程序文件,在接下来出现的对话框中间栏中,输入规划目标 GDP(国内生产总值)2006~2010 年的值比上年的增长速度(现价)(另一政策变量 CZ(财政支出)的增长速度已固定在 11%,此值是预测的平均增长速度)。以%表示,以空格间隔,比如"12",单击 OK 开始。就计算出了在上述目标下的内生变量 2006~2010 年的值。

二、用宏观经济模型(二)进行经济分析

在对广东省宏观经济进行模拟的基础上,能根据宏观经济模型(二)对广东省宏观经济进行结构分析。结构分析有弹性分析和乘数分析等,弹性分析主要用于微观经济,乘数分析在宏观经济中可以分析财政支出和固定资产投资对国内生产总值的乘数作用,即财政支出或固定资产投资变化一个单位所引起的国内生产总值改变的数量。乘数有短期影响的当年乘数和中长期影响的累积乘数。根据宏观经济模型可以进行财政支出乘数分析和固定资产投资乘数分析的选择,分析输出指标可以有财政支出当年乘数(CZGDP)、财政支出累积乘数(CZGDPLJ)、固定资

产投资当年乘数（TZGGDP）和固定资产投资累积乘数（TZGGDPLJ）。下面以固定资产投资当年乘数和固定资产投资累积乘数为例来说明乘数分析。

　　为了能使宏观经济模型（二）进行乘数分析，需要编制乘数分析程序。在程序文件编辑窗口输入下面的程序：

smpl 2006 {%0}

solve(s) mxfx2

show tzggdp tzggdplj

　　以 FX2 命名这个程序文件，将已经建好的模型文件 MODEL2 中的固定资产投资方程删掉，把 MODEL2 中的 TZG 都换为 TZGJ，TZGJ 是原来预测的 TZG_0 在 2006 ～2010 年均加上 100 得到的新变量，在 MODEL2 中加入 tzggdp＝(gdp－gdpy)/100 和 tzggdplj＝tzggdp＋tzggdplj(－1) 语句，其中 gdpy 为原来预测的 GDP，命名新的模型文件为 MXFX2。运行这个程序文件，在出现的对话框中间栏中输入 2006 年至所需要年份的乘数分析，比如"2008"，单击 OK 开始。得到结果，如表 9-6 所示。

表 9-6

obs	TZGGDP_0	TZGGDPLJ_0
2006	4.01988	4.01988
2007	3.58812	7.60799
2008	2.93322	10.54121

　　可以看出，这 3 年的固定资产投资当年乘数都在 3 左右。

习　题

第 2 章习题

仿照实验二,利用全国宏观经济数据选择几对相关的变量进行一元线性回归模型的估计、检验和结果报告,并进行预测。要求:

（1）做出散点图,进行分析后建立一元线性回归模型,利用 OLS 法求得回归方程,说明经济含义。

（2）进行经济、拟合优度、参数显著性和方程显著性等检验。

（3）在已知解释变量值的条件下进行预测。

第 3 章习题

仿照实验三和实验四,利用全国宏观经济数据选择几组相关的变量进行多元线性回归模型的估计和检验以及非线性模型的估计。对多元除不作散点图外,要求与第 2 章习题相同,至少建立一个生产函数,最好是科布-道格拉斯生产函数。

第 4 章习题

仿照实验五,利用全国宏观经济数据对第 2 章和第 3 章习题进行自相关模型的检验和处理,检验主要用 D-W 检验,处理主要用迭代法消除自相关。

第 5 章习题

仿照实验六,利用全国宏观经济数据对第 2 章和第 3 章习题进行异方差模型的检验和处理,检验主要用图示法检验和 Glejser 检验,处理主要用同方差变换消除异方差。

第 6 章习题

仿照实验七,利用全国宏观经济数据对第 3 章习题进行多重共线性模型的检验和处理,检验主要用相关系数检验和 R^2 与 t 值检验,处理可能要用多种方法。

第 7 章习题

　　仿照实验八,利用全国宏观经济数据对第 2 章和第 3 章习题再考虑滞后变量,进行滞后变量模型的估计;利用全国宏观经济数据进行误差修正模型的估计。

第 8 章习题

　　仿照实验九,利用全国宏观经济数据对第 2 章和第 3 章习题再考虑虚拟解释变量,进行虚拟变量模型的估计,特别是一些政策因素作为虚拟变量;利用全国宏观经济数据进行平行数据模型的估计。

第 9 章习题

　　仿照实验十、实验十一和实验十二,把第 2 章和第 3 章习题估计的单方程模型联立起来,利用全国宏观经济数据对个别方程进行二阶段最小二乘法估计;再把一个小型联立方程模型进行联立方程模型的系统估计;对联立方程模型的外生变量进行预测;再编辑联立方程模型;最后进行联立方程模型的求解预测和全国宏观经济分析。

参考文献

〔美〕古亚拉提. 2000. 经济计量学精要. 原著第 2 版. 张寿等译. 北京:机械工业出版社

李长风. 1996. 经济计量学. 上海:上海财经大学出版社

李子奈. 2000. 计量经济学. 北京:高等教育出版社

李子奈,叶阿忠. 2000. 高等计量经济学. 北京:清华大学出版社

〔美〕罗伯特·S. 平狄克等. 1999. 计量经济模型与经济预测. 第 4 版. 钱小平等译. 北京:机械工业出版社

〔美〕乔治·G. 贾奇等. 1993. 经济计量学理论与实践引论. 周逸江等译. 北京:中国统计出版社

软件 EViews3.1 帮助文件

唐国兴. 1988. 计量经济学——理论、方法和模型. 上海:复旦大学出版社

袁建文. 1997. 经济计量学结合计算机教学的一些体会和设想. 开放教育研究,6:38~41

袁建文. 2000. 广东省产业结构的变动对经济增长的影响. 广东经济管理学院学报,4:10~13

袁建文. 2000. 广东省产业结构的走势. 数量经济技术经济研究,4:27~29

袁建文. 2002. 广东省"十五"时期产业结构的预测和分析. 广东商学院学报,1:44 ~ 47,77

袁建文. 2002. 经济专业的学生如何学习经济计量学. 四川行政学院学报,2:92~94

袁建文. 2003. 经济计量学实验教学探讨. 郑州航空工业管理学院学报,3:18,19

张保法. 2000. 经济计量学. 北京:经济科学出版社

张寿,于清文. 1984. 经济计量学. 上海:上海交通大学出版社

〔美〕Gujarati D. 1986. 基础经济计量学. 庞皓等译. 重庆:科学技术文献出版社重庆分社

http://www.EViews.com

Quantitative Micro Software EViews User's Guide